AF582974

NOTES D'UNE FRONDEUSE

DU MÊME AUTEUR

Pages rouges, 1 vol.

EN PRÉPARATION

Pages mystiques.

En marche...

A la vitrine (Portraits.)

Carnet féminin.

ÉMILE COLIN — IMPRIMERIE DE LAGNY

LA TOMBE D'IXELLES

A LA MÉMOIRE

DE

DEUX AMANTS

SÉVERINE

NOTES
D'UNE
FRONDEUSE

— DE LA BOULANGE AU PANAMA —

PARIS
H. SIMONIS EMPIS, ÉDITEUR
2, RUE CHÉRUBINI, 2

1894

PRÉFACE

« *LEUR AVENIR* »

. . . .

« *Je ne souhaite de malheur à personne ; mais, vraiment, le jour où, entrant dans la lâcheté du Parlement comme dans du beurre, un général ayant un coq peut-être au lieu d'un aigle à son képi — qu'importe ! — nous emballerait pêle-mêle : les socialistes, les radicaux et les tricolores, ce jour-là, je ne pourrais m'empêcher de rigoler un brin de la penauderie de mes voisins, poussés dans le panier à salade à coups de pied au derrière, comme en Décembre, et se grattant la place avec un gros soupir.*

» *Nous, les socialistes, on nous fusillerait d'emblée et avec colère, parce qu'on ne redoute que nous; et que, depuis que notre idée est sortie du sol, on en veut tuer la graine. On a raison, car, seuls, nous sommes un danger, et nous méritons le mur, ayant toujours accepté la révolte, même quand elle nous paraissait précoce ou d'avance écrasée.*

» Mais il est possible qu'à la prochaine razzia on canarde, à l'hasard de la fourchette, les Spuller comme les Vingtras.

» Nous qui avons secoué le prunier, nous nous attendons à recevoir des prunes ; et, si dur à passer que soit le moment où elles pleuvent, comme on s'y attend depuis le commencement de sa carrière — puisqu'on s'en est payé pendant l'orage — on en prend son parti sans trop geindre. La mort était l'atout promis dans le jeu que l'on joue — on reçoit l'atout et c'est fini.

» Il n'en serait pas de même pour ceux qui se sont crus des malins — de vrais malins ! — qui font de petites moues de pitié quand on parle devant eux du péril en épaulettes; et qui ont l'air de dire que c'est de la rhétorique de plumitifs.

» Quelle grimace, mes enfants ! Et il n'y aurait pas à les traiter de poltrons, ces votants de Panurge, qui passeraient, en une nuit, du pré à l'abattoir.

» D'où me viennent ces idées goguenardes et cruelles?

» C'est que je sors de la pétaudière où ils jacassent, du poulailler où ils pondent leurs phrases.

» Ils devaient se plumer comme des coqs, s'ouvrir le crâne à coups de bec, s'enfoncer les ergots dans le cœur ; les aigles du ministère devaient enlever la minorité dans leurs serres, les oies de l'opposition devaient sauver le Capitole.

» Et toute la volière est du salmis de coup d'Etat !

» Leur affaire est claire, ça leur pend au croupion

» Il y a de braves gens et des gens braves là-dedans — des fourvoyés ! Mais le soudard en question n'a qu'à montrer son nez pour que la rigolade que nous nous promettons, mes camarades et moi, nous soit servie toute chaude.

» Ou bien, ces « honnêtes et modérés » reprendront les traditions scélérates des égorgeurs de Juin et de Mai. Ils feront foncer sur le peuple roussins et soldats. Ces infamies ont leur envers :

Qui du glaive a vécu, périra par le glaive.

» Je ne les vois pas blancs, quoi qu'il arrive !

» Une nation a besoin du sabre ou de l'idée.

» L'idée, ils la roulent dans des périodes longues, bêtes, lourdes, qui l'empâtent et la tuent.

» *Reste le sabre — qui coupera la gorge du socialisme, mais qui empalera le Parlement !* »

JULES VALLÈS.

(*Cri du peuple*, 1er novembre 1883.)

Pour bien donner à ce livre sa véritable signification, pour bien en souligner l'indépendance, pour bien affirmer quels sentiments il traduit, nulle autre préface n'eût valu cet article de Vallès, prédisant l'aventure cinq ans à l'avance — et redevenu d'actualité aujourd'hui... cinq ans après !

SÉVERINE.

NOTES
D'UNE FRONDEUSE

LIBERTÉ — ÉGALITÉ — FRATERNITÉ

14 juillet.

Liberté?

Cette nuit, sur la plage d'asphalte que dominent mes croisées, des épaves humaines, le père, la mère, et deux petits, avaient échoué sur un banc. Des hauteurs où, bien malgré moi je plane, on ne distinguait rien, qu'un tas de chairs grises et de nippes terreuses d'où émergeaient, par-ci par-là, un bras, une jambe, au mouvement lent et douloureux comme une patte de crabe écrasé.

Ils dormaient, serrés les uns contre les autres, blottis en un seul tas, par une habitude de meurt-de-froid — même sous cette tiède nuit d'été!

Des agents sont venus qui ont tourné autour, les flairant du regard, avec cette curiosité hostile des chiens de garde et des sergots envers les mal vêtus —

pas trop méchants, pourtant. Ils ont tapé sur l'épaule de l'homme, qui a sursauté, s'est frotté les yeux, s'est mis debout d'un effort de reins, décalant le groupe où les moutards, éveillés brusquement, ont commencé de crier.

Aux gestes, j'ai compris qu'il racontait leur histoire; et encore aux larmes silencieuses de la femme, s'épongeant les yeux avec le coin de son tablier, tandis que l'autre, en les rappelant, ravivait ses douleurs.

Ni des gouapes, ni des bohêmes — des ouvriers ! Des ouvriers parvenus aux plus extrêmes limites de la détresse; ayant tout engagé, tout vendu, tout perdu !

Seulement, une consolation pouvait demeurer à cet infortuné : celle d'avoir vécu en homme libre dans un siècle libre; et les drapeaux pavoisant l'auberge de la Belle Étoile (son dernier gîte !) rappelaient éloquemment combien il était heureux, pour lui et les siens, d'avoir été « délivrés » un siècle avant!

Misérable, oui — mais électeur et citoyen ! C'est tout de même bien profitable qu'on ait affranchi plèbe et glèbe!

Quand il a eu fini, les gardiens de la paix ont conciliabulé, avec de grands écarts de bras qui semblaient dire : « Que faire? »

Rien, évidemment, qu'obéir à la consigne, exécuter la loi... la loi équitable qui a succédé à l'affreux règne du bon plaisir!

Au nom de la liberté, ils ont emmené l'homme libre et sa nichée au poste — lui, résigné, courbant le dos; la mère et les enfants, créatures inconscientes des bienfaits de l'indépendance, presque allègres à l'idée que la captivité leur réservait un lit et du pain...

*
* *

Égalité ?

Sous mes fenêtres aussi, hier, vers deux heures, soudain, une galopade de cavalerie, un bruit de roues rapides, des cris! Dans son landau, c'est le Président qui passe.

L'enthousiasme n'a rien d'excessif, mais, cependant, des gens lèvent leur chapeau, braillent, courent derrière, avec un grand élan de domesticité.

Comme c'est heureux, quand on y réfléchit, pourtant, qu'il y a cent ans on ait coupé le cou à un roi; qu'il y a vingt et un ans, on ait renversé un empereur! Plus de sceptres, plus de trônes, plus de couronnes!

Rien que la monnaie de la monarchie : roitelets à l'Hôtel-de-Ville, roitelets au Palais-Bourbon, roitelets au Luxembourg, et ce spectre de souverain coûtant cher, mais ne régnant point. Ah! la nation a vraiment gagné au change!

*
* *

Fraternité?

Sur le pavé, encore le pas des chevaux, le roulis de l'artillerie, un tumulte de horde régulière qui passe, avec des cliquetis d'acier. Ce sont des régiments qui partent à la revue.

Et les hurrahs, les bravos, s'en vont moins à ces braves petits soldats à figure rougeaude, tout suants et tout soufflants sous l'œil dur des gradés, qu'au formidable attirail de tuerie qu'ils traînent.

Ah! les beaux fusils, qui portent si juste et se chargent si bien! Ah! les jolis canons, ouvragés et fins comme de l'horlogerie, avec leur cou de sloughi, leurs flancs évidés, leur museau long qui mord à tant de distance!...

Comme tout cela en fera couler, du sang! Comme tout cela hachera menu, menu, menu, comme chair à pâté, la viande humaine!

Et du regard, de la voix, la multitude flatte ces bêtes de massacre qui, au premier signe pourtant — vous le savez, ô prolétaires! — enfonceront aussi bien leurs crocs en peau française qu'en peau teutonne!

Hélas!

. . . .

Et, tandis que vers mon logis mélancolique montent les clameurs des passants, je songe aux roublardises antiques, livrant pour un jour Rome à ceux qu'on opprimait toute l'année; leur donnant, vingt-quatre heures durant, plus que la liberté : la licence; leur laissant traiter en égaux les plus hauts de la République, fraternisant avec eux parmi les réjouissances, — et profitant de la torpeur de leur ivresse pour, le lendemain, à l'aube, alourdir leurs fers, augmenter leur tâche, leur dénier toute justice et tout droit!

Danse et ris, bon peuple de France, si tel est ton caprice; mais ouvre l'œil en même temps! L'anniversaire que tu célèbres n'est pas tien; la victoire qu'on fête n'est pas tienne; et pour toi, nigaud, ainsi que le Veau d'or, la Bastille est toujours debout!

Quand la prend-on?...

LA MAISON DU COIN DU QUAI

Avant-hier, les députés ont failli ne pas tenir séance, n'étant guère plus de huit douzaines, disséminés sur les bancs de l'hémicycle comme hannetons sur les premières feuilles.

Malheureusement, on a passé outre. La Chambre a perdu là une belle occasion d'être utile, en se suicidant pour un jour.

C'était toujours vingt-quatre heures de gagnées — et en vingt-quatre heures sait-on jamais ce qui pourra éclore, dans ce Paris exquis et fou?

Oh! cette Chambre!...

J'ai passé là des heures, qui toujours m'ont semblé brèves, à écouter, non pas ce qui se disait à la tribune — à quoi bon? — mais ce qui se disait autour de moi, dans le public; à regarder, non point les visages d'honorables qui s'efforcent de ressembler à leur photographie, mais les bonnes faces étonnées et curieuses des naïfs qui, entrés avec respect, sortaient avec colère... une colère gouailleuse parfois, qui avait des mots à l'emporte-pièce et des trouvailles de génie!

Etant femme, je n'allais point dans la tribune de la Presse, changement de milieu qui me permettait d'habiller à neuf mon esprit; d'échapper au « métier », à ses traditions, à ses habitudes, à ses jugements préconçus, à son parti pris de dénigrement ou de louange, à tout ce qui fait enfin du journaliste chargé « d'éclairer l'opinion » un isolé sourd et aveugle — pas muet, hélas! — enfermé dans sa profession comme Robinson dans son île, si de temps en temps il ne s'évade point, ne plonge pas en pleine foule, ne va pas, sous d'autres latitudes, chercher de nouveaux horizons.

N'étant pas une officielle, j'ignorais les voluptés mondaines de la tribune présidentielle; celle où l'on est lorgnée par les sous-préfets en congé; celle où l'on a l'air d'attendre sous l'horloge l'avènement de la République athénienne préconisée par M. Jules Simon — la République de toutes les grâces et de toutes les élégances!

Je n'ai pas non plus, je l'avoue humblement, connu les joies austères de la loge des questeurs. Je n'ai pas fréquenté les questoresses; je n'ai pas voisiné avec les vénérables dames qui auraient pu me dire vers quelle époque M. de Mahy eut l'ouïe libre, en quel temps M. Madier de Montjau fut urbain.

Non; j'ai apporté une espèce de coquetterie bizarre — j'ai comme cela un tas de sentiments cocasses! — à rester avec le public: le vrai public, le bon public, qu'au Palais-Bourbon on reçoit comme un troupeau de chiens; qu'on parque dans une niche grande comme la main, avec défense de prendre l'air sur le seuil lorsqu'on étouffe trop dedans; qu'on musèlerait presque; et que les élus laissent parfois gémir jusqu'à la fin de la séance, sans répondre à leurs appels désespérés.

Ce public-là a ses revanches, je le sais bien, quand

les faubourgs descendent, et entrent — sans billets! Mais ces visites cordiales se font vraiment rares...

Et lorsqu'un profane, las de languir, se glisse dans le couloir, il est vite rattrapé, honni, conspué, jeté dehors!

Si ce profane est une femme, et si cette femme parvient jusqu'à la petite rotonde qui précède la salle des Pas-Perdus (quelque chose comme la troisième antichambre du Parlement) l'effroi devient indescriptible. Le petit père Mathieu, chef des huissiers, court prévenir M. Madier de Montjau; M. Madier de Montjau avertit M. de Mahy; M. de Mahy appelle à la rescousse M. Martin Nadaud — et tous trois accourent, hirsutes, les bras au ciel, la barbe en avant, tels des dieux scandinaves! Un cri se répand, lugubre, dans les couloirs : « La Chambre est envahie! », et le poste prend les armes.

C'est ainsi que le journaliste qui s'appelait Claude Vignon, c'est ainsi que le très aimable écrivain qu'est madame Adam ont dû renoncer à assister aux séances législatives, plutôt que de rester parquées en leurs tribunes, comme en un ghetto, par la pudibonderie de la République « athénienne ».

Et celles-là étaient des privilégiées!

— Zuze un peu pour les autres! dirait Clovis Hugues.

*
* *

Les autres, ceux qu'on bourre et qu'on malmène, constituent cependant une aristocratie; par rapport au peuple... qu'on ne laisse pas entrer du tout, lui!

La loi dit : « Les séances sont publiques », mais le règlement dit : « Tu ne seras admis qu'avec un carton que tu mettras trois quarts d'heure à ne pas obtenir; car, tandis que tu fais antichambre, les créanciers, les électeurs influents de province, les amis du concierge d'un député, et autres, arrivent avec un ticket donné d'avance, et emplissent la salle. Tout à l'heure, nous te dirons : Désolés, mon bonhomme, mais nous manquons de place. File! »

Et le tour sera joué!

Sans compter les mesures vexatoires, et odieuses de la part de ces jacobins qui ont substitué aux droits des seigneurs le droit des mufles.

La blouse n'est pas admise au Palais-Bourbon. Elle ne franchit même pas la grille du quai, ne peut « salir » la cour de sa note blanche ou bleue. « Une mise soignée est de rigueur », et l'ouvrier n'est admis à contempler ses élus que s'il s'endimanche.

Voilà ce que fait pour les siens ce régime d'égalité.

Est-ce que c'est juste? Est-ce que, à part trois ou quatre tribunes, la salle entière ne devrait pas être livrée à ceux qui en paient l'entretien, le mobilier — et les habitants, par-dessus le marché? Est-ce qu'on ne devrait pas laisser s'installer, à la bonne franquette, les trois ou quatre cents premiers arrivés?

Les parlementaires craignent, dit-on, la mauvaise éducation de la foule. C'est qu'ils ne savent pas combien le peuple est respectueux, quand on le traite respectueusement. Parmi les ouvriers, les plus timides que j'aie connus étaient des forgerons, ces rudes gas qui ont des mains comme des éclanches de mouton, et qui font de la dentelle de fer rouge sous leur marteau puissant.

Puis, quand le peuple veut être irrespectueux, il n'a pas besoin de contre-marques pour entrer. Que les députés se mettent bien cela en tête, et que la questure fasse replanter les lilas arrachés par Montjau... ennemi des femmes et des fleurs !

Je sais des insurgés farouches qui assiéraient sur ses artichauts de fonte Madier — ennemi des fleurs et des femmes ! — et qui éviteraient de passer par le petit bastion, s'il était, comme jadis, fortifié de grappes fleuries ; si, pour l'escalade, il fallait briser les cassolettes de parfum mauve se balançant sous le ciel de mai.

*
* *

Je crois donc que les inquiétudes manifestées sur la « tenue » des électeurs sont pure et simple plaisanterie.

C'est un prétexte, en tout cas.

Si, pour arriver de la rue à l'hémicycle, on fait traverser au patient autant d'épreuves qu'il fallait en subir jadis pour être admis dans la franc-maçonnerie ; si l'on a ce soin d'épurer l'assistance, de filtrer le public, de trier les spectateurs, c'est qu'en effet on a une crainte, mais bien autre et bien autrement grave que celle exprimée tout à l'heure.

Ils ont la peur, une peur irraisonnée, inconsciente, — mais combien juste ! — que le populo ne voie ce qui se passe là-dedans, qu'il n'assiste à leurs débats, qu'il ne les pèse... et ne les juge !

Pour cela, ils ont raison. Et je n'oublierai jamais ma stupeur profonde le premier jour où j'assistai, il y a cinq ans, à l'une de leurs séances.

Cette stupeur-là, je l'ai vue se refléter, depuis, sur bien des visages. J'ai causé, dans ces tribunes, avec des maîtres-gueux et des maîtres-clercs, avec des curés de village et des avoués de chef-lieu. Comme je leur semblais « une personne au courant », ils me priaient de leur désigner « les notabilités ». Très amusée de ce

1.

rôle de cornac, je disais les noms : ils ajoutaient leurs réflexions. J'aurais donné lourd pour que les intéressés les entendissent ! Tout ce que la province a de bon sens, tout ce que Paris a de jugeotte, se traduisait en exclamations indignées.

Et quand le chahut parlementaire battait son plein ; quand les glapissements atteignaient leur maximum d'acuité ; quand les couvercles des pupîtres claquaient à tire-d'ailes ; que la représentation nationale semblait une troupe d'Hanlon Lee atteinte d'épilepsie, une phrase unique résumait l'impression des contribuables :

— Et c'est pour ça que nous les payons !

Ce n'est pas tout à fait pour cela qu'on les paie ; mais ce qu'on peut affirmer sans crainte d'erreur, c'est qu'ils s'en sont payé « jusque-là », comme on chante dans la *Vie parisienne*.

Les voici gavés de scandales, truffés de parjures, saoûlés de vin en pot... Et, phénomène bizarre, c'est la France qui a la nausée, c'est le pays qui a l'indigestion !

Moi qui suis d'un naturel doux, je demande simplement que personne ne fasse obstacle, le jour où les électeurs voudront vraiment, — à quelques-uns — causer avec leurs chers élus.

Il y aura ce jour-là une bien jolie séance ! Quand elle sera terminée, on ramassera les morceaux, et, si l'on veut écouter ma faible voix, on fera de la maison du coin du quai un asile de retraite pour les électeurs indigents.

La Sainte-Méline du suffrage universel !

LETTRE A BOULANGE

Mon général,

Il y a trois jours, ici, le mot de haine a été prononcé, accolé à votre nom. Dans cette maison libre, chacun, éprouvant le sentiment qui lui plaît, le traduit comme il lui convient. Je ne me reconnais pas plus le droit de retoucher la prose de mes collaborateurs, que je ne leur reconnaîtrais le droit de modifier la mienne. Et, puisqu'ils ont exprimé leur opinion, je vais dire ma pensée, sans ambages, tout bêtement.

Je ne vous hais pas. J'ai, envers votre jeune popularité, de l'inquiétude, et un peu de l'angoisse qu'ont les mères vigilantes devant la couvée menacée. J'aime mes pauvres comme d'autres aiment leurs enfants ; ils sont l'âme de mon âme, la chair de ma chair, et (rappelez-vous cette parole) gare à qui les frapperait !

Ils ont, eux, la méfiance du sabre — combien permise ! Il en est du peuple comme du dogue fidèle, mais fier. A force d'être battu, il se rebiffe, s'arcboute sur ses pattes, grogne... et montre les dents, dès la vue du fouet. On ne songeait aucunement à le maltraiter? Qu'importe! Il ne menaçait pas — il se souvenait!...

Le peuple se souvient. Chaque fois que les pages de son histoire sont estampillées avec le pommeau d'une épée, ces pages-là sont enluminées de rouge comme les feuillets d'un missel gothique.

Il sait par cœur la légende du glaive — du glaive rude aux misérables, dans l'antiquité comme dans le temps présent!

On lui a dit, à l'école, le mot de Brennus jetant sa lourde lame dans la balance et criant : « Malheur aux vaincus! » alors que lui, paria, a le respect et l'amour des vaincus — qui toujours furent siens. Et il se rappelle la parole brutale du grand cuirassier blanc, qui, appuyé sur la haute épée de Charlemagne, regarde la France par-dessus les Vosges, et a proclamé que « la Force primait le Droit. »

On le sait par expérience, allez, dans nos faubourgs, que la force prime le droit!

*
* *

C'est pourquoi, général, vous avez avec vous la population, cette masse irrésolue et flottante qui crie vive celui-ci, vive celui-là; qui est partout où l'on fait du boucan; qui a pour chef un gâte-sauce à toque blanche, un épicier à blouse bise; qui, aux heures tragiques, parfois, d'enfantine devient féroce, et, indifféremment, fusille Lecomte ou lapide Varlin, à la rue des Rosiers.

Vous avez plus cependant — car je ne voudrais pas être injuste — vous avez tous ceux qui sont las de l'état de choses présent : les petits boutiquiers menacés de faillite; les politiciens menacés de liquidation; les femmes, qui adorent l'imprévu ; et aussi les exaltés de patriotisme, qui vous voient, j'en jurerais, avec les yeux bleus, les cheveux rouges, et le teint blanc... vive le drapeau français !

Tous ceux-là vous suivent parce que vous parlez bien, parce que vous portez beau, parce que vos dorures flamboient au soleil, parce que vous incarnez, mon général, les folies héroïques de la France guerrière !

Mais c'est la foule cela, ce n'est pas le peuple ! Tandis que l'une se mire dans le fourreau de votre sabre, l'autre songe qu'il y dort une lame aiguë, tranchante — et que cette lame a été tirée contre lui, en 1871...

Oh ! je sais tout ce que pourront dire les vôtres : que vous aviez trente ans, et que la trentaine est l'adolescence des hommes d'Etat; que quiconque appartient à l'armée doit choisir entre l'obéissance ou la mort, alors que, de par l'éducation d'école et de caserne, on est incapable de choisir — le cerveau ayant reçu, à peine formé, le coup de pouce effroyable de la discipline.

Je sais tout cela, et ne dis point que ces arguments soient négligeables Je suis d'une famille de soldats, et n'ai qu'à me rappeler les propos qui ont enragé mon enfance, pour savoir ce que pesait alors, au point de vue philosophique, le bagage d'un officier.

Il y a plus.

Mon éducateur en littérature et en politique, ce Vallès qui fut un citoyen sachant écrire et un monsieur sachant penser, Vallès avait plus la haine des bourgeois ignobles, suant de peur et de lâcheté dans les allées de Versailles, que des soldats, lancés par eux, qui risquaient leur vie dans les rues de Paris.

Il ne faisait exception que pour un seul, qui, celui-là,

ne s'était pas contenté de faire la guerre civile comme on fait la guerre étrangère, atout par-ci, atout par-là, mais qui avait été le virtuose du carnage, le ténor du massacre ; qui avait apporté, dans l'égorgement des vieillards, des femmes, des enfants, une incomparable maëstria !

* * *

Cependant, la logique des simples est implacable. Ils voient le fait : la croix de commandeur reçue après 1871 — allez donc leur dire qu'on récompensait seulement alors les états de service de la campagne, et qu'il s'agissait bien plus du sang répandu devant les Prussiens, que des deux balles attrapées dans Paris !

Voici que je calomnie les miens, en les traitant d'implacables. Personne ne l'est moins qu'eux ; et les braves gens croient à toutes les conversions — c'est ce qui fait leur gloire et leur sainte bonté ! En vous reprochant le passé, j'oubliais Cluseret, qui, après avoir été décoré pour sa part de répression contre les insurgés de juin 48, devint l'un des plus fougueux généraux de la Commune; j'oubliais ce jeune tribun du parti socialiste qui, après avoir été sous-officier dans l'armée de Versailles, défend aujourd'hui ses adversaires d'il y a dix-sept ans.

Certes, en voilà la preuve, ils ne sont pas implacables ! Et votre phrase, à propos de la grève de Decazeville, a plus fait pour votre popularité que les refrains de Paulus et les articles de vos lèche-éperons.

C'était humain, cette idée de faire partager la gamelle du soldat par le gréviste ; d'atténuer les insurrections de la faim par l'entrée en ligne du fricot.

On m'a dit plus. Chacun sait que vous êtes sans le sou ; c'est peut-être ce qui rend votre gloire gaie et bonne enfant. On m'a raconté que les gros actionnaires de là-bas auraient bien aimé rincer avec du plomb les gueules noires; qu'ils auraient volontiers ferré d'or le cheval de celui qui leur aurait payé cette joie. Ils ont raté leur coup — et vous, votre fortune ! Si c'est vrai, c'est bien... vous avez commencé à payer la dette de 1871.

Mais je m'attarde, et je veux en arriver à vous dire ceci :

Si jamais, mon général, la fantaisie vous prenait de fiche la Chambre à l'eau, ne vous gênez pas pour les socialistes — les socialistes ne vous gêneront pas. J'ai même idée que le peuple rigolera ferme, et que la Ligue des Anti-Propriétaires vous donnera un coup de main... pour peu que le cœur vous en dise.

On s'expliquera après, voilà tout.

Car j'ai une théorie bizarre, qui peut déplaire à première vue, mais qui, à la réflexion, a vraiment du bon. Dans les tirs de foire, je préfère l'unique lapin de plâtre — joie et orgueil de l'établissement — plus facile à jeter bas, parce qu'il est plus « conséquent » ; plus flatteur aussi, parce que la galerie s'enthousiasme davantage ; je préfère cette grosse pièce-là aux centaines de misérables petites pipes, difficiles à viser, peu glorieuses à atteindre.

Ils sont, au Palais-Bourbon, cinq cents glaireux, qui collent aux doigts et seraient le diable à dégluer. Tandis qu'un seul homme...

Soyez le lapin, mon général!

LE SALUT

A M. Ranc.

Il y a trois jours, monsieur, vous jetiez, dans le *Matin*, un cri d'alarme, devant le flux sans reflux de ce mouvement d'opinion qui vous effraie et qui nous effare ; devant cet élan d'un pays vers un homme ; devant ce spectre d'une dictature dont, nous autres socialistes, nous avons autant que vous, ô jacobins, l'angoissante terreur.

Et comme tous ceux qui ont failli être Brutus, de 1850 à 1860, vous criez de toutes vos forces : « A bas César ! »

A bas César ! soit. Je me rappelle avoir entendu ce cri-là, par une soirée pluvieuse, sur les hauteurs de Charonne, dans une petite rue noire qui s'appelle la rue Saint-Blaise. Il y a tout juste de cela sept ans comptés — et ce n'était ni vous, ni les vôtres, qui vous égosilliez à le proférer.

Il en reste pas mal, des « esclaves ivres » de ce temps ; ils ont même fait des petits, au fond de leurs « repaires »; et toute une marmaille à culotte fendue piaillerait avec les papas aux trousses de votre demi-cent d'opportunistes, si votre demi-cent d'opportunistes s'avisait d'aller rôder par-là, et de demander leur appui à ceux qu'on insulta jadis.

Cela s'est passé de même en Décembre, rappelez-vous. On avait affamé le peuple — comme en 71; on l'avait mitraillé — comme en 71 ; on l'avait emprisonné et déporté — comme en 71 ! Et quand l'Empire apparut, les députés coururent aux faubourgs :

— Défendez-nous !

Les faubourgs répondirent :

— Et Juin ?...

*
* *

Il n'en serait peut-être pas tout à fait de même aujourd'hui.

En 1851, les pavés saignaient encore du récent massacre; on n'avait pas eu le temps de recoudre les façades qu'avait éventrées le canon de Cavaignac.

En 1888, dix-sept ans ont passé sur la tuerie, ceux d'alors sont presque des vieillards, ceux d'aujourd'hui sont presque des enfants. Combien risqueraient leur peau pour la vôtre, je n'en sais rien. Mais ce que je puis vous jurer d'avance, c'est que le flingot se tromperait de cible, si l'on voyait, en haut d'une barricade, traîner sur les pavés, comme du lichen, les favoris de Ferry.

Puis, le peuple est logique. Et avec son net bon sens, il voit ce que je disais tout à l'heure : que cette popularité est fille de l'autre ; qu'elle a ses racines enfoncées dans un cercueil qui vous est cher ; que cette étoile trembla pour la première fois dans le ciel matinal, au-dessus de l'Arc-de-Triomphe, à la fin de cette même nuit où votre astre sombra, dans le ciel éteint, au sommet du Père-Lachaise. Cette étoile-là, voyez-vous, n'est que l'étincelle de vos torches funéraires!

Et la foule ne comprend pas pourquoi, après avoir crié : « Vive César! » vous criez : « A bas César! » pourquoi, après avoir clamé : « Vive le grand Patriote! » vous clamez : « A bas le grand Patriote! »

*
* *

Le populo est d'instinct moins complice; il ne change pas, lui; il garde ses méfiances ou ses amours. Et il ne vous écoute plus. Il se dit que vous avez mauvaise grâce à reprocher à celui-ci l'outrancier patriotisme qui édifia la gloire de celui-là. Il voit surgir le même Déroulède, les mêmes sociétés de gymnastique, la même Alsace et la même Lorraine fraternellement enlacées. Il entend crier : « Vive la République! », ce qui le rassure; il entend crier : « A bas Bismarck! », ce qui le réjouit.

Qu'y a-t-il de modifié, — sinon vous? Est-ce parce que celui-ci est blond alors que l'autre était brun? Est-ce parce que l'autre portait une redingote et que celui-ci porte la tunique de général?

Ah! c'est que je vais vous dire! Les temps sont changés — ou mieux, les temps sont proches. La guerre, l'effroyable guerre, est là qui guette. Elle est passée, l'époque où l'on menait la nation à coups d'éloquence; qui sait s'il ne faudra pas bientôt défendre la patrie à coups de canon? C'est peut-être pour cela que celui-ci n'est pas un avocat, mais un soldat...

C'est pourquoi aussi vous avez mauvaise grâce, je le répète, à vouloir remonter ce courant que vous avez créé.

Vous n'avez pas créé que cela, malheureusement pour vous, — et pour nous!

Vous demandiez l'autre jour ce que c'était que le boulangisme?... Je viens de vous le dire, au point de vue chauvin; je vais vous le dire maintenant au point de vue humain.

Le boulangisme, c'est le dégoût, non pas de la République, grand Dieu! mais de « votre » république; de la république telle que l'ont faite vos amis ; de ce régime bâtard, sans cœur et sans entrailles, qui, en dix-sept ans, n'a rien fait pour les pauvres, rien pour le peuple, rien pour ceux à qui il doit d'être tout!

Je ne dis point cela pour vous, monsieur, qui n'avez voulu rien être, et avez mené, à travers les tripotages, les intrigues et les vilenies de l'entourage, une existence digne du respect de tous.

Mais combien vous ont imité?...

Et chaque fois qu'éclatait un scandale, chaque fois que se découvrait une ignominie, chaque fois qu'on envoyait mourir nos petits troupiers au bout du monde, pour la fortune de celui-ci ou l'ambition de celui-là, le scandale, l'ignominie, le crime, faisait des recrues pour la « boulange » — alors même que Boulanger était encore inconnu!

*
* *

Il n'est pas donné à tout le monde d'être socialiste. Je n'hésite pas une minute à reconnaître qu'à l'heure actuelle nous sommes une infime minorité dans le pays: un groupe d'êtres conscients qui se heurtent, lamentablement, à l'indifférence ou l'inconscience des foules.

Tout ce qui souffre n'est pas avec nous, hélas; sans quoi nous serions le nombre, c'est-à-dire la force. Il est un degré de misère où l'homme abdique son humanité et ne vit plus qu'animalement. Celui qui n'a qu'un sou n'achète pas un journal, mais du pain.

Ils sont beaucoup ainsi; vous les avez laissés devenir trop — les famines de l'antiquité faisaient des mercenaires et non des citoyens. Ces êtres hâves, déguenillés, qui grelottent sans chemise, par ces temps de gelée, dans leurs habits de toile; qui couchent sous les ponts, dans les taillis, à l'angle des bornes; allez donc secouer leur déchéance, et les adjurer de sauver ce que vous appelez la République !

Votre République, qu'a-t-elle fait pour eux? Où est leur toit, où est leur fierté? Leurs femelles crèvent à l'hôpital — quand il y a de la place ! — et sont déchiquetées par les carabins. Leurs enfants (car ils ont des enfants, ô misère !) agonisent sur un matelas de pavés, avec un édredon de neige. Leurs morts pourrissent dans la fosse commune. Ils n'ont pas — sur tout ce territoire de France dont certains possèdent presque des départements ! — ils n'ont pas un lambeau de sol pour y reposer, dans le sommeil ou dans la mort !

Et vous vous étonnez que ces noyés se raccrochent à la première branche venue, cette branche fût-elle de laurier ! Et vous vous exaspérez de ce que ces malheureux (qui, depuis dix-sept ans, voient les Présidents succéder aux Présidents, les Assemblées aux Assemblées sans que leur sort soit en rien amélioré; sans qu'il soit ajouté un cotret à leur feu; sans qu'il soit retranché un sou au prix de leur pain), vous vous exaspérez de ce que, l'estomac vide et la tête perdue, ils emboîtent le pas, comme les pauvres de tous pays, au premier régiment qui passe, s'enrichissant de la dorure des uniformes, grisant leur peine de la musique saoûlante des cuivres !

Le pain est à quatre sous la livre — la France est,

je vous le jure, à quiconque rognera ces quatre sous-là de moitié!

Voilà le salut, monsieur. Vous avez signalé le mal, je vous indique le remède. Que ceux de vos amis qui sont au pouvoir jettent de côté, par un effort brutal, tout ce qui, dans les travaux parlementaires, n'intéresse pas immédiatement le peuple. Qu'ils s'occupent de la question des loyers; de la question des salaires; de la retraite des vieux travailleurs; de l'éducation des petits enfants; des asiles pour les sans-logis; de la soupe pour les sans-travail! Ce serait autrement beau, allez, que la nuit du 4 août!

Là est le salut.

Vous qui voulez tuer le boulangisme, abaissez la taxe de la boulangerie!

LES PERSÉCUTÉS

Sont-ils bêtes, ces gouvernants !

Je ne m'amuserai point à discuter la mesure dont ils ont frappé le général Boulanger ; mais, juste ou injuste, elle n'en constitue pas moins la suprême maladresse.

Comment ne l'ont-ils pas senti, comment ne l'ont-ils pas compris ?

Voilà un homme qui est populaire. Pourquoi, je n'en sais rien, et peut-être ne le sait-il pas lui-même ; enfin il est populaire à tel point que les ministres tremblent, que la Chambre claque des dents, que le Sénat sanglote sous lui, rien qu'à l'écho de ce nom. Et pour éteindre cette popularité, pour détacher le peuple de cet homme, que fait-on?... On l'expédie dans un coin de province ; on lance à ses trousses tous les mouchards de France ; on lui inflige trente jours d'arrêts de rigueur ; on espionne ses amis ; on intercepte ses lettres — on le révoque !

Or, quelle est la situation de l'officier révoqué ? A peu de chose près celle qu'indique Victor Hugo dans le premier chapitre des *Misérables*, en parlant du forçat libéré Jean Valjean.

Il est sous la surveillance de la haute police militaire — sinon de la haute police civile — ; il n'aura pas d'autre résidence que celle qui lui sera assignée par les « autorités » ; il devra y justifier de sa présence à toute réquisition, n'en pourra sortir, fût-ce pour un jour, qu'avec un permis motivé ; et, là uniquement, recevra les quelques subsides qui lui sont alloués. C'est le passeport jaune imposé à un général français.

C'est davantage.

C'est la mesure vile qui frappe non seulement l'honneur, mais la bourse ; qui rogne les trois cinquièmes du traitement ; qui enlève un plat à la table et une bûche à l'âtre.

Nous ne sommes pas pour les généraux, ici, il s'en faut ! Mais le peuple a cela de grand, que, s'il foudroie parfois, il n'humilie jamais. Il supprime l'adversaire, il ne lui inflige pas de supplices mesquins. C'est pourquoi seul il fait et défait les hommes, et tient les popularités les plus ailées, comme des oiseaux frêles, dans sa large main.

Mais ces gouvernants !

Ils n'ont pas le courage du crime — qui a un résultat, au moins, et une consécration. Ils n'ont que les petites férocités de la peur, les lâchetés minuscules qui, nuisant à qui les commet, servent qui les subit.

Le pauvre triomphe ! Voilà tout ce qu'ils ont trouvé, nos maîtres : cette dégradation déguisée, et ce râclage de solde, pour tuer un élan populaire !

Est-ce que l'interdiction a jamais tué quelque chose ? Est-ce que la persécution a jamais étranglé une idée, étouffé un dogme ?

Il fait bon parfois regarder en arrière : c'est ainsi que

l'on apprend à juger le présent, à déchiffrer l'avenir.

Que nous enseignent les leçons du passé?... Elles nous disent que seuls restent debout, dans la postérité, les penseurs ou les pensées proscrites; qu'aux époques barbares le bûcher a été immuablement le piédestal de toutes les figures symbolisant une théorie, une foi nouvelle — qui renaissaient des cendres, et s'élançaient d'un coup d'aile, phénix merveilleux, en pleine lumière, en plein azur !

Ce sont les Césars qui ont fait le Christianisme, c'est l'Inquisition qui a fait les Juifs, c'est la Saint-Barthélemy qui a fait les protestants ! Ils existaient avant, certes — ils n'ont eu de force cependant que le jour où leur sang a coulé pour la première fois.

Et sans aller chercher si loin, voyez combien cela est juste pour nous autres. Si l'on avait laissé se développer librement, se discuter sagement les doctrines nouvelles, auraient-elles la vitalité qu'elles ont aujourd'hui? Si le Prolétariat n'avait pas eu ses hécatombes et ses martyrs, ses captifs et ses exilés, l'Idée sociale aurait-elle cette envergure et cette puissance?...

Non!

La persécution n'a jamais que grandi ceux qu'elle a atteints. Voilà pourquoi l'événement d'hier est la dernière des sottises; pourquoi nous devons garder une rancune profonde à ceux qui ont compliqué encore une situation déjà suffisamment menaçante; pourquoi nous n'aurons pas assez de reproches pour des gouvernants à qui on ne demanderait même pas d'être un peu moins malhonnêtes s'ils étaient seulement tant soit moins idiots.

Non, mais les voyez-vous, ces gens qui, sous prétexte qu'un homme captive trop l'attention publique, trouvent moyen, dans notre France généreuse, d'ajouter à son prestige l'auréole de la persécution!...

LES RICOCHETS

Hier, pendant la manifestation boulangiste, tandis que je regardais, du haut de mon cinquième, les sergots stimuler l'enthousiasme des passants à coups de poing et à coups de botte, quelqu'un m'a dit :

— Bah ! laissez donc ! Vous avez grand tort de vous indigner. Ce sont des boulangistes qu'on tape, après tout !...

Je sais bien que c'est des boulangistes que l'on tapait, mais j'ai là-dessus, comme sur beaucoup d'autres choses, de singulières idées.

Quand la police cogne sur une foule, je ne m'inquiète pas de savoir ce qu'est cette foule ; mon sang de Parisienne frondeuse ne fait qu'un tour ; je bats des mains et crie bravo si les rôles changent une minute, si les bonapartistes, royalistes, anarchistes, ou boulangistes, font écoper à leur tour les agents qui ont la main si leste et le pied si prompt.

Puis, je regarde d'un peu plus loin.

Dans le vieil Evangile qu'on nous faisait apprendre

2

quand nous étions tout petits, il y a une belle sentence qui se peut traduire ainsi : « Ne souhaitez pas à autrui ce que vous ne voudriez pas qu'on vous fît à vous-mêmes. » C'est très juste... et c'est très roublard.

Car, il en est des sergots — sauf leur respect ! comme de tous les animaux dressés pour la chasse : ils y prennent goût.

Il y a l'entraînement de l'assommade, comme il y a l'entraînement de la bataille. Quiconque a tambouriné avec joie sur un crâne plébiscitaire, « sonnera » avec délices une caboche socialiste. Et quand la botte d'un agent entre en rapport direct avec les assises d'un citoyen, le choc se produit toujours avant que le citoyen ait eu le temps de décliner ses opinions.

C'est pourquoi je me méfie quand je vois les gardiens de la paix en humeur guerrière ; c'est pourquoi je considère toute intervention de la police dans la rue comme menaçante pour nous autres !.. même quand elle est dirigée contre des adversaires ou des indifférents.

Et ces brutalités du 9 avril sont tout bêtement — à moins que le gouvernement ne ménage la Révolution par peur de la Boulange — l'apéritif de notre 28 Mai.

*
* *

Mais ce n'est pas tout.

Mes indignations se sont heurtées, fréquemment, à ce qu'on appelle, en style de gouvernant, la raison d'Etat ; à ce qu'on appelle, en style de révolutionnaire, le qu'en-dira-t-on du Parti.

Or, je voudrais précisément que ce qu'en-dira-t-on fût mis de côté ; je voudrais que toutes fois qu'un acte mauvais ou vil est commis par le pouvoir, la Sociale demandât la parole et dénonçât l'infamie — eut-elle un intérêt direct à cette infamie-là !

Nous ne sommes pas des politiciens, nous autres; et c'est parce que nous ne sommes pas des politiciens que nous n'avons ni à biaiser, ni à ruser. Nous n'avons point deux morales, comme les académiciens, nous n'avons qu'une honnêteté, qui est faite moitié de logique, moitié de probité.

La probité fait rarement défaut, chez nous — la logique, souvent.

C'est cependant à la logique que j'entends faire appel.

Nous assistons, en ce moment, à un duel curieux entre les opportunistes et les boulangistes : les uns ont la force, les autres la foule. A mon humble avis, n'était besoin ni de s'allier à M. Ferry, ni de s'inféoder à M. Boulanger; le parti socialiste pouvait se croiser les bras, demeurer témoin, et attendre l'issue de la lutte pour y jouer le rôle du troisième larron.

D'autres ont pensé autrement — et l'Etre suprême me garde de discuter le mot d'ordre des états-majors! Je donne là une opinion personnelle que je n'ai jamais essayé d'imposer à aucun; et je la donne pour ce qu'elle vaut, sans m'attarder à la défendre.

Mais ce que je m'acharne à soutenir par exemple, de toute l'énergie de ma conviction, c'est notre devoir de protester contre certains actes : d'abord, parce qu'ils sont odieux; ensuite, parce qu'ils sont une menace envers nous et nos idées.

Dans la lutte dont je parlais tout à l'heure, il y a eu intervention policière, il y a eu des faits malpropres contre lesquels nous devons crier, sans nous soucier s'ils se sont passés chez celui-ci ou chez celui-là.

Pour avoir une correspondance du général Boulanger, la Sûreté générale a simulé un vol, forcé des secrétaires, faussé des serrures — disons que c'est une infamie!

Pour se procurer des arguments, soit devant le Conseil d'enquête, soit devant la Chambre, les Postes et Télégraphes ont rétabli le cabinet noir, volé des lettres, retenu des dépêches — disons que c'est une infamie !

Pour combattre une candidature que nous combattons, nous aussi, mais loyalement, les Fonds secrets ont stipendié la presse reptilienne, acheté des journaux, acquis des consciences — disons que c'est une infamie !

C'est notre rôle, rôle plein de grandeur et que le peuple seul peut jouer, de dire la vérité tout entière, sans restrictions, sans détours. C'est s'élever que reconnaître la taille de l'adversaire... et malheur à ceux qui ne sentent point la suprême force de la justice !

Dans ces faits à flétrir il est, je l'ai dit, la menace pour nous.

C'est qu'en effet, jamais mesure n'a été prise contre tel ou tel personnage sans qu'elle ne s'abattît ensuite, plus pesante, sur des fronts obscurs.

Le vol simulé par un agent contre celui-ci, est frère de la bombe déposée par un agent en perquisitions chez celui-là. Le Cabinet noir rétabli, ce sont les lettres de Kropotkine violées comme les missives de Boulanger. La Presse vendue, c'est la vie de n'importe quel socialiste traînée dans l'ordure tout comme l'existence d'un général.

Défendons notre sécurité, défendons nos secrets, défendons notre honneur !

J'ai été à l'école d'un homme qui disait : « Les députés qui votaient l'article 7 votaient en même temps l'expulsion de Lawroff. Toute loi ou tout acte réactionnaire a son ricochet contre nous. »

Méditez cela, vous qui applaudissez !...

L'ATTENTAT X...

Un journal le prêchait, hier; il est dans l'air, il nous le faut... on nous le doit!

Ce serait manquer à tous les us de la légende, à toutes les traditions de l'histoire, à toutes les habitudes du passé, si le peuple de France était privé de la tentative en *icide* qui, chez nous, consacre le succès, rallie les indifférents, et cale solidement, avec le manche d'un poignard ou la crosse d'un pistolet, le trône d'un roi, le fauteuil d'un président — voire le siège d'un général.

Le dernier date de loin.

Que l'on ne m'objecte pas les quelques essais faits, à la Chambre, sur divers représentants dont j'ai oublié les noms. Ce n'étaient là que fichaises, petites requêtes sans importance, présentées un peu vivement par des électeurs toqués le plus souvent, témoin Mariotti et Aubertin. Il fallait vraiment l'être, toqué, pour aller mander à des députés justice d'abord, raison ensuite!

2.

Quand ils ne souhaitaient que cela, ça allait encore. Mais, une fois, un bonhomme à côté de moi a crié :

— Je veux être reçu ; j'ai des comptes à régler !

Il y avait là une dizaine de mandataires du peuple ...ce qu'ils ont détalé !...

Je ne comprends pas, dans cette série à la rose, Jean Baffier, sculpteur par état et gas du Berri par vocation. Celui-là est un fantaisiste. Il n'y eut guère ce jour-là, au Palais-Bourbon, qu'un sport à l'instar du mont Ida; un concours de chevelures entre Germain Casse, Clovis Hugues, et Jean Baffier.

Les assistants n'ont vraiment pas dû s'ennuyer, devant ce tableau vivant : *les Trois Grâces*, de Pierre-Joseph Proudhon !

Et le tranche-lard de Jean Baffier — un accessoire ! — s'est, m'a-t-on dit, égaré dans la tignasse de Clovis où, malgré tous les efforts, il a été impossible de le retrouver. Tel Stanley, perdu dans les forêts vierges, restait inaccessible aux explorateurs !

*
* *

Nous voilà loin du boulangicide rêvé ; mais c'est qu'une ironie me gagne quand je pense aux députicides — oh ! le vilain mot ! vous ne trouvez pas que ça ressemble à insecticide ? — aux députicides, dis-je, qui ont, à diverses reprises, ébaubi le collège électoral.

J'en puis d'autant mieux sourire que, tant tués que blessés, personne n'est resté sur le carreau ; et qu'il n'y a guère à plaindre, présentement, que les pauvres assassins, soumis à un système de douches bien mieux utilisable envers leurs victimes.

Puis, la Chambre a eu si peur ! Les oncles conscrits du régime parlementaire ont manifesté un tel trac ! Il y a eu de si jolies galopades dans les couloirs ! Et, sauf une dizaine de gens crânes, une si furieuse envolée vers la sortie!...

Il n'y a pas eu que cela. Il y a eu de sales actions commises dans un but de courtisanerie vile, d'obséquiosité calculée; en vue de la bonne somme à toucher ou de la bonne place à obtenir.

J'ai, au bout de la plume, le nom de ce triste garçon, reporter dans un grand quotidien, qui, le jour de l'attentat d'Aubertin, alors que tout danger était conjuré et que l'homme désarmé, maintenu, déjà noir des « gnons » récoltés dans la bagarre, traversait, sous bonne escorte, la petite rotonde, se précipita sur lui et, d'un coup de poing formidable, lui fendit l'arcade sourcilière.

Il y avait là des amis de Ferry : il fallait faire du zèle. Il fut, d'ailleurs, beaucoup félicité.

Et ce monsieur-là a écrit ou écrira, un beau matin, « que la tyrannie suscita des choses abominables, telles que les mauvais traitements infligés par les courtisans à Damiens captif; et qu'il est bien heureux que la révolution de 1789 ait enfin assuré le respect des prisonniers! »

Tas de blagueurs!... Je voudrais bien savoir ce qu'ils en auraient fait, d'Aubertin, si on ne le leur avait arraché des pattes!

D'autant que ces pattes, serviles envers le maître, ne s'étendent jamais, cruelles, que sur l'isolé. Demandez un peu à tous ceux qui ont vu la séance du 12 juillet 1888, combien les griffes s'allongeaient, en leur désir immodéré de tâter du général; d'arracher la barbe blonde ; de défigurer le visage trop connu.

Mais, si ces bêtes sont méchantes, elles sont prudentes aussi. Celui-là n'était pas un hère quelconque, suppliciable à merci, et, s'il était un isolé — ou à peu près — dans leur cage, ils sentaient, derrière les murs, des millions de souffles et d'haleines ; une meute inconnue et menaçante, restée en arrêt à la porte ; et qui, d'un élan, aurait bazardé la boutique, d'un coup de gueule aurait cassé les reins à ces hyènes et à ces chacals !

Aussi, ils ont aboyé... ils n'ont pas mordu !

Aujourd'hui, ils espèrent que quelqu'un mordra pour eux, et qu'ils n'auront plus qu'à faire curée.

Et un de leurs journaux demande carrément ce quelqu'un-là — comme, à la quatrième page, on demande une cuisinière ou une bonne d'enfants.

*
* *

Pauvre « quelqu'un » !

Je le vois d'ici, avec son air de simple, son regard crédule, son geste résigné, la fièvre qui fera trembler sa main. Que sera-t-il ? Ouvrier sans travail, boutiquier sans chalands, médecin sans clients, avocat sans causes, je n'en sais rien...

Par exemple, je suis sûre qu'il sera un désemparé de la vie, un être pas heureux sur lequel une guigne tenace et imméritée se sera, dès le berceau, abattue. Peut-être un habitué des réunions publiques, sincère et obscur, comme le *Marc-Fane* de Rosny.

Pauvre « quelqu'un » !

Dans un jour de désespérance, en cherchant parmi les offres d'emploi, il lui sera tombé sous les yeux, à la gargote ou au café, une phrase dont le fond, sinon la forme, était ainsi conçu :

ON DEMANDE un assassin de bonne volonté.

Et comme il n'a pas d'ouvrage, il se présentera — il se présentera devant le général avec un eustache de treize sous ou un revolver en zinc qui lui éclatera dans les doigts.

Il ratera son coup ; et, s'il n'est pas écrasé sur place par la foule — qui n'attendra pas, elle, qu'il soit prisonnier ! — la police le recueillera. Et le gouvernement n'aura qu'une idée : étouffer l'affaire. Et ceux-là qui seront les commanditaires moraux de l'attentat se dégageront bien vite et bien haut :

— A-t-on jamais vu ! Est-ce que j'en suis ? Ah ! bien, si on prend tout au sérieux, maintenant !...

Ne les prends pas au sérieux, pauvre « quelqu'un » que je devine dans la foule ! Après avoir été la victime des avocats, ne sois pas la victime des rhéteurs. Dis-toi que, s'ils pensaient vraiment ce qu'ils écrivent, ils ne l'écriraient pas — ils le feraient !

Vois ces fameux héros de Rome, au niveau desquels leur âme, disent-ils, aspire à s'élever. C'est sa main que Mucius Scævola a mise sur le bûcher ; c'est sa personne que Décius a jetée dans le gouffre ! Que resterait-il de leur gloire ; si Scævola avait offert à la flamme le poing d'un licteur; si Décius avait précipité à l'abîme un de ses cavaliers ?

Pourquoi donc te dévouerais-tu, toi, éternelle dupe, qui, le lendemain, seras renié par leur peur ou par leur dédain — par leur souci, en tout cas, de se dérober aux missions gênantes ?

*
* *

Voilà ce qui t'attend, mon ami « quelqu'un », si tu les écoutes, les prôneurs d'assassinats ! Crois-moi, va, ne leur sers ni de jouet, ni d'instrument ! S'ils trouvent leur avis si bon, qu'ils le suivent; et que pour une fois, bon Dieu ! les conseilleurs soient enfin les payeurs.

Ce que le général peut dormir tranquille !...

Eh bien! cependant, je veux, pour une minute, supposer que la tentative a réussi. Le général est criblé de balles, troué de coups de surin, éparpillé en trente-six morceaux.

« La France respire!... »

Et puis après?

Après? Il surgit un autre homme, un principe identique, qui incarne en lui toutes les revendications et tous les espoirs. Pour les gouvernants, le péril est le même — toujours la culbute au bout du chemin!

On a tué *pour rien*.

Et, je me rappelle l'opinion souvent émise, sur le meurtre strictement politique, par un écrivain qui eut de la jugeotte et un rude talent : « C'est plus qu'un crime — c'est une faute. »

On la commettra, peut-être..

Pour rien!

LETTRE A UNE MARIEE

C'est donc aujourd'hui, petite Marcelle, que l'on vous marie — ou, pour mieux dire, que vous vous mariez. Car cette union est votre œuvre, à vous seule ; ce choix n'est que l'élection de vos préférences.

Il fait un beau rêve, le capitaine Driant !

Non pas seulement parce qu'il conquiert une jolie personne ; non pas surtout parce qu'il y a des « espérances » dans la famille — mais parce qu'il est sûr, certain, sans l'ombre d'un doute, sans l'effleurement d'un soupçon, d'être élu pour soi-même, d'avoir été distingué entre tous, en dehors de tout calcul de vanité ou d'ambition... d'être aimé, enfin !

C'est rare, par le temps qui court, d'ingénues d'affaires et de matrimoniales spéculations ! Et il faut, qu'à notre époque, un jeune homme soit ou bien héroïque ou bien innocent pour risquer la terrible aventure des justes noces. Plus d'un célibataire renforcé, si peu qu'il ait un nom et quelques mille livres de rentes, dit à qui veut l'entendre qu'il n'a voulu être épousé ni pour sa généalogie, ni pour son revenu.

De là une sympathie profonde, dans le public, pour celles qui, très riches d'argent ou très riches de célébrité, s'unissent à un loyal et brave garçon très riche seulement de sentiment.

Ici, les situations d'intérêt sont égales; mais c'est vous, petite fée blonde, qui mettez dans la corbeille un beau rayon de gloire, clair comme une lame d'épée et doré comme vos cheveux. Et Paris, qui le sait, a vers vous un grand élan de tendresse — vous êtes l'enfant de ses prédilections!

Tout ce que la ville renferme d'amoureux et d'amoureuses; toutes les femmes, jeunes ou vieilles, pauvres ou opulentes, gracieuses ou laides, s'intéressent, depuis des mois, à ce joli et chaste roman d'amour qu'on a deviné mieux qu'on ne l'a connu, et qui a fleuri à l'ombre du renom paternel, comme ces pâles violettes écloses au pied des chênes géants.

On vous voyait peu, chère petite, mais on vous devinait au parfum de votre grâce, de votre fraîche jeunesse, de cette candeur singulière qui vous a fait rester une enfant modeste, alors que vous auriez pu si facilement devenir amazone altière ou mondaine évaporée.

Et je ne saurais dire à quel point on vous a su gré de n'adopter ni les allures américaines, ni les manières anglaises; de ne paraître ni une excentrique, ni une masculine; mais de demeurer, en toute simplicité et en tout charme, une Française, une jeune fille de la vieille école, arriérée à ce point de daigner rougir encore et d'oser baisser les yeux.

Aussi, vous allez avoir un beau cortège, ce midi — le cortège de celles qui se marient selon leur cœur; de celles qui semblent, dans leur costume d'apparat, en robe de tous les jours, tant le blanc leur sied à ravir, tant la fleur d'oranger gagne de virginale splendeur à toucher leur front!

Et l'on va vous emmener bien loin, au pays même qui fut le berceau de la fortune du général Boulanger, qui fut un peu le vôtre aussi.

Que la vie vous y soit douce, qu'elle vous y prodigue toutes ses ivresses, qu'elle vous y épargne toutes ses amertumes!... Mais remplissez, là-bas, cette inconsciente et angélique mission que le sort, dans les tragédies modernes, semble vous avoir dévolue.

Fille de soldat, soyez bonne aux soldats dont un climat meurtrier calcine le sang et brûle le cerveau; compatissante aux détresses des tristes petits pioupious qui, loin du « patelin », agonisent de peine autant que de mal au fond des infirmeries — que votre intercession s'exerce même en faveur des rebelles que désarmera le clair regard de vos yeux de pervenches bien plus que la terreur de l'inexorable châtiment!

L'armée vous a prise à votre père, et vous voilà non pas le chef, mais la sœur « d'une nombreuse famille », pour faire variante à un refrain de vous bien connu... Eh! bien, chère enfant, acceptez cette fraternité, et représentez là-bas tout ce que le cœur paternel peut contenir de sollicitude pour ses humbles compagnons d'armes.

Puis, si jamais, de ce côté-ci de la mer bleue, la mitraille étrangère fait trou en chair française, accourez, accourez vite avec nous, à la première ambulance d'avant-poste!

Tel est votre rôle, petite mariée d'aujourd'hui; — Marcelle Driant, soit; mais toujours Marcelle Boulanger!

*
* *

Vous n'y faillirez pas. Je me rappelle le jour où je vous vis pour la première fois, à la gare de Lyon, le 23 mars de cette année.

Vous arriviez de Clermont; le général venait d'être révoqué et allait comparaître devant le conseil d'enquête. Vous étiez presque des proscrits... c'est pourquoi j'étais là.

Et, de loin, ne vous connaissant pas, intéressée seulement par l'acharnement que les gouvernants mettaient à vous poursuivre, je vous vis, tous deux, descendre de wagon. Il y avait cohue: on vous pressait, on vous étouffait. A une minute, je me rapprochai, et me trouvai en face de vous.

C'est de cette minute-là, petite Marcelle, que date mon affection lointaine, un peu de cette affection tendre qu'ont les aînées.

Au bras de votre père, vous sembliez si mignonne, si délicate, dans cette enthousiaste mais brutale escorte, qu'on tremblait à l'idée d'un choc, d'une poussée qui vous eût broyée... Et cependant, avec vos cheveux d'ambre, vos prunelles pâles, votre teint de lis, toute votre fragilité de blonde, vous aviez l'air courageux, gai et résolu.

Explique cela qui pourra; on eût dit une petite sainte de vitrail, échappée d'une cathédrale, et marchant, non sans crânerie, en pleine émeute, son nimbe en bataille, vers un but inconnu.

Il semblait aussi que votre père, au lieu de passer par Nevers, avait passé par Orléans, et ramené cette autre blonde, fine, fière, héroïque, qui s'appela Jeanne, et aima, autant qu'il peut l'aimer, le « doulx pays de France ».

Ma parole, on aurait juré que, dans votre valise, il y avait la cuirasse et les brassards de fer, toute la carapace du temps, retirée, avant que de se mettre en route, pour ne point attirer l'attention.

C'était charmant et émouvant, ce groupe symbolique d'une vierge et d'un soldat !

*
* *

On le reverra aujourd'hui, dans des conditions autres, avec le carillon des cloches, l'envolée de l'encens, le rayonnement des cierges, et le long vivat du peuple accouru.

C'est presque une apothéose — je n'y ai que faire ! Mais j'ai voulu vous écrire ceci parce que je sais des gens pour lesquels l'innocence, la grâce, l'amour, ne sauraient obtenir une trêve de vingt-quatre heures, dans la lutte ignoble des partis.

Déjà on a commencé.

Il vous a été reproché de vous marier chrétiennement, pauvre fillette, comme si vous n'étiez pas étrangère aux choses de la politique ; comme si vous n'aviez pas le droit de prier qui vous plaît, et de préférer la bénédiction de Dieu à celle de Cattiaux !

On continuera ; et l'on essaiera de tacher d'encre votre blanc bonheur.

Ces taches-là ne comptent pas ! Seulement, vous qui êtes une croyante, ajoutez un bout d'oraison à vos dévotions, pour qu'à la sortie de l'église la bêtise ou la férocité de nos maîtres n'éclabousse pas de rouge votre jupe immaculée.

Que le destin nous en garde !...

Mais si ce crime était commis, petite Marcelle, vous iriez, au bras de votre mari, dans les prisons ou les hôpitaux, voir ceux qui auraient été frappés d'être venus vous rendre hommage.

N'ayez peur ! Si sot ou si haineux qu'il puisse être, le gouvernement ne s'exposera pas à ce qu'elles soient telles, les visites de noces de Marcelle Boulanger !

M. BOULANGER

Je remets au garçon mon parapluie et ma veste :

— Eh ! bien, comment ça marchera-t-il aujourd'hui ?

— Oh ! aujourd'hui, ils feront du boucan ; l'*Autre* vient.

— Je sais. Et hier ?

— Hier, cahin-caha. Mais, avant-hier, ç'a été un chahut !... Quelque chose de honteux ! on ne s'entendait pas causer dans le couloir...

Nous parlons de la représentation nationale, ce garçon et moi ; et le dialogue a lieu dans un des corridors du Palais-Bourbon.

Les ouvreuses de théâtre aiment leurs acteurs et les vantent au public. Les ouvreuses, ici — ces grands gas à moustaches et en uniforme — ne condescendent à dire ni bien ni mal de leurs pensionnaires. Mais il y a, dans leur voix, un mépris si profond ; dans leur geste, une fatigue si dédaigneuse ; dans tout leur être, une conviction si nette de l'infériorité morale des gens de l'hémicycle, que je prends une joie intense à faire avec eux un bout de causette sur les affaires du jour.

Ils y apportent moins d'emballement que moi, une philosophie plus douce, un scepticisme de blasés. Depuis le temps qu'ils sont là, ils ont vu défiler un tel stock de présidents, de ministres, une telle flopée de « mandataires du peuple » ; ils ont contemplé de si bizarres spectacles, assisté à tant de revirements, constaté tant de trahisons, entendu tinter tant d'écus, au marché des consciences, que rien ne les étonne, que rien ne les émeut.

Dans leur a-parte, ils se rendent très bien compte que le maître est absent; qu'il n'y a là, pour faire ripaille, que le haut personnel de l'office: larbins et intendants infidèles s'en fourrant (*bis*) jusque-là, tandis que le patron est loin.

Et ces garçons — de pauvres serviteurs mal payés, et faisant consciencieusement leur besogne, eux ! — tapent sur le ventre aux cochers du char de l'Etat, avec une bonhomie qui fait honneur à l'indulgence de leur honnêteté.

Comme m'a dit l'un, un jour, au moment des grands scandales d'il y a un an, alors que l'on découvrait des chopines dans tant de pupitres.

— Oh ! être employé ici ou à Bercy... Au moins, là-bas, on dégusterait !

*
* *

Ce mot me revient, devant l'hémicycle entrevu par la baie de la porte.

Personne n'a jamais remarqué la couleur malheureuse des gradins, ce rose violacé qui soûle la vue jusqu'à éblouissement.

On croirait pénétrer dans une tonne immense ; dans le fond d'un foudre géant où, tout le liquide bu ou mis en pot, il n'est resté que la lie — une belle couche de lie à emplir d'aise l'âme des Coupeau de l'opportunisme.

Mais ceux qui, possesseurs des vignes, n'ont pas goûté à la cuvée, sont d'avis qu'il faut nettoyer le pressoir pour les vendauges prochaines ; et embaucher des vignerons honnêtes qui, avant de se mettre à la besogne, chasseront les ivrognes voleurs à coups d'échalas.

C'est une rude tâche. Et il me semble difficile qu'elle s'accomplisse là !

Car ça pue le vieux, ici, comme dans les caves où l'odeur du moisi se mêle à l'odeur du vin ! Rien n'y est moderne, rien n'y est vivant.

La tribune — cette fameuse tribune française sur laquelle le poing de nos orateurs donnait le *la* au « concert européen », — cette tribune est singulièrement toc !

Le pan du devant, en bois sombre, est agrémenté de bas-reliefs blancs — deux bonnes femmes, en peplum, qui lisent ou flûtent de je ne sais quoi. Littéralement, l'aspect de ces carrés de pain d'épice, avec appliques en sucre coulé, qui émerveillent bonnes d'enfants et militaires à la foire du Trône.

En haut, dans les niches, deux autres personnes, également de mon sexe, offrent aux regards des élus des charmes en stéarine, pudiques, quoique nus, car jamais le désir ne s'y posa. Je connais, au monde, peu de statues aussi godiches de construction et d'allure, que ces deux empesées-là ! Celle de gauche représente la Force ; celle de droite représente la Loi. Ce n'est pas écrit dessous ; toutefois, les attributs permettent de deviner.

J'ignore quel est le grand homme qui les a procréées — ce devait être quelqu'un de très « conséquent », puisque le gouvernement lui faisait des commandes. Mais, profane, je résumerai d'un mot mon opinion sur ses œuvres : c'est de la sculpture d'architecte !

Quant à la grande tapisserie qui fait pendule entre le flambeau de la Loi et la torche de la Force, c'est tout ce qu'il y a de plus moderne, siècle de la vapeur et de l'électricité, ère du téléphone, érection de la tour Eiffel !

Le sujet?... *L'Ecole d'Athènes!* Des sages de la Grèce, en robe bleue ou jaune, qui, sans chaussettes, discourent de la dernière conférence de Périclès ou de la dernière frasque d'Alcibiade.

Voilà qui est de notre temps !

Puis, plus rien, dans cette salle. Des panneaux verts qui, auprès des rouges banquettes, offrent un contraste à faire glapir les chiens — si les chiens, malins, ne se contentaient pas de déposer extérieurement leur opinion sur le Parlement.

Un tapis criard, le public qui bâille, trois horloges qui jabotent... et c'est tout.

Mais un roulement s'élève au loin, comme si la France faisait tambouriner et réclamer, de par les carrefours de Paris, ses droits perdus.

— M. le président! module l'annoncier.

— Oh! voyez la belle prestance! Quelle grande allure, jacasse une vieille dame à mes côtés.

Je la regarde, effarée.

Elle se penche vers moi :

— C'est bien M. Méline, n'est-ce pas, là, le premier, si distingué?

— Non, madame, c'est l'huissier.

Un afflux de bonshommes en redingote ou en veston,

un flot gris de visages ternes qui, peu à peu, envahit les gradins. On se salue, on cause de ses petites affaires; chacun s'informe comment vont « la dame et les demoiselles » de l'interlocuteur; on se montre, parfois, les emplettes que l'on a faites en venant.

Quelqu'un lit n'importe quoi, à la tribune : le public regarde, ahuri de ce brouhaha qui évoque non point l'éveil de la ruche quand s'allume l'aube, mais le vol des hannetons quand s'éteint le soleil.

Il y a, là-dedans, vingt figures connues sur six cents anonymes, vingt personnalités parmi six cents individus. Et ce que ces vingt-là ont l'air d'en avoir trop!...

Tout à coup, un silence. D'un seul mouvement, la Chambre a fait volte-face. Puis, comme furieuse de cette attention qu'on lui arrache, de cette surprise de curiosité, elle reprend brutalement ses dialogues ou ses occupations.

En un mot, elle fait « celle qui ne veut pas avoir l'air ».

Mais le diapason des voix s'est accru, les gestes sont fiévreux; il y a, sous les paupières, des lueurs mauvaises, cette gêne vague des gens qui aimeraient mieux regarder ailleurs, et qui mâtent leur désir sous leur volonté.

Que s'est-il donc passé?...

Rien — un homme est entré.

*
* *

De taille moyenne, plutôt grand, l'allure pesante du cavalier, les épaules très larges, comme fatiguées par un invisible joug, le député du Nord, Georges Boulanger, monte lentement les gradins de gauche, et s'assied non loin du sommet.

Avec lui, ils sont quatre, tout juste ; si bien qu'ils donnent l'illusion de ces Cinq si bafoués, si injuriés, et qui mirent si peu de temps à devenir les maîtres de la France.

Je crois, dans les Parlements, au triomphe des infimes minorités.

Il y croit aussi, celui-là, et c'est ce qui lui prête cet aspect d'insolence tranquille, de sérénité suprême, qui affole ses collègues contre lui. Rien que dans la façon dont il entre à l'Assemblée, dont il s'assied, dont il abaisse son énigmatique regard, il y a je ne sais quel fatalisme abstrait qui est pour ses adversaires le plus sanglant des outrages.

Il le sait ; et de là, sous sa moustache blonde, un pli de goguenard défi.

La tête est curieuse, autrement qu'on ne le supposerait d'après les portraits qui encombrent les vitrines.

Moins bien — et mieux !

Des cheveux châtains, très drus et coupés ras ; le teint hâlé ; une barbe à reflets de cuivre ; des sourcils épais sous lesquels l'œil est comme embusqué ; le front têtu et audacieux ; la mâchoire tenace... cela semble constituer, au premier abord, une belle silhouette de haut aventurier, un profil de trabucaire partant à la conquête d'un empire, comme on en vit au temps de la Renaissance française.

Mais il y a l'âme de ce visage : une physionomie si profondément déconcertante qu'elle échappe à l'observateur.

Il y a le regard et le rire — un rire de petit enfant que la vie amuse, et un regard noir à travers des yeux bleus...

*
* *

Ce regard-là, il est impossible de le préciser. Il s'estompe à volonté quand il plaît à la pensée de rester inconnue, comme ces flots limpides dont tout à coup le fond se trouble et s'ennuage, sous la fuite d'une fine anguille en robe d'acier.

Je les ai vus parfois vides, ces yeux, vides incommensurablement; et donnant, avec leur nuance d'azur, cette sensation que ferait éprouver une lorgnette-jumelle braquée sur le ciel et reflétant l'infini de l'éther, sans le passage d'une ombre, sans le sillage d'une aile...

J'ai dit combien le rire était naïf et jeune — le sourire, lui, est autre. Il est injurieusement distrait envers les ennemis; mélancolique vis-à-vis des partisans; douteur seulement, pour les familiers. Et, à mesure que les événements s'accomplissent, le scepticisme burine davantage sa ride de cruelle gaieté aux angles de cette bouche.

La voix, très douce et singulièrement enjôleuse, dans les causeries particulières, devient hautaine, et comme rocailleuse, dans les harangues, avec son dur accent breton. Le mot est net, le geste est bref.

Il n'imite ni Danton comme Gambetta, ni Joseph Prudhomme comme M. Floquet. Il est « lui », avec simplicité et avec rudesse. Cela enthousiasme la foule et exaspère la députaille.

Il est général; on dit même qu'il jouit sous ce titre de quelque popularité. Moi, je ne vois ici que M. Boulanger, député.

*
* *

— Misérable !

— Gredin !

— Traître !

— Lâche !

— Renégats !

— Vendus !

— Fripouilles !

— A bas Boulanger !

. . . .

C'est la Chambre qui délibère, au mieux des intérêts du pays.

Assis à sa place, les bras croisés, le regard vague, souriant au-delà, M. Boulanger, député du Nord, écoute — et rêve...

BAUDIN

Ce fut un honnête homme, ce Baudin, qui tomba, la tempe trouée, sur la barricade du Marché-Noir, le 3 décembre 1851.

Ce fut, en tout cas, un homme de parole ; car ayant dit en mai, à la tribune : « Nous mourrons, s'il le faut, avec et pour la vile multitude ! » il mourut — ou crut mourir pour elle — sept mois plus tard.

Mais il ne mourut pas « avec » elle ; il ne l'eut pas à ses côtés, il ne la sentit pas derrière lui ; il ne fut pas frappé dans ses rangs, comme il l'avait souhaité. La vile multitude (qui renverse sans haine les monarchies et n'en veut pas aux monarchies de se défendre) ne pardonne jamais les hécatombes organisées par ceux dont le pouvoir est son œuvre.

La vile multitude se souvint de la saignée terrible pratiquée sur elle, trois ans plus tôt, par des républicains, et dont ses veines restaient encore toutes blanches.

Elle répondit à Schœlcher : « Nous ne voulons pas

nous faire casser la tête pour une Assemblée qui nous a traités plus cruellement que ne le pourra jamais faire tel despote que ce soit. »

Elle répondit à Hugo, par la bouche d'une vieille femme, aïeule d'un fusillé ou d'un déporté : «Les *Vingt-cinq francs* sont à bas? Tant mieux! »

Elle répondit à Jules Vallès et à ses amis — la jeunesse des écoles d'alors — par la voix d'un ouvrier qu'ils invitaient à les suivre : « Jeune bourgeois, est-ce votre père ou votre oncle qui nous a exécutés en Juin ? »

Elle répondit à Esquiros : « Que voulez-vous que nous fassions ? Vous nous avez désarmés ; il n'y a plus un fusil dans tout le faubourg ! »

Elle répondit à Baudin : « Est-ce que vous croyez que nous voulons nous faire tuer pour vous conserver vos vingt-cinq francs ? »

Baudin répliqua :

— Vous allez voir comment on meurt pour vingt-cinq francs.

Et quand il l'eut montré, le peuple, après avoir salué le cadavre, comme il salue toujours les êtres héroïques, rassujettit sa casquette pour regarder moqueusement défiler ses maîtres de la veille, encadrés de gendarmes.

Toute une matinée, les « chands de vins » des environs de Mazas gagnèrent un argent fou : on allait voir entrer les députés !

*
* *

Pauvre Baudin ! Il méritait mieux que cela.

Sa vie fut d'un simple ; sa fin, d'un convaincu. Et il est de ces martyrs — rares ! — dans le passé desquels on peut fouiller sans y découvrir l'ombre d'une défaillance, la trace d'une douteuse action.

Rien moins que riche, il ne chercha la fortune dans aucune véreuse entreprise. Il avait été un étudiant probe, modeste, se suffisant de peu, ne dépensant guère que pour ses livres; élu, il resta le même, et fut (cela se passait en 1851) un député honnête.

Il fut aussi le médecin des pauvres. Tout ce que le quartier Poissonnière comptait d'indigents fut soigné, médicamenté, et consolé, par ce singulier praticien qui, ayant une situation à conquérir, faisait passer la clientèle gratuite avant la clientèle payante.

D'ailleurs, comme dévouement, il avait déjà fait ses preuves.

On l'avait vu, en 1832, à l'hôpital militaire de Toulon se consacrer au service des cholériques, et lutter contre le fléau avec une indicible énergie. On l'avait vu à Paris, après l'opération de la trachéotomie, pratiquée par lui sur un enfant atteint du croup, se pencher vers le petit martyr et sucer la plaie jusqu'à épuisement du mal.

C'était donc vraiment une âme d'élite, ce Baudin, et, comme telle, prédestinée à tous les mécomptes et à toutes les immolations.

Orateur parlementaire, il croyait à ce qu'il disait. Quand, par hasard, un de ces sincères s'égare dans les Assemblées, il est le sacrifié marqué d'avance pour le couteau ou la balle de l'expiation.

Il semblerait que, pour racheter ces péchés du monde politique qui s'appellent le mensonge, le parjure, la trahison, la prévarication, et la simonie, il faille quelqu'un de très pur, un être tout de loyauté, fait de franchise et d'oubli de soi-même, un cœur plein de flamme, un esprit plein de clarté...

Le suaire de Baudin a voilé, pour ceux de ma génération, les turpitudes de ses collègues; les palinodies de ces bonzes que l'Empire mit dedans, et que la République persiste à ne pas mettre dehors.

Mais voilà qu'on arrache ce suaire, que ceux pour lesquels et à la place desquels cet homme succomba affichent la prétention de se faire un drapeau de son linceul.

Halte-là !

Celui-ci n'est pas leur héros — il est leur victime. Ce sont les parlementaires, qui sont les véritables assassins de Baudin !

*
* *

Une chose m'a toujours frappée, dans l'historique de ce trépas.

Les soldats marchaient contre la barricade, écartant du geste les représentants qui les exhortaient. Soudain, le premier coup de feu éclate, partant du groupe où se trouve Baudin, et abattant un malheureux petit conscrit, qui tombe raide mort. La troupe répond par une décharge générale ; et cette réponse des fusils étend sur le pavé le député de l'Ain, innocent de la provocation et, cependant, la payant de sa vie.

Ce récit m'a semblé, de longue date, non pas seulement le compte rendu des faits matériels, mais aussi la légende d'une action invisible qui avait pour théâtre l'âme du pays ; la représentation palpable d'une série d'événements moraux... ce que j'appellerai la genèse du coup d'Etat.

Ce n'est pas le plomb anonyme qui est venu frapper Baudin ; ce n'est pas le soldat ignorant qui a tiré parce qu'il en a reçu l'ordre, sans savoir au juste sur quoi ni pourquoi il tirait ; ce n'est pas l'officier qui a obéi à sa consigne ; ce ne sont même pas — méditez bien ceci — ceux qui la lui avaient donnée ; ce ne sont pas ceux-là qui ont tué Baudin !

Ils ont été les instruments dociles d'une destinée dont d'autres avaient, à leur propre insu, tracé le plan.

Ce qui a tué Baudin, ce qui a permis l'Empire, c'est l'indifférence du peuple, c'est la neutralité des faubourgs, c'est l'impopularité de l'Assemblée !

A qui la faute ?

Pas à Baudin, qui l'a expiée pourtant. Il n'était pas de la Constituante, a paru fort peu à la Législative, n'a point siégé, en tout, plus de deux ans !

La faute est à ceux qui, républicains, avaient inspiré à la nation la haine de la République, dont le règne avait tué le commerce, anéanti l'industrie, supprimé le travail — si bien que leur clientèle politique, prise entre la faim et la révolte, en était réduite à crier : « Du pain ou du plomb !... Vivre en travaillant ou mourir en combattant ! »

La faute est à ceux qui, nés de l'insurrection et l'ayant proclamée « le plus sacré des devoirs », se montrèrent implacables contre elle plus que ne le fut jamais roi de droit divin ; qui prêchèrent le carnage, allèrent flairer dans les rues, après le passage des soldats, les cadavres encore chauds dont, la veille, ils pressaient la main, qui se manifestèrent, dans le triomphe, féroces comme des proconsuls romains, ces proscripteurs à lunettes, ces Syllas cravatés à la Guizot !

La faute est à ceux qui n'eurent pas un geste de pitié, pas une parole de miséricorde pour des vaincus que tous les partis avaient le droit d'accabler — sauf celui de l'émeute !

*
* *

Que voulez-vous ? Une fois au pinacle, ils avaient — comme ils l'ont aujourd'hui — l'aversion et la crainte des malheureux leur ayant fait la courte échelle. Tous, y compris les meilleurs, gardaient le mépris de la blouse. Chez Hugo, même, perce ce souci d'une vétille qui décida peut-être du sort de la patrie, en ces trois journées de décembre 1851.

C'est écrit tout au long dans l'*Histoire d'un Crime.* Lisez :

« Il y avait parmi nous des ouvriers, mais pas de blouses. Afin de ne point effaroucher la bourgeoisie, on avait recommandé aux ouvriers, notamment chez Derosne et Cail, de venir en habit. »

Non, mais voyez-vous ces gens qui sollicitent l'appui du peuple, et renient son costume !

Aussi le peuple se rendit-il bien compte que c'était là protestation de contre-maîtres; et il fit ce qu'il fait toujours, en pareil cas : aux contre-maîtres, il préféra le patron.

Hugo le constate un peu plus loin :

« On regardait deux hommes qui se querellaient pour et contre le coup d'Etat; celui qui était pour, avait une blouse; celui qui était contre, avait un habit. »

Ce n'est pas d'autre chose que Baudin est mort — redingote humble, défraîchie, usée, dont la trame fut trouée par les balles, roussie par la poudre, tachée par le sang, afin que restât indemne et que gardât son lustre, devant la postérité, le frac en drap fin des députés d'alors, patriarches d'aujourd'hui!

Il est mort, je le répète, de la haine populaire contre les *Vingt-cinq francs.*

Et ce sont les survivants de ces *Vingt-cinq francs*-là, et leurs élèves, traîtres à la République d'alors, traîtres à la République d'aujourd'hui, assassins inconscients du Baudin de 1851, meurtriers responsables du Baudin futur — s'il s'en trouve encore! — ce sont ceux-là qui vont promener à travers Paris le cadavre qu'ils ont fait !

Les insurgés de 48, leurs créanciers, ne promenaient au moins, sur les boulevards, que les morts tués par la troupe !

*
* *

Moi, je reste ébahie de cette tendresse soudaine pour la mémoire que j'ai entendu le plus malmener dans ma vie.

Quand j'étais petite, mes parents (des gens très rangés) disaient, parlant de ce député et de son décès tragique :

— Ce n'était peut-être pas une mauvaise nature... mais, enfin, il a fini en insurgé !

Et mon père prononçait « insurgé » avec le mépris d'un homme qui avait voté *contre* Louis Bonaparte avant Décembre, et *pour* après.

Ensuite, j'ai entendu des radicaux.

L'un d'entre eux (qu'il se rassure, je ne le nommerai pas, car il est l'un des ornements de la manifestation d'aujourd'hui) avait même un bien joli mot de sceptique à propos de ce croyant :

— Baudin?... Quel raseur ! En voilà un qui a gâté le métier !

Plus tard, c'est avec des socialistes que j'ai causé de l'événement, et du défunt si oublié. Et, cinq années durant, sauf les blanquistes et quelques indépendants qui ont la religion du courage, nos conversations se sont, par eux, résumées ainsi :

— Après tout, c'était un martyr bourgeois ! S'il avait vécu, il aurait fait comme tous les quarante-huiteux, sûr ! Et puis, sa tombe est un tremplin : le tréteau de M. Gambetta ! Nous avons Millière et Delescluze, nous autres !

Millière et Delescluze!

Ce sont ceux-là qui seraient en droit de se plaindre aujourd'hui! Pendant dix-sept ans, il n'avait été question que d'eux, dans les meetings, au Père-Lachaise, dans toutes les réunions révolutionnaires.

Or, voici qu'en vue d'un intérêt électoral, se forme le cercle d'études de l'Assiette au beurre, et que l'on pique dans la motte, comme une statuette de saint sur un gâteau de fête, l'image de Baudin. Autour, pêle-même, radicaux, opportunistes, socialistes de gouvernement, trinquent et toastent à la santé du martyr, sorti pour un jour de l'armoire aux oubliettes, et que, n'ayez peur, on y refourra demain.

Ils feraient peut-être bien de regarder contre quel verre leur verre se choque, avant de boire!... Les «politiciens» sont sans vergogne — chacun sait ça! Mais les amis du peuple, les désintéressés, les purs?...

Je ne sais pas trop où ils ont la tête, ceux-là; ou, pour mieux dire, je ne le sais que trop.

*
* *

D'ailleurs, cette pauvre tombe a le monopole des apothéoses bizarres, pleines de surprises et pleines de sursaut.

Hier soir, je parcourais la liste des souscripteurs qui ont aidé à l'élever, et je constatais que le plus clair de cette manifestation nationale était ceci : que la moitié de cette liste républicaine avait fait fusiller l'autre moitié, trois ans juste après cet acte de fraternité.

Ce n'est pas tout.

J'ai prononcé ci-dessus les noms de Millière et de Delescluze : j'y reviens.

Millière — c'est Hugo qui nous l'apprend — faillit mourir au 2 Décembre comme Baudin, son aîné et son ami Delescluze, lui, découvrit la sépulture abandonnée au cimetière Montmartre, y prononça les premières paroles de respect et de reconnaissance, et ouvrit dans son journal, *Le Réveil*, la souscription destinée au monument.

Ces deux hommes tiennent donc, par mille liens, au camarade de combat qu'ils ont voulu défendre, au mausolée qu'ils ont fait élever.

Et cependant, si leurs ombres pouvaient revenir, sentinelles attristées, faire faction de chaque côté du fictif trophée que l'on élève, ils verraient défiler côte à côte, la main dans la main, les députés qui, de Versailles, ont ordonné leur exécution, et ce parti ouvrier qui, si longtemps, s'est réclamé de leur mémoire.

Delescluze — les historiens les moins suspects de sympathie envers l'insurrection l'ont dit — a été le Baudin de la Commune ; un Baudin plus âpre, plus découragé, parce qu'il était plus vieux et qu'il avait vu de plus effroyables choses. Il s'est fait tuer autant par dégoût que par désespoir ; et les adversaires les plus ardents du mouvement communaliste ont gardé du respect, devant le cadavre de ce haut vieillard dont le visage fracassé gardait encore, aux lèvres, un pli d'amertume.

Eh ! bien, si Delescluze revenait et rencontrait dans la rue un « prétorien » de 51 et un « versaillais » de 71, un invalide et une vieille brisque, bras dessus, bras dessous, il pencherait vers eux sa tête blanche et dirait :

— Toi, tu as tué Baudin ! Toi, tu m'as tué !... Je vous estime, soldats impassibles, instruments de la discipline. Vous nous avez tiré dessus... mais vous ne nous avez pas trahis !

. . . .

Le pèlerinage d'aujourd'hui c'est la Fédération de toutes les ambitions, la fête du Maître suprême — le Parlement — de tous ceux qui en sont, de tous ceux qui veulent en être!

M. Floquet va-t-il sortir l'habit bleu-barbeau de Robespierre?...

VACQUERIE CANDIDAT

Je ne vous connais point, mon cher monsieur Vacquerie, ou mieux, je vous connais peu, n'ayant guère fait qu'échanger avec vous quelques banales paroles, dans un couloir de théâtre, les soirs de premières.

Mais j'ai pour votre nom une amitié singulière, une estime profonde; et ce filial respect que ceux de mon époque ont si peu souvent occasion de ressentir envers ceux de la vôtre.

C'est qu'ils sont rares les hommes de ce temps-là qui, à votre exemple, n'ont pas quitté la ligne droite, ont fait leur devoir avec simplicité, et sauvegardé l'honneur de leurs cheveux blancs.

On se plaint, à tort, de l'impolitesse des jeunes — pourquoi tant d'anciens ne méritent-ils plus le salut?.. On nous a enseigné le respect, quand nous étions petits; au fur et mesure que nous avons grandi, on nous a inspiré l'irrévérence.

Et la plaisanterie est amère, de reprocher aux adolescents leur scepticisme, leur ironie, voire leur dégoût de tout. La génération qui précède est toujours responsable de la génération qui vient — il ne suffit pas de dire à son fils : « Sois honnête », il faut pouvoir lui dire : « Sois ce que je suis. »

C'est l'histoire du coup de chapeau dans l'escalier et du pas cédé sur le trottoir, ces fragments de la civilité puérile et honnête que l'on a tant de peine à inculquer aux enfants.

On se tue à leur répéter : « Découvre-toi devant le vieillard que tu croises sur le palier, et, dans la rue, livre-lui passage. » Phrase correcte et bon conseil.

Mais, si l'ancêtre est saoûl, si le patriarche est obscène, le petit renfonce son képi énergiquement et file avec un geste blagueur. C'est fini — vous aurez beau dire, il tirera la langue, le reste de son existence, à tous les aïeux qu'il rencontrera !

***

Or, nos Pères de la Laïque ont tété tant de pots-de-vin ; pris le menton à tant de Constitutions différentes ; ils ont déshonoré leur vieillesse avec tant de cynique ou d'hypocrite abandon, que nous ne ressentons plus, à leur aspect, que l'hilarité de Cham devant le sommeil court-vêtu de Noé.

Vous êtes, vous, de la race de Japhet, respectueux quand même, attristé par la vilenie humaine, et prêt à jeter votre manteau sur le vieux monde, objet de nos moqueries.

Prenez garde ! Si rieurs que nous soyons, nous vous crions méfiance ; car vous êtes victime d'une épouvantable mystification... et ce n'est pas nous qui l'avons imaginée.

Avec votre pudeur native, vous avez mal regardé ! Ce qui dort là — ou mieux ce qui fait semblant de dormir, guignant votre consentement, entre ses paupières sans cils — ce n'est pas le siècle dont vous êtes le fils, et dont il vous plaît de masquer les défaillances; ce n'est pas le régime républicain, sur les fautes duquel vous êtes prêt à étendre le bouclier de votre invulnérable probité.

Non... L'être pochard et avili qui est vautré sur ce tas d'ordures, c'est la plus antique, la plus dégradée, la plus repoussante des femelles : c'est l'immonde Politique, goujate blasée qui veut tâter de l'honnête homme.

Pour Dieu ! ne lâchez pas votre manteau ! Ce n'est point Noé, c'est Putiphar — une Putiphar de ruisseau, ignoble et sordide, qui fera de votre robuste honneur une loque déshonorée!

*
* *

Oh ! non, n'acceptez point cette déchéance, de devenir un politicien !

En écrivant ceci, je sais à quoi je m'expose. Les uns trouveront que je vous ai trop loué — une maladresse ! Les autres crieront que j'ai voulu vous détourner de la lutte — un calcul !

Mais comme j'ai la chance d'être une indépendante; de garder, envers tous, cette liberté charmante et farouche qui me préserve de m'enrôler chez personne; d'être, en cette lutte des partis, une sorte de cantinière gaie et frondeuse qui verse l'espoir ou la colère où il lui plaît; je ne vois vraiment pas ce qui me gênerait aujourd'hui pour faire couler ma pensée à pleins bords.

Ce n'est pas que ma pensée, d'ailleurs, c'est l'opinion d'un tas de jeunes avec lesquels, l'autre jour, je causais de vous, à la Renaissance, et qui, les yeux tournés vers votre loge, me contaient leur chagrin.

Nous avons plébiscité — ma foi oui ! plébiscité — sur

cette grave question de Vacquerie candidat; et si vous saviez quel « non! » énergique a jailli de toutes les lèvres, et aussi de tous les cœurs!

Regardez donc en face, avec vos yeux clairvoyants de poète, ceux qui viennent — au nom de la République, bien entendu! — vous demander de sacrifier à leur situation, à leurs intérêts, à leurs manigances, à leurs peurs, votre renommée sans tache; votre passé, si héroïquement modeste; toute cette carrière laborieuse et vaillante dont l'Art a été la religion et la récompense.

Ont-ils songé à vous jusqu'ici (autrement que par des propositions aussi vagues que d'avance repoussées) ceux qui, aujourd'hui, vous prennent les mains; essaient de troubler votre conscience par des déclamations de rhéteurs; font appel à votre foi citoyenne; vous affirment que la République est en danger... alors qu'il ne s'agit seulement pas de leur maroquin personnel, mais du cuir de leurs portefeuilles?

Non; vous le savez bien! Vous étiez, pour eux, « ce brave Vacquerie » : un voisin commode, parce que pas ambitieux, pas solliciteur, même un peu naïf avec sa manie de ne rien être.

— C'est une pose comme une autre! disaient les bons camarades.

Et ils ne se gênaient point pour vous appeler le Béranger du *Rappel*. Mais on pardonnait facilement un petit travers supprimant la rivalité et tuant la concurrence.

Aujourd'hui, ils affirment — sans rire, ces augures de foire! — que le sort de la patrie est à votre merci.

Ils sont donc bien tarés, eux, bien peu sûrs de leur propre honneur, bien peu confiants dans leur probité, qu'ils déclarent si haut ne connaître qu'un honnête homme en ce pays de France?

Eh quoi! dans leur tas de gouvernants, de fonctionnaires, de journalistes militants, d'aspirants députés, il leur a été impossible de faire un choix!

Joli gouvernement, joli parti, que celui qui met huit jours à chercher dans son personnel un impeccable; ne le trouve pas; et est obligé d'aller au seul homme que la foule croira propre — non même parce qu'il l'est, mais parce qu'il n'a jamais servi!...

*
* *

Et c'est pourquoi nous protestons, nous qui nous cramponnons à votre nom, dans ce naufrage de tout, comme à une belle et solide épave — ne la laissez pas entamer par la dent des requins!

Avec une gloire moins astrale, mais autant pour le moins d'incontestable droiture, vous êtes, pour les petits du journalisme, ce que Hugo, votre ami, fut pour les jeunes de la littérature.

On n'est pas toujours de votre avis, il s'en faut! On vous combat, on vous taquine; mais, pour traduire ce que je veux dire par un mot enfantin: on vous aime bien!

Et nous ne voulons pas qu'on gâche votre vie; qu'on salisse notre admiration; qu'on lapide votre sagesse vénérée avec tous les immondices du ruisseau!

Ils savent bien ce qu'ils font, allez, les autres, en vous choisissant! Ils ne se tailleront pas des pourpoints dans votre manteau de roi, parce que la mode est passée des rois et des pourpoints; mais ils découperont, dans la solide trame de votre renommée, des feuilles de vigne pour toutes leurs turpitudes.

Elle vaut mieux que cela, vrai!

Et vous allez être la victime expiatoire de leurs iniquités! Avez-vous réfléchi à ceci: que, par le seul fait d'un concentration s'opérant sur votre personne, vous endossez, auprès du pays, la responsabilité de tout ce qu'ont commis vos parrains? Si Ferry vous recommande, vous devenez solidaire du Tonkin; si Floquet vous appuie, tout ce que le Panama a ruiné de pauvre monde vous montre le poing.

On va tirer les Rois dans quelques jours. Eh bien! ce qui vous est offert c'est d'être la fève, dans la formidable brioche de leur impopularité.

Et rien ne prouve que Paris y mordra — il a assez faim, depuis quelque temps, pour préférer à la brioche un gros pain de munition!

*
* *

C'est parce qu'on n'a pas taillé à même la miche, c'est parce qu'on ne lui a pas donné le pain quotidien auquel il a droit, que le peuple acclame Boulanger et hue les accapareurs.

Je ne vous vois pas, avec votre brave visage et votre parole loyale, devenu le mandataire de ces derniers.

Vous serez, certes, toujours honnête — le paraîtrez-vous toujours?... L'ère du soupçon est ouverte, et nul publicain, désormais, n'est à l'abri.

Ce que votre probité en souffrira, vous le savez mieux que moi-même. Mais vous ne savez pas peut-être le rude assaut, l'effroyable torture, qu'elle aura à subir tant que durera la lutte?

Ce sera bien la peine, vraiment, d'avoir acquis, à force de travail, une fortune nette, une aisance poussée sans le fumier du vol, sans l'engrais de la concussion!

Ce sera la peine d'avoir refusé les bons postes, les grasses prébendes, restant obstinément un journaliste, et rien qu'un journaliste consciencieux — le plus noble emploi qui soit au monde !

Ce sera la peine d'avoir, non pas refusé, mais dédaigné les décorations; d'avoir vu fleurir autour de soi les boutonnières, du haut en bas de sa propre maison, et gardé la sienne nette, en sa logique républicaine, pour être mis en croix au bénéfice de farceurs dont on essaiera en vain de faire le salut!

Ecce homo! Oh! pauvre, pauvre Vacquerie! La candidature, c'est la fin de tout! C'est la malignité publique entrant dans la vie privée; c'est le repos aboli; ce sont les chères créatures qui sont votre cœur atteintes souvent par ricochet — ce sont les larmes dans la maison !

Je sais bien comment ils émeuvent votre âme de vieux lutteur, et par quoi ils auront peut-être raison de vos résistances.

Ils invoquent, comme je l'ai dit précédemment, le bien de la République.

Le bien de la République!... Hé! qu'a-t-il à voir avec ces gens-là?

Est-ce que chaque ministère qui dégringole ne piaule pas, à qui mieux mieux en frottant ses bosses, en grattant ses bleus, que du fait de sa chute, le sort de la patrie est compromis?

La Patrie et la République sont bien au-dessus de ces querelles, bien au delà de ces misères.

C'est parce que je les aime, que j'ai tant de rancune contre ceux qui en détachent le peuple. C'est parce que nous les aimons que je vous parle, mon cher monsieur Vacquerie, comme je le fais aujourd'hui.

*
* *

Puis, il y a pire. Pour tout autre, cela me ferait rire, tant la pétaudière offre en ce moment un spectacle curieux — pour vous, cela me peinerait.

C'est la déroute certaine. Le gouvernement et son filleul resteront à plat sur le carreau.

Vous allez vous récrier... et les autres crieront au boulangisme, ce dont je me moque fort, ayant fait plus haut ma profession de foi.

Mais je vais vous dire ce qui motive cette opinion.

Les journaux opportuno-radico-possibilistes clament à tue-tête qu'ils veulent un candidat de protestation. On jurerait, à les entendre, que le général Boulanger est au pouvoir, et qu'il s'agit, pour l'opposition, de lui faire échec.

Et ils évoquent les grandes élections populaires contre les gouvernements de jadis : Rochefort, sous l'Empire ; Barodet, sous Thiers; les 363, sous le Septennat!

Or, la situation est juste le contraire. Ce sont les opportuno-radico-possibilistes qui détiennent le pouvoir; c'est le général Boulanger qui incarne aujourd'hui l'opposition.

Et il sera élu par cette unique raison (irrésistible pour Paris surtout) qu'il est le chef des mécontents, le candidat désagréable au gouvernement, donc sympathique à la population.

On ne retourne pas comme cela ses barricades — Paris est Paris !

Cela est si vrai que son adversaire, quel qu'il soit, sera le benjamin officiel, chéri des fonctionnaires, protégé des agents; qu'on lui prêtera les salles municipales pour ses réunions ; qu'on veillera à la conservation de ses affiches; qu'au besoin on donnera le coup de pouce à l'horloge, pour empêcher les boulangistes retardataires de voter.

J'atténue même, en ne parlant point de ce qui se passera au fond des urnes lors du dépouillement du scrutin. Mon très spirituel confrère Bergerat a créé un mot qui serait là joliment de situation.

Et j'exagère si peu, que vous aller le constater vous-même. Faisons cette hypothèse folle que le gouvernement ne représentant pas de candidat, et que les royalistes en présentant un, la lutte se concentre entre le général Boulanger, qui affirme sa fidélité à la République, et M. Z..., proclamant sa foi monarchique.

A qui iraient les sympathies du régime répubicain et son appui occulte?

Je vous affirme que la haine et la peur des dirigeants sont assez puissantes pour qu'ils préfèrent tout — tout, vous entendez bien! — au succès du général.

*
* *

Il y a encore une autre raison, à ce que ce succès soit présentement inéluctable.

Un des plus beaux chapitres de *Notre-Dame de Paris* porte pour titre ce simple mot : Ananké.

C'est contre cette Ananké-là que se débattent nos maîtres d'aujourd'hui. Il y a du fatalisme dans la fortune de cet homme, passif instrument aux mains du destin. Jusqu'ici, les flèches qu'on lui décoche rebondissent, et viennent frapper en plein cœur qui les a lancées.

Il a une chance miraculeuse; ce qu'en termes de jeu on nomme la veine. « Le Roi des halles », ont dit quelques-uns. Non — le Roi d'atout!

Reste à savoir s'il ira jusqu'au sacre...

LA LIGUE DES PATRIOTES

6 janvier 1883.

Nous sommes à la fenêtre d'entresol qui forme l'angle de la rue Pernelle et du boulevard Sébastopol. Voilà des heures et des heures que l'on attend le dernier cortège de celui qui fut l'âme de la résistance contre l'Allemagne; du fils du petit épicier de Cahors; du tribun jadis populaire... et qui ne sera suivi cependant, aujourd'hui, que par les états-majors en redingote de parlementaire ou en uniforme de soldat.

L'amitié de la foule s'était retirée de lui; l'ingérence privée n'a donc rien à voir dans ces obsèques administratives, faites aux frais de l'Etat, sous le patronage de l'Etat, avec le matériel de l'Etat, avec le personnel de l'Etat — pleureuses et comparses habituels de chaque grand deuil gouvernemental!

On y verra des ministres et des députés, des édiles et des magistrats, des présidents et des préfets, des maires et des substituts. On y verra des généraux, on y verra des gabelous; des gardiens de squares et des gardiens de monuments; quiconque, en France, possède une parcelle d'autorité, détient un atome de pouvoir; quiconque a le droit d'être dur à ses subalternes ou sévère au pauvre monde.

Et seront admis seulement les officiels: choisis, triés, bon teint, ayant montré patte tricolore, et reconnus dignes de figurer entre ces messieurs du Barreau et ces messieurs du Sénat.

O ironie de la destinée! Ce Gambetta, ce réfractaire à tous crins, demeuré bohème dans le fauteuil auguste de la Présidence, resté fantaisiste — et ce ne fut pas la moindre de ses séductions! — jusqu'en les apothéoses les plus solennelles, ce Méridional gai, bon enfant, vibrant et vivant, va avoir des funérailles de régulier!

Ceux qui lui feront la dernière conduite auront chacun un diplôme en poche; une écharpe à se nouer sur le ventre; un ordre français ou étranger à la boutonnière; un grade dans une confrérie quelconque. Tous les annuaires de France, civils ou militaires, vont défiler là: en corps, en groupes, en sociétés, en délégations, en comités; étiquetés, classés; dans le rang, et à la place que leur auront assignée les organisateurs.

On vend déjà, parmi la foule indifférente qui rit au soleil, sur les deux trottoirs, « l'ordre et la marche » du cortège!

Il y aura quelques indépendants d'aspect, pourtant. On les reconnaîtra à leur tignasse secouée de mistral, à leurs gestes éperdus, à la vibration des consonnes... roulant sur leurs crocs de jeunes chiens comme le courant des gaves sur les cailloux blancs. Ce sont les tambourinaires qu'on appelait pour manger la brandade, en bras de chemise, au soir des séances orageuses.

Les bons gas auront de la peine — une peine qui

s'évaporera, sous ce beau ciel en interjections, en reproches au destin, en un remuement furieux de la tête et du torse, des bras et des épaules, des jambes et des cannes ! Mais on aura bien trouvé moyen de les astreindre à marcher ensemble, par lot d'accents — ils représenteront le Midi !

*
* *

Le convoi vient de passer et je reste à la même place, silencieuse et immobile, tandis que les prolonges d'artillerie qui ferment l'escorte sursautent sur le pavé avec un bruit de ferrailles qui vous secoue le cœur.

Jamais, depuis le siège, on n'avait réentendu ce bruit-là ; jamais on n'avait revu tant de canons ; jamais le sanglot des tambours, voilés de crêpe, n'avait roulé si lamentablement !

L'enterrement politique a bien été ce que je prévoyais : banal à faire bâiller ! Mais la politique n'a pas longtemps tenu la scène ; et, quand elle a eu défilé, quand tout le stock des gouvernants a été épuisé, il y a eu une belle minute émouvante où l'on a senti frémir, au-dessus du char, l'ombre de la Patrie.

Oui, une minute, les discordes civiles se sont noyées dans le souvenir des heures tragiques ; et les sang-bleu comme les sang-rouge ont revécu 70 et 71, la défaite, l'investissement...

Il n'a plus été question alors du Président de la Chambre, du politicien qui avait donné le signal de toutes les persécutions religieuses ou socialistes ! Et les fronts se sont inclinés, mélancoliques, devant l'Outrancier qui s'en allait à la paix suprême, dans le frisson des drapeaux, dans la tempête des cuivres, dans l'attirail héroïque des obsèques guerrières...

C'est que, derrière les officiels, avec leur autorisation,

sous leur patronage, mais avec une belle flamme de jeunesse aux yeux et, dans la voix, cette sincérité d'acclamation qu'ont les foules adolescentes, venaient les bataillons de gymnastes.

Ils étaient singulièrement accoutrés pour la plupart, en bleu, en vert, en rouge, en violet — un tantinet chiens de cirque!

Seulement, ils criaient : « Vive la France! » de si candide ardeur que le peuple, en les voyant passer, se rappelait qu'ils étaient aussi singulièrement affublés, les francs-tireurs du siège, que l'on ramenait, aux soirs de Champigny et de Buzenval, le crâne fendu ou le flanc béant, et qui mouraient comme des héros, dans leurs habits de cabotins!

Oui, de leur enthousiasme, à ces petits, l'on oubliait les ceintures voyantes, les panaches ébouriffants, les médailles de fabricants de moutarde, toute cette quincaillerie et cette friperie de la gloire dont s'agrémentent les gamins qui rêvent d'être soldats.

C'étaient eux qui avaient ainsi transformé la cérémonie, changé l'esprit de la multitude, qui, gouailleuse quelques minutes plus tôt, suivait leur marche, maintenant, d'un bon regard ému.

— Qu'est-ce, monsieur, que ces garçons-là? fis-je à mon voisin.

— Ça, madame, c'est la Ligue des Patriotes... Le gouvernement l'aime bien!

*
* *

1er juin 1885.

Sur le boulevard Saint-Michel, à l'intersection du de la rue de Médicis, devant le bassin qui orne l'immense refuge, s'élève une statue de Hugo, dont le socle disparaît sous les fleurs.

Du reste, il y a des fleurs partout: aux corsages, aux fenêtres, aux tentures qui garnissent l'appui des balcons. Des guirlandes de feuillage courent entre les mâts, dont les oriflammes se secouent, joyeuses, dans le vent d'été.

Paris, d'un bout à l'autre, a des allures de Fête-Dieu.

C'est cependant une fête bien païenne que celle qui se célèbre aujourd'hui; presque mythologique : l'enterrement d'Homère, l'apothéose du poète dont la vieillesse n'a été que l'acheminement à l'immortalité.

Tout l'Olympe officiel, tout le Parnasse gouvernemental est en rumeur. Quiconque a, s. g. d. g., tenu une plume, rédigé des stances, pondu une cantate; quiconque a pincé la lyre de Tyrtée ou gratté la guitare de Gastibelza; quiconque a creusé l'antique ou taquiné le gothique; tous les gradés et groupés de l'art béni par la rue de Valois, ont leur place marquée dans le cortège.

La Mort, sinistre courtière, étale cette fois, sur la table de l'univers, une autre carte d'échantillons. Il y a deux ans, c'était le monde de la politique, qu'elle déroulait majestueusement ; aujourd'hui, c'est le monde de la littérature, qu'elle exhibe d'un geste charmeur.

On va voir les Académies, la Société des gens de lettres, et l'Ecole normale ; plus, les théâtres subventionnés, et une foule d'agglomérations intellectuelles encouragées par l'Etat.

C'est lui, d'ailleurs, qui se charge de ces funérailles grandioses ; ce qui lui permet d'en être le maître des cérémonies, d'exclure qui bon lui semble, do n'admettre que qui lui plaît.

Quelques cercles trop républicains devaient venir avec des bannières rouges : ordre est donné de les prier de se retirer ; au besoin, de les y contraindre.

On peut être sûr que la fête se passera entre gens comme il faut, et « bien pensants » selon la doctrine démocratique, et pas sociale, des maîtres de la troisième République.

*
* *

Je me retire une seconde du balcon que nous occupons, à l'angle de la rue Le Goff et de la rue Soufflot. La tête me tourne et j'ai la vue perdue à regarder ce spectacle. C'est magique, c'est inouï, c'est fou !...

Pas les gens, oh ! non ! mais les fleurs ! Je ne me rappelle pas en avoir jamais tant vu !

A mesure que les couronnes arrivent, on les dépose sur les marches du Panthéon. D'ici, on les entrevoit confusément ; mais la marée chatoyante et embaumée des corolles noie déjà le perron et envahit le péristyle. Les fleurs expirent, étouffées par d'autres fleurs, et leur râle flotte dans l'air saturé de parfums. On se sent soi-même étourdi et comme grisé par cette orgie d'odeurs, douces ou violentes, qui montent de la terre au ciel.

Le sol est jonché de pétales roses, comme le tour des cathédrales après le passage du dais sous lequel flamboie l'ostensoir.

Mais, ici, la foi manque. Il gênait leur médiocrité à tous, ce génie merveilleux ; il tenait trop de place dans l'histoire ; sans en convenir, chacun de ceux-là pense qu'il est parti à temps pour laisser aux survivants quelques miettes du siècle à grignoter.

A ce Hugo dont l'œuvre est pleine des cris et des sanglots de l'humanité, ils font un enterrement d'impassible. C'est beau comme la Vénus de Milo, et sans âme — comme elle !

Pourtant il a chanté la France, celui-là aussi, pourtant il a célébré la Patrie, ses triomphes et ses joies, ses désastres et ses douleurs !...

— Oh ! mais, on a permis à la patrie de se souvenir ! répond quelqu'un à qui je fais part de mes réflexions. On a donné la meilleure place à la Ligue des Patriotes. Et, tenez, la voici.

Je regarde, le sourcil un peu froncé. Elle a fait pas mal de bêtises contre les idées et les êtres que j'aime, cette association-là, depuis deux ans; et son chauvinisme breveté est pour exaspérer les moins irascibles.

Cependant, au nom seul de Déroulède, mes rancunes s'envolent comme un essaim de moineaux ayant affronté le cerisier. Il les épouvante joyeusement !

L'ennui, au fond, c'est que le gouvernement les aime tant, lui et sa Ligue ! Je serais bien plus de leur bord, si les ministres en étaient moins !

...Derrière Déroulède, se tenant par le bras sur toute la largeur de la chaussée, des hommes, des femmes, jusqu'à des enfants.

C'est du « petit monde », diraient des notables. Du petit monde, oui, vêtu modestement, mais soigneusement; du petit monde dont les vêtements noirs font ressortir, par-ci, par-là, des pommettes saillantes, un teint rose comme du lard frais, des cheveux couleur de choucroute, et des yeux de myosotis, pas grands, mais de regard si bon ! Du petit monde qui marche au pas militaire, tout droit : « Une, deux ! Une, deux ! », comme si la grille du Panthéon était la frontière et qu'on dût, de l'autre côté, retrouver le « chez soi » perdu !

La voilà, la poésie du cortège ! Quel dommage que nos consuls lui servent de Mécènes !

*
* *

28 février 1889.

Au siège de la Ligue, numéro 9, place de la Bourse, le deuxième au-dessus de l'entresol, dans le second corps de bâtiment, passé la cour.

Trois commissaires de police et vingt agents ont envahi le domicile, éventrent les tiroirs, fouillent les cartons, entassent les papiers dans des sacs que l'on descend un à un.

Très pâles, les mains nerveuses, deux hommes regardent cette dévastation, cinglant, d'un mot qui essaie de les interroger.

Déroulède et son collègue sont inquiets non de ce qu'on découvrira — il n'y a rien — mais de ce qu'on pourra glisser chez eux. Comme tous ceux qui font de la politique, ils savent bien qu'il n'y a jamais à craindre que les documents fabriqués pour les besoins de la cause, et intercalés prestement dans d'inoffensives paperasses.

On en trouvera, c'est certain ! Et ce sera la prison, l'amende, pis peut-être...

Mais qui peut ordonner de pareilles mesures contre une association française et républicaine ?... Ni des Français, ni des républicains, à coup sûr. Le gouvernement allemand ? Un régime monarchique ? Les Prussiens sont revenus ? L'Empire est rétabli ?

Non.

Alors, quel est le crime de cette association tant chérie jadis, tant frappée aujourd'hui?... Car enfin, elle est toujours la même qu'aux temps où elle faisait l'ornement et la gloire des pompes officielles; qu'à l'époque où la police lui faisait faire place, où la troupe lui faisait escorte. Ses règlements n'ont pas changé; ses pensées s'envolent toujours, comme des cigognes, vers les toits d'Alsace.

Ah! voilà!

Elle a crié : « Vive la France! », et le cri n'est plus de mode, semble-t-il. Elle a crié : « Vive Boulanger! » et le cri est trop de mode, assure-t-on. Enfin — et là, je crois, est le vrai grief — elle a surveillé les urnes électorales au moment du dépouillement des votes. Il est des gens que cela a gênés, paraît-il; et ces gens-là se revanchent aujourd'hui.

Drôle de politique, tout de même... et drôle de République!

TOUT AUX TREIZE !

Le Prévenu. — C'est là toute l'erreur de ce procès : l'administration, vaincue dans les élections de Paris, au lieu d'attribuer sa défaite à sa véritable cause, c'est-à-dire au mouvement des esprits, s'est mise en frais d'imagination. Elle a cherché des combinaisons savantes ; elle a supposé des alliances monstrueuses ; elle a cru à je ne sais quel gouvernement occulte ; elle évoque des fantômes ; elle rêve, je crois, du fameux comité directeur dont on nous a bercés sous la Restauration. C'est une erreur commune dans notre pays, où l'on croit peu à la puissance morale, et où l'on s'exagère celle de la *gouvernementation*, s'il m'est permis d'employer ce barbarisme pour exprimer ma pensée.

M. le Président. — C'est là une appréciation qui vous est personnelle.

Le Prévenu. — La vérité, la voici. Les comités ont eu cet honneur d'avoir réveillé l'esprit public en France, ils le revendiquent hautement. La France est redevenue ce qu'elle sera toujours, démocratique et libérale, et les vrais amis du pouvoir se montreraient plus sensés s'ils lui conseillaient de donner satisfaction à cette opinion en progrès, au lieu de la poursuivre dans la personne de ceux qui n'ont pas fait autre chose que de lui dire : « Tu existes, fais acte d'indépendance. »

M. le Président. — Je crois que le Gouvernement marchera sans avoir besoin de vos conseils ; vous présentez votre défense, c'est très bien ; mais le Gouvernement a son action, et je ne pense pas qu'il aille chercher vos avis.

« D'après l'inculpation, il y a eu une pression non seulement exercée à Paris, mais dans d'autres lieux par le comité, qui a abandonné sa qualité de comité consultatif pour devenir un comité électoral, et même un comité politique. C'est du moins ce que prétend l'inculpation.

» Cela est si vrai que vous avez ouvert des souscriptions, et que des sommes plus ou moins considérables ont été versées dans la caisse sociale, et à plusieurs reprises, par les mêmes personnes.

» L'inculpation voit, dans cette caisse ouverte par le comité, dans les souscriptions, dans les parts contributives fournies par certaines personnes, une véritable affiliation au comité ; en sorte que, au lieu de réduire ce comité au nombre de quinze ou vingt personnes, elle voit là une association composée de deux à trois cents personnes, peut-être. C'est là-dessus qu'elle se fonde pour poursuivre.

Le Prévenu. — Dites deux ou trois cent mille, monsieur le Président.

» Avant de me rasseoir, je demande à dire un mot, à mon tour, sur les perquisitions qui ont eu lieu, et sur la saisie de papiers opérée à mon domicile. Je suis peu au courant des usages du lieu où nous sommes, j'ai siégé autre part, mais je n'ai pas encore eu l'honneur de m'asseoir sur ces bancs. Cependant, je dois le dire, j'ai eu souvent occasion, dans le cours de ma vie politique, de faire les actes de citoyen qui m'amènent aujourd'hui devant le tribunal correctionnel.

» Je ne puis m'empêcher de faire une réflexion : c'est que, sous tous les gouvernements qui se sont succédé, sous des régimes même dont, à coup sûr, je n'étais pas l'ami, une avanie semblable à celle dont j'ai été la victime m'avait toujours été épargnée. Je n'avais pourtant pas alors derrière moi vingt-cinq ans d'une vie politique passée au grand jour de la publicité. Cela est cruel, je dois le dire, pour mes honorables complices et pour moi. Je ne me plains pas de cette avanie, puisqu'elle est facultative et que chaque gouvernement a ses procédés. Je ne me plains pas non plus de la manière dont la chose s'est faite : le fonctionnaire chargé de cette exécution s'est comporté avec politesse. Mais j'ai besoin, afin que cette expérience que nous avons faite à nos dépens ne soit pas perdue, de dire quelle est mon impression.

» L'agent de police, quelque honorable qu'il puisse être de sa personne, pénétrant dans le sanctuaire domestique, s'introduisant de force dans cette intimité où nous laissons même rarement pénétrer nos meilleurs amis, cet agent, dis-je, devenu le confident imposé de nos secrets de famille et d'intérêt, et cela non pour saisir la trace d'un délit qui touche à l'honneur ou qui menace la sûreté publique, mais celle d'une lutte loyale qui s'est faite en pleine lumière, devant les électeurs, dans le but de faire triompher une opinion politique !... oh ! ne soyez pas étonnés, messieurs, qu'une telle profanation blesse tous nos sentiments de pudeur et de délicatesse; oui, vraiment, j'en suis navré, et, si l'expression émue de ces sentiments, sortant de la bouche d'un homme de cœur, devait faire renoncer le gouvernement à ces tristes habitudes, je m'applaudirais d'avoir été amené sur ces bancs. »

*
* *

Qui parle ainsi? C'est Laisant, Déroulède sans doute... peut-être Rochefort? La scène se passe de nos jours, au Palais de justice? Que dis-je, de nos jours! Aujourd'hui même, sur le coup de midi, dans la salle de correctionnelle où vont être jugés les membres directeurs du Comité de la Ligue des Patriotes. Et, par avance, la fantaisiste que je suis, s'amuse à raconter les débats! C'est bien cela, n'est-ce pas?

Eh! bien, non, pas cela du tout!

Le prévenu s'appelle Lazare-Hippolyte Carnot. Il a été élu député sept fois: en 1839, en 1842, en 1846, en 1850, en 1851, en 1857, en 1864. C'est un journaliste assez prisé, un « vétéran de la démocratie », ex-ministre du roi Louis-Philippe. Il est né à Saint-Omer, avoue soixante-trois ans et demeure rue du Cirque, numéro 2, en famille. Il a même un fils, un grand garçon noiraud, ingénieur de mérite, mais qui ne semble pas appelé à de hautes destinées. Comme gloire, on vit sur l'aïeul.

C'est dans ce tranquille intérieur que la police a été quérir M. Carnot, ainsi qu'elle a fait envers presque tous ceux qui essuient de leur redingote d'avocats ou de représentants du peuple les deux — le plus souvent! — les banquettes, gluantes et crasseuses, du contact des pochards ou des vagabonds.

Ils sont treize ; pas un de plus, pas un de moins, que la fournée d'accusés projetée pour . ujourd'hui. Seulement, on est alors au 5 août 1864, devant les magistrats de l'Empire, et les accusés s'appellent, — ô gaietés de l'histoire ! — les accusés s'appellent : Garnier-Pagès, Carnot, Dréo, Hérold, Clamageran, Floquet, Ferry, Durier, Corbon, Jozon, Hérisson, Melsheim et Bory !

Voilà cinq mois qu'on leur fait les cent mille misères, les traquant et les persécutant de façon inimaginable. Le 13 mars (huit jours avant l'ouverture du scrutin pour l'élection de deux députés, dans la première et la cinquième circonscription de la Seine) une réunion électorale intime tenue chez Garnier-Pagès, l'un des candidats, et à laquelle assistait Carnot, l'autre candidat, a été dissoute par la police.

Pendant qu'elle était dans la maison, elle a monté un étage et perquisitionné de fond en comble chez M. Dréo, le gendre de Garnier-Pagès.

Malgré cela — peut-être à cause de cela ! — Garnier-Pagès et Carnot ont été élus.

Mais, le 28 mai, la session du Corps législatif a pris fin ; et le 16 juin, à huit heures du matin, nouvelle invasion d'agents chez les deux mandataires de Paris. De nombreuses descentes ont été faites simultanément, aux quatre coins de la ville, chez un grand nombre de citoyens ; on a fouillassé aussi, en province, dans les tiroirs de quelques correspondants ; et, du tout, on a retenu une liasse de paperasses et un tas d'accusations sous lesquelles on compte bien écraser le mouvement nouveau.

Et, comme je le disais, depuis cinq mois, ils sont en butte à toutes les tracasseries possibles — tant et si bien que les voilà en correctionnelle, ces députés, cet ex-Grand-Maître de *l'Alma parens*, tout comme de vulgaires filous !

Motif du procès : avoir donné des dîners de plus de vingt couverts et avoir causé politique — de politique désagréable au gouvernement, bien entendu !

Non, mais croyez-vous que c'est intense, ce rapprochement ?

*
* *

J'ai trouvé cela hier, en potassant dans mes livres, et je bénis une fois de plus le ciel de m'avoir fait naître rat de bibliothèque !

Car j'ai passé quelques quarts d'heure joyeux à parcourir cette brochure usée, fanée, jaunie par le temps et par la poussière, mais qui n'en est pas moins l'arme la plus décisive qu'on puisse opposer au procès d'aujourd'hui.

Si j'étais défenseur, c'est là-dedans que j'irais puiser mes arguments ; chercher le trait à la fois habile et loyal qui doit clouer l'accusation, comme une chouette mauvaise, contre le mur du prétoire !

D'autant que les défenseurs d'alors n'étaient pas des inconnus pour les gouvernants de maintenant. Ils se nommaient : Jules Favre, Marie, Grévy, Ernest Picard, Jules Simon, H. Didier, Berryer, Dufaure, Senard, Desmarest, E. Arago et Hébert — un joli lot d'éloquence !

Ces républicains-là défendaient le droit d'association contre l'Empire, comme les boulangistes, les monarchistes, et les socialistes d'aujourd'hui le défendent contre la République bourgeoise. Ils étaient peut-être plus logiques il y a vingt-cinq ans, les républicains, ces partisans farouches de la farouche liberté !

Laguerre, Naquet, Laisant, Turquet, Déroulède, Richard et Gallian sont de la fournée d'aujourd'hui. On devait y adjoindre, paraît-il, le général Boulanger, le comte Dillon, Rochefort, Le Hérissé, Laiou, et Michelin.

Je regrette qu'on y ait manqué. D'abord, parce que rien ne vaut, pour les gens, un procès bien injuste et une persécution bien sérieuse, — le boulangisme est à point pour le martyre.

Ensuite, parce que ce chiffre de Treize... qui y touche, dit-on, se brûle les doigts!

PAUL DÉROULÈDE

Tu l'as bien connu ? C'était un grand diable..

Un grand diable, oui ; avec des grands bras, des grandes jambes, un grand nez, une grande redingote, des grands gestes, en toute sa personne quelque chose de démesuré, d'exagéré — et de profondément attractif !

Je l'ai abominé, jadis, avant de le connaître : son patriotisme bruyant me portait sur les nerfs; sa Ligue des Patriotes me faisait l'effet d'une fanfare d'Etat. C'était au temps de la brasserie de la rue Saint-Marc ; du siège mémorable qui laissa sur le carreau tant de bocks égueulés, tant de moos défaillants ; où le sang du houblon jaunit vilainement le trottoir, étonné de le recevoir tout de go, sans l'intermédiaire des fils saoûlards de la saoûlarde Germanie.

Je le savais sincère pourtant — de sa loyauté nul ne douta jamais ! — mais d'une sincérité si tapageuse que la fourberie discrète de quelques-uns en semblait, parfois, ne pas manquer de charme. Il aimait tout ce que je hais : le sabre et le canon, la guerre et la tuerie ; et s'il ne haïssait pas tout ce que j'aime, il ne s'en fallait guère ! Puis, je le répète, son œuvre paraissait quasi gouvernementale... il était le « Moniteur » officiel de toutes les Sociétés de gymnastique de France et de Navarre.

Or, le côté du manche m'inspire une horreur invincible ; dès que les autorités patronnent une œuvre, la phrase du *Guillotiné par persuasion* me revient en mémoire — j'ai de la méfiance ! Enfin, si je ne nourris point de haine spéciale contre la gymnastique, qui est l'art de se casser les reins un peu plus savamment que les autres, les chienlits dont s'affublent quelques gymnastes m'inspirent une inextinguible hilarité.

Ce n'était pourtant pas Déroulède qui choisissait les costumes, décrétait les nuances, ajoutait un pompon par-ci, un plumet par là, comme un brave père habille son rejeton morveux en zouave ou en cuirassier. N'importe, je l'en rendais responsable — il me semblait un arc-en-ciel vivant : le bienheureux patron des teinturiers !

C'est à l'enterrement de Hugo que je le vis pour la première fois ; de haut, de très haut même — du cinquième étage d'où nous contemplions le défilé.

Tout à coup, quelqu'un dit : « Voilà la Ligue des Patriotes ! » Très profonde, très serrée, une masse s'avançait, barrant la large rue de son flot profond. En tête, quelque chose de haut, de long, de mince, que je distinguais insuffisamment.

— Tiens, fis-je, ils ont un drapeau ?

— Où ça ?

— Là, en avant... voyez la hampe.

— C'est Déroulède !

Je saisis la lorgnette et examinai. Il avait vraiment du chagrin, celui-là, ses yeux flambants fixés sur la coupole du Panthéon, en un extatique regard. Il suivait ce quelque chose de grand qui disparaissait, avec l'angoisse qu'ont les amoureux de lumière lorsque le soleil s'éteint.

Chose curieuse, avec sa longue redingote verte boutonnée jusqu'au col, son allure raide, cet air de jeune dur-à-cuire, il donnait la sensation très précise d'un recul dans le passé, la vision nette d'une autre cérémonie précédant de près d'un demi-siècle celle-ci — non plus le départ d'Homère, mais le retour de César... et, derrière le char qui ramenait, en une apothéose, les cendres impériales, un « brigand de la Loire » dont les vingt ans auraient vu Waterloo, quelque illuminé de la gloire napoléonienne, fidèle jusqu'à la mort, fidèle après la mort !

Non, ce garçon n'était pas ce qu'on m'avait dit, ce que je le croyais ; derrière le moulinet de ses gestes, je sentais quelque chose de plus grave, de meilleur, que le chauvinisme de parade dont on il s'était drapé !

Le soir même (la vie a de ces hasards) j'entendis Thérésa chanter le *Bon gîte*.

— De qui est-ce, cette chanson simple qui émeut aux larmes ?

— De Déroulède.

Le lendemain, je faisais acheter les *Chants du Soldat*.

***

Je l'ai lu et relu ce petit bouquin, plein de tendresse et de bravoure, entraînant comme une sonnerie de clairon. Ah! dame! les rimes ne sont peut-être pas aussi riches que celles de Leconte de Lisle — mais de la richesse il n'a cure, celui-là qui a si allègrement gâché son patrimoine en l'honneur de son idée!

Regardez ses mains, elles sont ouvertes et nettes comme des mains de brave homme; jamais une suée d'argent n'en a taché les paumes, jamais les ongles ne se sont ébréchés après le « sac » convoité. L'or — son or à lui — a glissé entre ses doigts comme par les trous d'un crible, alimentant l'œuvre, subvenant aux besoins de ceci, aux exigences de cela. Et le jour où il a eu mangé tout son bien, il s'est senti mieux ce qu'il devait être : gueux comme un poète, gueux comme un soldat!

Ce sera son éternel honneur, ce désintéressement de toute minute, ce dédain de la fortune après laquelle courent les autres hommes et dont il a si peu souci — ce grand ingénu qui ne demande au sol natal que le lopin recouvert de son ombre, pour s'y coucher, un jour, et mourir, le rhythme aux lèvres, l'épée au poing!

C'est parce que je sais cela que je l'estime de toute mon âme et que je l'aime de tout mon cœur, si profonds que soient les dissentiments qui nous séparent, sur les choses et sur les gens.

Le jour où on me le présenta, malgré moi mes yeux revenaient toujours à la boutonnière teintée de rouge, comme une blessure d'assassiné. Il devina ce que je pensais, et doucement :

— Non, je ne *la* dois pas à la guerre civile. C'est pour la campagne contre la Prusse, et vrai, je ne l'avais pas volée! Après, dame, après, j'ai fait mon devoir... tristement! On m'a tiré dessus, j'ai tiré dessus; là-haut, à Belleville, je suis tombé, le bras fracassé. Mais je n'ai pas commis l'ombre d'une cruauté, je vous jure, pas une lâche action ! La bataille finie, j'ai sauvé tous ceux que j'ai pu — je ne suis pas un acheveur de vaincus, vous le savez bien !...

*
* *

Oui, je le sais bien ! Et, sans hésiter, j'ai mis ma main dans cette large main ignorante des traîtrises et des compromissions. Notre idéal n'est pas le même, nous ne rêvons pas les mêmes lendemains — qu'importe si l'adversaire est un convaincu, sans peur et sans reproche, tel que celui-là ! La foi est une, quelle que soit la divinité qu'on adore ; la même flamme brûle dans l'âme de l'Arabe accroupi à la Mecque ou de l'Indou prosterné devant Çiva... Reste à savoir quel est le vrai Dieu !

Cela est si juste, que des croyances les plus opposées peut jaillir une colère semblable contre tout acte douteux. Rappelez-vous la hautaine lettre de Déroulède à M. de Rochefort, qui lui reprochait injurieusement d'avoir combattu les insurgés : « J'aime mieux, monsieur, ceux qui vont aux barricades que ceux qui les y envoient. »

Il sera toujours, lui, où il enverra les autres ; on y peut compter ! Et l'entendant avant-hier, à la tribune de la Chambre, se déclarer si bellement « courtisan du malheur » ; affirmer, dans la déroute du parti, son inébranlable fidélité au chef désarmé ; flétrir les renégats et fouailler les délateurs, des réminiscences de Cervantès me hantaient l'esprit.

Allez, partez en guerre, bon chevalier de la Manche, protégez les faibles, délivrez les captifs, défendez les opprimés ! Laissez rire les sots, médire les méchants ; et si Sancho, bourgeois bourgeoisant, ventre repu, âme piètre, courage débile, piaille trop à vos trousses —

tapez dessus! Ceux-là mêmes qui voient que les géants sont des moulins admirent votre vaillance et crient bravo à votre effort!

Puis, ce ne sont pas des moulins, toujours — les tristes moulins qui broient au profit de quelques meuniers affameurs tout le beau grain de France. De l'autre côté de la frontière, ce sont bien des géants, hélas, casqués de cuivre, bardés de fer. Après tout, ce n'est point la guerre de conquête que vous rêvez; et bien des cœurs, chez nous, vous font escorte, par les sentiers de la vieille Lorraine.

Dieu vous garde, bon chevalier!

L'X***

Je ne sais pourquoi l'on persiste à attribuer à M. Mermeix la paternité des *Coulisses du boulangisme*. Cela me semble une monstrueuse calomnie, une de ces erreurs politiques auxquelles sont comparables seulement les erreurs judiciaires qui envoyèrent au supplice, jadis, le malheureux Lesurques, l'infortuné Calas.

Mermeix, l'auteur des *Coulisses du Boulangisme!*... Ils le connaissent mal, ceux qui insinuent cela. Nul ne fut, au contraire, plus persistant dans son attachement à la fortune du général; nul n'employa autant d'énergie à vaincre les scrupules de sa foi républicaine, pour accepter toutes les alliances qu'il plaisait au chef de conclure.

Il souffrit, je vous en réponds; car il n'ignora rien, ou presque rien, des soi-disant révélations d'aujourd'hui. Il fut bien triste de songer que l'argent nécessaire à son élection était fourni par les royalistes ; il fut non moins affligé de penser que ces mêmes royalistes, dans le VIIe arrondissement, votaient pour lui — mais refuser, mais se retirer, était infliger indirectement un blâme au général; et, héroïquement, Mermeix resta.

Comment voulez-vous donc qu'il ose reprocher aujourd'hui, à M. Boulanger, des faits qu'il connut alors et supporta sans mot dire; des actes dont il profita? C'est vilain de le penser; c'est affreux de le prétendre!

On m'objectera qu'il a baptisé le général la « Locomotive des décavés ». Je le sais bien, je le savais même avant tout le monde... Mais c'est propos de jeune homme léger, un peu pressé peut-être, et dont un écart de plume révèle l'intime préoccupation. De là à vendre les secrets du maître, à dénoncer tout un parti, à faire l'immonde besogne qu'accomplit l'X*** du *Figaro*, il y a loin!

*
* *

Il faut compter aussi avec cette pudeur politique qui réglemente et échelonne la trahison, en marque les étapes, en espace les degrés. On ne retourne pas casaque si vite que cela, quand on a du flair et qu'on désire inspirer confiance au parti vainqueur.

Et puis, quel intérêt?

L'argent?... Mettons que le « rapport » de l'X*** soit payé dix mille francs; croyez-vous donc que c'est pour cette pauvre somme qu'un garçon d'avenir consentirait à se déshonorer?

La vengeance, alors?... Mais le général, si volage parfois, envers ses plus fidèles, s'est toujours montré, envers Mermeix, particulièrement bienveillant! Il a soldé ses dépenses électorales, l'a fait député, l'a accablé de missives affectueuses, de compliments, d'investitures de toutes sortes!...

Non, encore une fois, ce n'est pas, ce ne peut pas être Mermeix! Il y a là, contre le jeune député boulangiste, une machination dans laquelle je ne tremperai point!

Ceux qui avancent une telle chose ne l'ont pas, comme moi, entendu défendre Boulanger, contre ses détracteurs.

— Oui, avouait-il, mais il n'y a encore que lui pour vous faire arriver!

Et sa voix tremblait d'émotion contenue... on sentait qu'il aimait bien son général!

*
* *

Ces constatations, cette lumière qui se fait peu à peu, dans mon esprit, me causent un immense soulagement.

Non que j'eusse pu être gênée par la connexité de Mermeix et de l'X*** — le caractère du député du VIIe ayant peu d'affinités avec le mien. Mais il est toujours ennuyeux d'apprendre qu'un homme qu'on a connu, dont on a serré la main, est..... ça!

Je suis bien contente que cette surprise douloureuse me soit évitée.

Puis cela me met plus à l'aise pour parler de l'X*** — et j'en ai long à lui dire, à celui-là! Quel gueux! Ceux mêmes qui l'emploient, ceux qui bénéficient de ses délations, ceux qui en triomphent, n'en parlent qu'avec une grimace de dégoût. On lui achète sa marchandise, parce que tout est achetable, mais je ne serais pas autrement surprise d'apprendre qu'on la lui paie avec des pincettes.

Qu'on ne s'étonne pas de ma dureté! Il m'appartient; son silence me l'a donné, l'X*** tant humilié, tant honni, tant hué depuis une semaine — et qui n'a point répondu! Il m'appartient comme ces prisonniers veules que les licteurs jugeaient indignes de la hache et qu'on donnait, pour bonnes à tout faire, aux femmes, qui, parmi les apostrophes, les risées, les affronts, les menaient à coups de quenouille!

J'ai attendu huit jours pour dire ce que j'en pensais. Opportunistes, radicaux, royalistes, impérialistes, boulangistes, socialistes ; les députés de tous groupes, les *leaders* de tous journaux ; quiconque porte la parole, quiconque tient une plume, quiconque possède un atome d'autorité ou de notoriété en ce pays, a, à son tour, craché sur l'inerte majuscule. Elle a été la cagnotte du vomissement général, la poubelle où chacun déversait sa nausée, son profond et incommensurable dégoût!

Chose bizarre! Cette conciliation des partis que devait opérer le boulangisme, elle s'est faite sur l'X*** — le crachat de Laurent voisinant avec celui de Cornély, le crachat de Leuglé s'agglutinant à celui de Rochefort.

— Ordure! criait le Général.

— Ordure! grognait Ranc.

— Ordure! répétaient les échos des quatre points de l'horizon.

Et l'autre n'a pas bronché! Il n'a pas arraché son masque, il n'a pas eu le geste de fureur qu'on espérait pour lui. A peine quelques explications, desquelles résulte qu'il ne veut pas compromettre le succès de librairie espéré pour son honteux bouquin...

N'avais-je pas raison de dire qu'il appartient aux femmes désormais, comme l'esclave appartient au gynécée, comme l'eunuque appartient au sérail?

*
* *

Mais ici, une question plus grave surgit. On a dit, on a affirmé même, que l'X*** était un député boulangiste.

Celui qui disait cela ajoutait même, d'une façon

plaisante, qu'il avait été conseillé à X*** de rendre l'argent et le mandat; qu'X*** n'avait pas répondu quant à l'argent, mais s'était énergiquement refusé à restituer un mandat qui ne lui serait certainement pas offert à nouveau par des électeurs aujourd'hui plus tentés de l'envoyer barboter dans la Seine que de l'envoyer siéger au Palais-Bourbon.

Que peut-il résulter de cela, pour les honnêtes gens qui sont ses voisins de travée à la Chambre, sinon de partager la suspicion générale, d'être englobés dans le mépris public, d'être insultés injustement? Voyez plutôt le cas de ce pauvre Mermeix que je dénonçais tout à l'heure — n'est-il pas affreux, pour un loyal garçon, d'endosser les actes d'un ténébreux gredin?

Comment se fait-il, alors, que tous ténébreux ne somment point, par une action commune, l'X***, qu'on prétend être des leurs, de se nommer... c'est-à-dire de les décharger d'une responsabilité atroce?

Quelques-uns l'ont commencé, m'a-t-on dit, mais isolément. Ce qu'il faudrait (pour dégager les vaincus qui subissent la défaite, mais ne sauraient accepter le déshonneur), ce serait de mettre en faisceaux leurs protestations, d'aligner leurs signatures, auxquelles ne manquerait que celle du coupable — ce serait déjà une désignation.

Les électeurs feraient le reste en pétitionnant; en réunissant contre l'homme plus de voix qu'il n'en a surpris; en portant le débat devant le Parlement, qui aurait à se prononcer sur la déchéance pour indignité.

*
* *

Elle est réelle. Les plus anciens habitués des sentines politiques confessent que le cynisme de l'X*** dépasse tout ce qu'ils ont vu jusqu'à ce jour. Jamais lâchage ne fut plus brusque, moins motivé, plus éhonté ; jamais nul ne se vautra avec autant de béatitude dans sa propre abjection.

— Il est fou ! disent quelques-uns.

Et ils expliquent qu'il faut être frappé de démence pour avoir compté qu'un pareil acte rouvrirait au renégat les bras de la République ; alors que, seul, le pied des républicains pouvait donner. Ils racontent aussi que tous les partis, sans distinction, retireront le couvert de cet indiscret à qui il ne suffit pas de tenir la bouche pleine pour l'empêcher de « manger le morceau. »

..... Non, l'homme n'est pas fou ! Il est l'écume, la scorie, la charogne que les phénomènes physiques ou politiques laissent derrière eux — l'épave des cataclysmes sur laquelle les chiens vont pleurer de mépris !

Depuis que le monde existe, on l'a vu toujours, mêlé à toutes les tragédies humaines, y jouant éternellement le même rôle ; vendant son maître, brocantant sa patrie, livrant son Dieu !

Ce sont les trente deniers du prêteur qui tombent dans la main de l'X*** — ces trente deniers que le continuateur inconnu d'Iscariote ramassa au pied de l'olivier où l'autre pendait comme un fruit pourri ; ces trente deniers que l'on retrouve dans toutes les caisses où la trahison allonge ses pattes suantes et glacées !

Le nom de l'X***, ne le cherchez plus ! Il s'est appelé Judas, dans la chrétienté ; Deutz, dans la seconde chouannerie ; il a livré Maximilien à Queretaro, Gordon à Kartoum... Notre temps, moins individuel, inflige à cet anonyme un surnom anonyme : celui que lui donna le proscrit dont il confirme et justifie la condamnation — il l'appelle l' « Ordure », tout simplement !

OPINIONS

SUR

LES COULISSES DU BOULANGISME

DÉCLARATION DES DÉPUTÉS RÉVISIONNISTES

« Sur la convocation de MM. Castelin et Laguerre, les » députés révisionnistes présents à Paris se sont réunis » hier soir au Café Riche. Après une longue délibération, » ils ont arrêté les termes de la déclaration suivante :

» Les députés soussignés déclarent sur l'honneur :

» Que d'accord avec le général Boulanger et suivant en » cela ses conseils, ils ont mené dans les comités, dans » les réunions publiques ou privées, à Paris ou dans les » départements, une loyale campagne en faveur de la » réconciliation nationale et de la revision républicaine.

» Ils blâment sévèrement la publication des *Coulisses » du Boulangisme* à laquelle ils opposent les affirma- » tions républicaines maintes fois répétées du général » Boulanger ; ils livrent à l'appréciation publique ceux » qui ont attendu les jours de défaite pour essayer de » jeter le discrédit sur leur ami proscrit.

» Les députés soussignés resteront inébranlablement » fidèles au programme sur lequel ils ont été élus : Ré- » vision de la Constitution dans le sens de l'établissement » d'une République libérale, démocratique et sociale. »

Les députés présents à Paris :

AIMEL, CASTELIN, CHICHÉ, DUMONTEIL, GABRIEL, GOUSSOT, JOURDE, G. LAGUERRE, LAUR, LE VEILLÉ, MILLEVOYE, PAULIN-MÉRY, REVEST, RICHARD, BOUDEAU, SAINT-MARTIN.

(*La Presse*, 6 septembre 1890.)

OPINION

DU

COMMANDANT BLANC

« SALES HISTOIRES »

« Sous ce titre : *Coulisses du Boulangisme*, le » *Figaro* inaugure aujourd'hui une nouvelle campagne » contre le général Boulanger.

» .....Ce qu'il y a de plus affligeant dans cette machi- » nation, que l'on dit être une vengeance de femme, » c'est qu'elle serait conduite par deux des députés » boulangistes qui passaient pour les meilleurs amis » du Général au temps de sa splendeur. Le pauvre » diable était bien singulièrement entouré.

» On nous promet plusieurs lavages de linge sale du » même genre. Nous n'hésiterons pas à faire connaître » toute notre pensée au sujet de ces ordures. »

(*Petit Caporal*, 22 août 1890.)

OPINION

DE

LUCIEN MILLEVOYE

« — Je pense, dit M. Millevoye, dans une conversation
» dont nous citons des fragments, que si l'auteur des
» articles du *Figaro* était, comme on le dit, un des an-
» ciens amis et collaborateurs du général, ce serait un
» manquement à l'honneur que devrait flétrir la cons-
» cience de tous les partis. »

(*La Lanterne*, 28 août 1890.)

6.

OPINION
DE
CHARLES LAURENT

« Il y a quelque chose de mille fois plus lâche encore » que de frapper sur un ennemi tombé, c'est de cracher » sur un ami à terre. Quel qu'il soit, l'auteur des *Cou-* » *lisses du Boulangisme*, que publie le *Figaro*, a néces- » sairement appartenu, pendant un jour au moins, à » l'entourage du César manqué qui n'a trouvé que » Sainte-Brelade pour Sainte-Hélène; — eh bien! il » peut se dire qu'il provoque à la fois, en ce moment, » la juste indignation de ses compagnons de la veille et » l'indicible écœurement des adversaires mêmes que » ses révélations amusent. »

. . . .

« C'est là surtout, c'est dans le peuple, qu'un enthou- » siasme immérité mais pardonnable avait recruté pour » vous, et c'est là qu'on ne trouvait pas de Judas à tant » la ligne pour sortir et pour laver dans la rue tout le » linge sale de votre syndicat de ratés. »

(*Le Matin*, 29 août 1890.)

OPINION
DE
LISSAGARAY

« Jadis, quand madame de Maufrigneuse choisit
» Mermeix pour député, nous ne pûmes nous retenir
» de dire : Fi! duchesse!

» Elle avait raison cependant de s'encanailler, ayant
» besoin d'un .... pour ses petites vengeances...
» Elle a été parfaitement servie par le facchino
» Mermeix. »

(*La Bataille*, 1er septembre 1890.)

OPINION
DE
« LA LANTERNE »

« INSINUATIONS PERFIDES »

« Nous ne savons pas au juste d'où part la publication » des *Coulisses du Boulangisme* et le nom de l'auteur » à qui on les attribue ne nous renseigne guère à ce » sujet, car il autorise toutes les suppositions, rend » toutes les origines également possibles.

» Mais ce que nous voyons déjà bien clairement, » c'est l'usage que comptent faire de cette publication » les opportunistes et les modérés. Ils auraient organisé » cette campagne eux-mêmes, — ce qui, d'ailleurs, » n'aurait rien d'invraisemblable — qu'ils ne l'exploi» teraient pas avec plus d'empressement.

(1er septembre 1890.)

« POUAH ! »

« Nous ne savons quel est le but que vise l'auteur des » *Coulisses*.

» Il y a dans cette publication une telle absence de » sens moral, une telle candeur d'immoralité, une si » profonde inconscience et même une méconnaissance » si absolue des ressorts politiques qu'il est permis de » conserver tous les doutes et tous les soupçons. »

(4 septembre 1890.)

OPINION
DE
ALBERT DUBRUJEAUD

« Il s'en est trouvé un, plus avisé que les autres,
» habitué aux péripéties d'une existence besoigneuse
» qui, sans scrupule et de grand appétit, s'est prémuni
» contre les risques de l'avenir. Il a écouté dans les
» assemblées secrètes et pris des notes, compilé des
» documents, ramassé de petits papiers et de grosses
» anecdotes : et quand la dégringolade fut décisive,
» que les mauvais jours arrivèrent, il a vidé contre un
» honnête salaire cette hottée de curieux renseigne-
» ments sur la tête de ses amis. Qu'importe si ce
» faisceau de révélations rendait décisive l'accusation,
» définitive la condamnation contre le contumace :
» qu'importe si les hôtes, de bonne foi égarés en cette
» bagarre, seraient pour jamais éclaboussés : qu'im-
» porte si les associés de la veille étaient frappés d'un
» discrédit sans exemple : on est historien et annaliste
» à la manière de Tacite... et de Vidocq. »

(*Echo de Paris*, 5 septembre 1890.)

OPINION
DE
« LA BATAILLE »

« Son œuvre! — Dans tous les partis. — C'est de famille.

« Vivre aux crochets d'un homme, tirer de lui argent » et honneurs, surprendre ses secrets, pour ensuite » aller les vendre, cela s'appelle en français faire » œuvre de .... de la pire catégorie.

» Le sieur Terrail s'est d'ailleurs fait une spécialité » de ces sortes de besognes.

» C'est chez lui plus qu'une vocation. C'est un don » héréditaire.

» Seulement le fils travaille « en plus grand » que » son auteur.

(Samedi, 6 septembre 1890.)

» Il aurait fallu, au lieu de se faire grassement payer » ses révélations par un journal royaliste, qu'il les » imprimât à ses frais et n'en fît pas un coup de » librairie.

» Il aurait fallu enfin rendre l'argent de son élection

» aux royalistes qui l'avaient payée et son mandat de » député aux électeurs qu'il avait trompés.

» Alors, mais seulement alors, ses délations auraient » un motif avouable. »

(Lundi, 8 septembre 1890.)

OPINION

DE

JULES ROQUES

« Mermeix n'a pas le sou : or, il a calculé que ses
» *Coulisses* feraient la valeur de vingt-quatre articles.
» Vingt-quatre articles à cinq cents francs donnent
» douze mille francs. En outre le livre lui sera payé
» environ trois mille par un imprimeur.
» Total quinze mille francs de bénéfice.
» Ce n'est pas déjà si mal compté, n'est-ce pas?
» Quinze mille francs valent bien qu'on vende son
» général — un général qui ne lui aurait certainement
» pas donné autant pour se taire. »

(*Egalité*, 7 septembre 1890.)

OPINION

DE

PAUL DE CASSAGNAC

« Que M. Mermeix parle de son « courage », il a
» raison.

» Il a fait une chose que personne n'a jamais faite.

» Avec une étrange impudeur, il a livré son ami de
» la veille, son chef, son parti, les a bafoués, les a
» déshonorés.

» Comme « courage » c'est, en effet, effrayant.

» M. Mermeix parle aussi de « sa conscience. »

» Sur ce point, il n'a pas tort non plus, car c'est
» une « conscience » tout à fait à part. Tellement à part
» qu'on l'appelle ordinairement et dans le monde où
» l'on s'y connaît : « l'inconscience »... »

(*L'Autorité*, 24 octobre 1890.)

OPINION

DE

GASTON LAPORTE, BORIE, Dr TURIGNY, A. NAQUET, R. LE HÉRISSÉ

« La *Presse* nous apprend ce matin que M. Mermeix
» approuve la déclaration que nous avons cru devoir
» signer ensemble.

» C'est le droit du député du VIIe arrondissement;
» mais il est de notre devoir de déclarer publiquement
» que pas plus aujourd'hui qu'hier nous acceptons une
» solidarité quelconque avec l'auteur des *Coulisses du*
» *Boulangisme.* »

GASTON LAPORTE, Dr TURIGNY, BORIE,
A. NAQUET, R. LE HÉRISSÉ.

(*La Presse*, 14 mai 1891.)

OPINION
DU
PRINCE NAPOLÉON

« Ce que je désire savoir, c'est l'*auteur* des *Coulisses* » *du Boulangisme*, d'une façon certaine, et le *but* » poursuivi dont je ne puis me rendre compte. »

« ...Je m'en doutais, mais la confirmation est pé- » nible. C'est à prendre les hommes et les femmes en » dégoût. »

« ...Boulanger a fait assez de bêtises pour que nous » puissions reconnaître que les royalistes se sont fort » mal conduits vis-à-vis de lui. Les *Coulisses du Bou-* » *langisme* viennent d'*eux*, uniquement. »

PAUL LENGLÉ.

(*Le Neveu de Bonaparte*, pp. 294, 300, 301.)

LE DÉPART DE L'AMIE

Samedi soir, 18 juillet 1891.

L'arrivée à Bruxelles a été sinistre.

Dès la frontière, du ciel bas, l'eau s'était mise à tomber en larges nappes, en violentes hachures. Tout le long des steppes du Hainaut, tout le long des plaines du Brabant, la tourmente a galopé sur les flancs du convoi. Et si fortes étaient ses rafales, qu'elles renfonçaient les bouffées de fumée dans la gueule des hauts-fourneaux.

Ici, on patauge. Les quelques centaines de baraques foraines, mi-françaises, mi-allemandes, qui se serrent autour de la gare du Midi, pour la grande Kermesse, semblent des épaves de l'arche où quelque animal est demeuré : lion de dompteur, lapin de tir, singe de ménagerie — et jusqu'au corbeau de la somnambule, qui rêve sur une patte, l'air profond, engoncé dans son waterproof de plumes noires que, par instants, il secoue.

— Cocher, rue Montoyer, 79 !

— Chez le général ?

— Oui, chez le général.

M'y voici. La rue est paisible comme une rue de Versailles ; quelques brins d'herbe verte pointent entre les pavés. Elle est en pente ; la demeure de Boulanger est sise presque au bas de la côte. Plus loin, terminant la descente, une barrière de bois blanc clôt la chaussée que mûre, à l'horizon, un océan de hautes futaies : les arbres du parc Léopold. C'est un passage à niveau ; les trains le traversent, fulgurants, avec un vacarme de sifflets qui trouent le silence.

Pas de commerce, en cette voie où circulent peu de piétons. Seul, un petit épicier, un tout petit épicier comme les chante Coppée, a établi son fonds sans magasin dans un minuscule rez-de-chaussée, de l'autre côté de la rue, en face presque du numéro 79. Aux fenêtres, sous les rideaux, dans des bocaux, des confiseries, des compotes sèchent, l'air malheureux.

Quant à la maison du général, elle a quatre ou cinq croisées de façade, pas plus ; trois étages ; l'aspect plat des bâtisses anglaises où rien ne fait saillie, où rien n'accroche l'œil, ni balcon, ni pignon. La teinte en est blanche, les châssis de bois des ouvertures sont peints en rouge brun.

C'est un hôtel comme il y en a des mille et des cents à Neuilly ou à Passy. J'ignore ce que cela peut valoir à Bruxelles ; mais, chez nous, de location, on demanderait quatre ou cinq mille francs — pas plus.

*
* *

Je sonne, on m'ouvre, on m'annonce.

Dans le cabinet de travail très austère, tendu de tapisseries sombres que relèvent des panoplies, et où une Alsace jeune, jolie, lève, d'un air d'espoir, ses doux yeux vers le drapeau dont la frange caresse son épaule, un homme est assis, qui se lève au bruit de la porte, et s'avance, chancelant, les mains moites...

Il est méconnaissable, ce vaincu que les pires défaites de la politique ont laissé alerte et souriant, et dont les yeux saignent à force de larmes, aujourd'hui, sous le coup qui lui broie le cœur!

Voûté, le pas traînant, jeune de visage toujours, mais d'allure brisée, le geste indécis, la voix hachée de sanglots, il erre en parlant, dans la pénombre de la vaste pièce, puis s'assied, comme harassé, à bout de souffle.

Il me raconte l'agonie de la disparue ; le mieux menteur des phtisies survenant, leur rendant confiance à tous deux ; ensuite, un léger malaise, le médecin appelé — et lui disant, à lui, en redescendant : « C'est fini ! »

Alors, la malade, avec cette divination de ceux que la mort guette, l'interrogeant du regard, et blottissant sa main dans la sienne, douze heures durant. Puis un souffle, un rien, quelque chose comme un vol d'oiseau à travers la chambre; lui qui crie éperdu, les mains jointes : « Ne t'en va pas ! »... et le pâle visage qui glisse sur l'oreiller comme un lis fauché !

Et, tandis qu'il parle, des heurts sourds scandent ses paroles, un tapage de marteaux discrets — c'est, dans l'entrée, les tentures funèbres que l'on cloue...

A ce moment, le général s'en va, m'envoie une amie, pour me donner quelques détails sur ce que fut l'enfance de la morte, sa jeunesse, la continuelle mélancolie de sa vie.

— On l'a mise en bière tout à l'heure. Mais s'il vous plaît de monter?

J'accepte. Nous gravissons le large escalier aux murs blancs. Un étage, puis deux. Je m'arrête sur le palier, émue jusqu'au frisson...

Par une large baie, dont les portes ont été retirées et que drape, à l'italienne, une immense portière de peluche bleu de France, la vue s'étend dans une chambre de femme, encombrée de ces gentilles fanfreluches, de ces bibelots gracieux qui révèlent l'élégance et la joie.

Seul, entre les deux fenêtres, un Christ d'ivoire met une note sévère, un rappel à la futilité des bonheurs d'ici-bas. Et son regard douloureux tombe sur le cercueil!

Car il est là, étendu sur le sol, au pied du lit. Autour, les cierges scintillent; et il disparaît sous les fleurs amoncelées : roses, œillets, dans lesquels enfonce sa tête et ses poings un homme agenouillé, dont les plaintes sourdes retentissent comme les lamentations des blessés sur les champs de bataille...

Je redescends. La maison est pleine d'amis qui pleurent, et parlent de la défunte avec émotion et respect : mademoiselle Griffiths, la cousine du général; M. et madame Dutens; madame Lefèvre; M. et madame Barbier, d'autres encore que j'oublie ou dont je ne sais pas les noms.

Sous la voûte, quand je passe, la besogne est presque finie. A la lueur des lanternes, j'aperçois, tout au fond, la croix blanche sur le drap couleur de ténèbres — qui tend les bras vers les hommes, pour accueillir; vers le ciel, pour implorer!

*
* *

Dimanche, 1 h. 58.

J'ai tenu à être à l'arrivée du train de Paris. Car, si le général a reçu près de six cents lettres ou télégrammes, je suis curieuse, moi qui connais un peu, pour mon malheur, la nature humaine, de voir qui se dérangera, qui sacrifiera quinze heures à l'idole de jadis, même par le temps superbe qu'il fait aujourd'hui.

Ils étaient trente-deux députés, au groupe boulangiste ; combien seront-ils tout à l'heure, derrière le convoi ?...

Susini, Théodore Cahu, Bois-Glavy, Antonin Louis, quelques fidèles des comités sont arrivés de la veille.

Et voici que le train en amène — quatre ! Ces quatre-là sont Déroulède, Millevoye, Castelin, et Dumonteil ; ils peuvent compter, à la Chambre, sur une jolie rentrée !

*
* *

2 h. 45. A la maison mortuaire.

Dans le vestibule de l'hôtel du général, un défilé serré, compact, a lieu devant le catafalque. De main en main passe le goupillon trempé d'eau bénite, qui trace dans l'air le signe fraternel.

Certes, il y a de la curiosité dans cet empressement, mais souvent, aussi, de la sympathie. Des vieux, qui ont l'air d'anciens soldats, arborent l'œillet rouge et manient l'aspersoir comme un espadon. Des ouvrières apportent d'humbles bouquets : pour cinq sous de roses, pour deux sous de réséda.

Seulement, il vient trop de monde, et le proscrit veut éviter, avant tout, ce qui pourrait ressembler à une manifestation politique, autour des restes de celle que tant la politique fit souffrir.

Le signal est donné, on enlève la bière ; on la hisse sur un char empanaché, ensemencé d'étoiles — et le

7.

général à pied, en habit noir, la plaque de grand-officier de la Légion d'honneur sur la poitrine, mène le deuil.

Il est blême, ses paupières battent ; mais une volonté de ne pas faiblir, devant toute cette foule, le maintient torse droit, front haut.

***

Pendant l'absoute.

Nous voici à l'église Saint-Jacques, sur la place Royale. Le trajet n'a pas duré plus de vingt minutes.

Pour entrer, une bousculade honteuse ; aucun service d'ordre établi. S'il n'y a pas eu d'enfants étouffés, c'est que les petits Belges ont la vie dure ! Quant aux grands, ils se répandaient en clameurs contre la police de la ville ; et n'avaient réellement pas tort.

L'intérieur de l'église, blanc et agrémenté de moulures, a un peu l'apparence des salles de concert. Mais la voix grave des orgues, mais la triste mélopée des répons jetaient de la solennité sous les hauts arceaux ; et, distinctement, les mots de pardon sont tombés dans le silence.

Puis le cercueil a repassé, un cercueil de bois clair, ornementé de cuivre, et sur lequel un crucifix est étendu. Au passage, j'ai vu le nom : Marguerite. C'était aujourd'hui sa fête !...

Le général, les dents serrées, les doigts tremblants, marchait derrière, comme hypnotisé par la croix de métal.

La sortie a été pire que l'entrée. Enfin, on a pu regagner les voitures et se diriger au trot — c'est l'usage ici — vers le cimetière d'Ixelles.

Dans le coupé de Boulanger étaient les prêtres; dans un landau fermé, ensuite, les gens de maison avec l'excédent des couronnes; en un autre landau, également fermé, le général avec son neveu et deux amis. Puis quelques voitures encore, faisant partie du service funèbre, et des fiacres.

Parmi le hourvari de fanfares rencontrées, on a descendu la rampe d'Ixelles, suivi la chaussée des Eperons d'Or, pris la route de Boondael. En pleins champs, notre défilé passait — des champs désolés, pelés, sans la gaieté d'un arbre, quelque chose comme la zone militaire à Paris.

Et ce trot, ce trot abominable, sacrilège, me fronçait les nerfs, à la pensée du frêle corps que la maladie avait fait presque diaphane et qui devait heurter, j'en étais sûre, contre les dures parois!

On est arrivé. La bière a été glissée dans une sorte de coffre-fort en fer, capitonné de ciment, qui représente ici les caveaux provisoires. Les palmes, les bouquets ont été entassés devant la porte, et le cortège s'est disséminé. On soutenait le général, à bout de forces.

Une brise, sous le clair soleil, faisait flotter, en haut du monceau de fleurs, un léger ruban tricolore...

*
* *

P. P. C.

Je suis revenue au domicile mortuaire.

— Tenez, regardez-la! m'a dit une intime.

J'ai pris le portrait qu'elle me tendait et l'ai contemplé, longuement. Un visage ovale, d'expression douce, des cheveux dorés, une moue de bonté au coin des lèvres, et des yeux tendres, presque craintifs, demandant grâce à la vie — à la mort aussi, peut-être! — elle était sûrement, cette créature sans défense, de la race des prédestinées pour le malheur et la précoce disparition.

Comme je rendais l'image, un hennissement triste, inquiet, semblable en sonorité à l'aboi du chien qui sent la mort, a soudain retenti.

— Qu'est cela?

— C'est Tunis.

Tunis!...

J'ai traversé la cour dans laquelle, le long du mur mitoyen, quatre arbres en expectative, plumeaux de verdure hauts comme des têtes-de-loup, représentent le « jardin anglais ».

L'écurie a été ouverte, et le cheval noir, le fameux cheval noir, a allongé sa tête fine, en un appel de caresse.

Pauvre Tunis!

Dans la maison, au premier, en un salon tendu de rouge où le portrait équestre de Boulanger, par Debat-Ponsan, emplit un panneau, les amis serraient la main du général, prenaient pour la plupart congé de lui — allaient reprendre, eux, le chemin de France!

Entre sa vieille mère, sa cousine, son neveu, il les recevait, morne, affaissé jusqu'à l'agonie, répétant ce mot navrant, dont l'écho encore me hante :

— Elle est partie. Je suis seul, tout seul...

Tout seul, c'est vrai!

JUSQU'A LA MORT !...

La voilà endormie à jamais dans sa couchette d'érable, celle qui fut fidèle jusqu'au trépas, fidèle dans la défaite, dans la déroute, dans la proscription et l'exil : Marguerite de Bonnemains !

En terre étrangère, elle repose; les planches de son cercueil ont un restant de sève belge dans leurs veines taries; les prêtres qui l'ont absoute ont failli dire : « Savez-vous ? » à Dieu, à la fin des oraisons — rien n'est français autour d'elle, que les baisers dont furent ointes, à l'heure suprême, ses petites mains ; que l'écho des mots qn'entendirent à peine ses oreilles assourdies ; que les larmes qui, versées par d'autres yeux, tombèrent sur ses prunelles troubles et s'y figèrent, sceau d'amour et de douleur !

Maintenant, elle repose — enfin ! La voici à l'abri des injures, des propos sales, des attaques haineuses, de toutes les flèches empoisonnées et souillées qui, trois années durant, prirent pour cible ce faible cœur de femme.

Elle n'entend plus rien, que les bruits berceurs, les

rumeurs consolatrices de la bonne nature : le sautillement des bergeronnettes, l'écroulement des roses, l'explosion des bourgeons mûrs, la tombée des rameaux secs, la chute des fruits crevant de sucs, le pas traînant des isolés, le pas ailé des amoureux — et, dans les souples peupliers qui abritent sa tombe, le vent, applaudisseur enthousiaste, battant des branches, ressuscitant l'écho de quelque apothéose lointaine : ouragan de bravos sous le ciel clair, acclamations, cris d'espoir et d'allégresse, tandis que le ciel se pavoise de blanc, de pourpre, d'azur, et que l'étoile d'or se lève à l'horizon...

Pauvre femme! Mais ce ne fut pas pour le triomphe, ce ne fut pas dans le triomphe, qu'elle aima le plus ni le mieux. Et c'est pourquoi elle m'est sacrée, c'est pourquoi elle m'est chère même, celle que jamais je ne vis, celle que je n'eusse jamais rencontrée, si la mort ne l'avait prise tout à coup et couchée comme un petit enfant, les mains jointes, les paupières closes, être tout d'innocence et de douceur!

Oui, d'innocence! Cette passionnée garda une ingénuité de cœur, une candeur d'esprit, qui la firent s'étonner douloureusement de tout le mal qu'on lui voulut, de tout le mal qu'on lui fit, sans avoir, à aucune heure, le désir ou la tentation, pas même de la riposte, mais de la défensive.

Elle fut bonne; elle fut dévouée, elle fut l'Amie, dans la haute et noble acception du terme — comment, sans distinction de parti, ne salueraient-ils pas son cercueil, tous ceux qui ont le respect de la bonté, le fanatisme du dévouement, la religion de l'amour?

Puis elle fut si malheureuse!...

*
* *

Marguerite Brouzet naquit, le 19 décembre 1855, de M. le capitaine de vaisseau Brouzet et de mademoiselle de Saint-Remy, son épouse.

A quatorze ans, à l'époque où la fillette a le plus besoin de délicates inspirations, de soins maternels, celle-ci était orpheline, toute seule au monde, sans appuis ni conseils, sans autre famille qu'une aînée, de nature absolument adverse, de caractère absolument différent.

Marguerite Brouzet vécut toute son adolescence au couvent du Roule, à Paris, y acheva son éducation. Sa sœur, devenue madame Rozat de Mandres, l'en fit sortir en novembre 1874, pour lui faire épouser le baron Pierre de Bonnemains, fils du général vicomte de Bonnemains, qui commandait l'une des divisions de cuirassiers engagés dans la fameuse charge de Reischoffen.

Mais si le père était un héros et un brave homme, son rejeton, lui, fut un piètre mari. La jeune femme subit toutes les humiliations, toutes les souffrances, tous les dégoûts ! Elle fut suppliciée dans sa dignité, dans sa chair, connut les nuits d'attente, les rentrées querelleuses, les semaines d'abandon, et les nauséeux partages, et le viol légal !...

Elle en endura tant et tant, la pauvre créature, et avec une si angélique résignation, un si parfait respect d'elle-même, que lorsqu'elle se décida, enfin écœurée, à demander la séparation, la famille de M. de Bonnemains, au grand complet, se déclara pour elle.

C'est au bras de son beau-père qu'elle pénétra dans le cabinet de M. Aubépin, dès le début de l'instance ; et le Président du Tribunal civil, d'un mot, caractérisa la situation : « Puisqu'il en est ainsi, la cause est entendue. »

Pendant la durée du procès, c'est encore le général

de Bonnemains qui tint à lui donner asile, voulant marquer plus encore sa désapprobation à l'égard de son fils, son estime pour sa bru. Et quand celle-ci eut obtenu gain de cause, il lui témoigna toujours la plus vive des sollicitudes, la plus paternelle des affections.

D'ailleurs, ces sentiments étaient justifiés par l'attitude correcte de la jeune femme, la modestie de ses allures, l'impeccabilité de sa conduite, la pureté de sa vie.

En 1887, pas un mot n'avait été dit, n'avait pu être dit, par le monde, plus volontiers méchant, d'ordinaire; pas une insinuation maligne n'avait été faite, sur cette exquise Parisienne de trente-deux ans, jolie, élégante, riche, fêtée, courtisée... et seule!

C'est à ce moment qu'elle rencontra, chez sa sœur, en un dîner prié longtemps à l'avance, auquel elle n'eut pas à s'inviter — car des lettres font foi qu'elle y fut conviée — M. le général Boulanger.

*
* *

Ce qu'il était alors, ai-je besoin de le dire?

La France ne croupissait pas, comme aujourd'hui, en un j'menfichisme qui fait croire que la chandelle est morte, sous le casque prussien qui la coiffe, à ceux qui ne savent pas combien vite elle se ranime au moindre vent.

La rue vivait, chantait, vibrait! Il y avait des refrains dans l'air; de l'espoir dans les cœurs; et même ceux qui gardaient de la défiance, qui pensaient à l'explication après le coup de torchon, ne pouvaient se garer de la belle humeur ambiante.

On bataillait ferme, entre mécontents et satisfaits, mais la salive ne moisissait pas dans les becs, ni la « sueur de négresse » dans les encriers!

Et toute la France, pour Rodrigue, avait les yeux de Chimène! Les « citoyennes » étaient, je me le rappelle avec un sourire, extraordinaires d'emballement. C'est elles qui poussaient les hommes au vote, faisaient aller le commerce des œillets rouges; et risquaient des atouts, dans les bagarres, pour glapir rageusement, sous le nez des sergots : « Vive Boulanger! »

J'en parle à mon aise, ayant reçu alors plus de remontrances féminines que je n'en reçus jamais. Mes sœurs me trouvaient tiède...

Tiède, en vérité, je l'étais, n'ayant jamais aimé ni le panache, ni le galon; ayant du sabre une méfiance instinctive — et antérieurement justifiée. A ce moment même, je me souviens, le *Cri* tombait à bras raccourcis sur le général et (sans injures, par exemple, j'avoue mon tort républicain!) je saisissais volontiers l'occasion de lui allonger un coup de patte.

Mais j'étais seule à penser ainsi, et pas une des femmes que je connusse, pas une, quel que fût son rang, qui ne me blamât.

Dans les salons, *où on lui présentait les invitées;* sur le carreau des Halles; dans les loges ou les foyers d'artistes; partout, enfin, mes contemporaines n'avaient qu'une folie en tête et qu'un nom aux lèvres.

Comment s'étonner alors que cette nature douce, rêveuse, enthousiaste, ait subi l'unanime entraînement; elle était libre après tout : ni parents, ni mari, ni enfants — en cela, du moins, le ciel avait béni son union!

L'uniforme ne la fascina guère, elle y était habituée d'enfance. Mais l'homme la séduisit comme elle le séduisit elle-même; et il fut réciproque l'entraînement qui les jeta aux bras l'un de l'autre.

Elle ne trompait personne; il trahissait quelqu'un. S'il y eut un coupable des deux, ce fut lui. Et encore avant que de lui jeter une trop lourde pierre, faut-il se souvenir que depuis longtemps la discorde régnait dans son ménage, que la principale intéressée avait renoncé à occuper sa place et maintenir son droit.

Celle-là avait ses raisons, plus que légitimes, certes ; mais il n'y avait eu jusqu'alors que des frasques, et, cette fois, c'était l'amour — maître des dieux !

Cette liaison fut si sérieuse, si discrète, que nul, sauf les très intimes, ne la pénétra. Même, il y eut des paravents, des affichages, destinés à protéger contre la curiosité des méchants ou des sots celle dont le général voulait faire sa femme.

Elle, perdue en son rêve, attendait, souffrant de sa chute; espérant de toute son âme la réhabilitation ; sentant, de loin, s'accumuler les rancunes des dépités qui, ne pouvant arriver à la connaître, commençaient à la combattre, accusaient formellement « l'influence féminine » de contrecarrer leurs projets.

Pauvre influence féminine! Elle ne savait que la politique de la caresse, la diplomatie du baiser; tout effarée de se sentir heureuse — elle qu'en avait si peu l'habitude! — et inquiète déjà de l'expiation dont il lui faudrait payer ce bonheur!

Il était son tout, son idole! Je m'en suis bien rendu compte, allez, dans sa chambre de morte ; en voyant toutes les photographies de Boulanger, toutes, vous entendez bien, alignées sur les meubles. Et pas avec le désordre échevelé de l'amoureuse éprise du mâle ; qui trompe l'absence en usant de ses lèvres l'image de l'absent! Non — gentiment rangées comme en une petite chapelle!

Je suis sûre qu'avant de s'endormir, elle disait :

« Mon bon Dieu, priez Georges pour moi, afin qu'il m'aime toujours! »

Comment aurait-elle fait de la politique, celle-là!

*
* *

Quand il la vint chercher pour la fuite — poussé à cela par quelqu'un qui n'a de féminin que la frayeur des foules — elle le suivit docilement, tendrement, comme elle l'aurait suivi au bout du monde, s'il lui avait plu d'y aller.

On s'aime partout, n'est-ce pas?

Elle ne réfléchit même point qu'elle allait sortir de son ombre, être connue, s'offrir en curée aux pourceaux de la politique; que sa beauté allait être dévoilée, son argent pesé, son honneur discuté... qu'elle serait la victime expiatoire de tous les péchés d'Israël!

Elle partit pour Bruxelles, comme elle s'en fut à Jersey; comme elle retourna à Bruxelles; comme elle serait revenue à Paris si, lui, l'eût désiré. Où il était, elle était bien.

Et quant à ses desseins, ses vues, ses ambitions, elle était trop humble de cœur, se jugeait trop petite fille, auprès du maître qu'elle s'était donnée, pour oser, pour vouloir jamais risquer un avis — bien trop joyeuse de recevoir des ordres! Et elle n'avait de volonté, de décision, de courage, que pour la tactique de la tendresse, la stratégie de la séduction!

Une robe qui le charmât, une coiffure qui lui plût, un parfum qui l'attirât, un plant de roses contre la maison, pour égayer les brumes de l'exil — cela, oui! Mais discuter qui avait raison d'Y... ou de Z..., mettre en doute l'inébranlable fidélité de X... ou appuyer les justes revendications de W... — cela, non!

Ne pas la juger sotte ou futile, pourtant! Elle était, au contraire, intelligente, instruite, de jugement sûr. Mais elle avait peut-être le secret pressentiment de celles qui doivent mourir jeunes ; et se dépêchait, ayant si longtemps vécu sans amour, de mettre les baisers doubles!

Par exemple, là où elle avait trop présumé de ses forces, c'est dans la résistance à l'outrage. Ceux qui l'en ont lapidée peuvent être contents; ils n'ont pas perdu leur peine : elle est morte d'eux autant que de son mal!

Chaque soir, elle prenait les journaux de France, et quand les allusions immondes, les épithètes fangeuses l'atteignaient plus que de coutume, la feuille s'étoilait de larges gouttes, pesantes et tièdes comme une pluie d'orage.

— Qu'est-ce que je leur ai fait? gémissait-elle, ses pâles mains levées en un appel de détresse.

On la crut morte, le jour où parut le chapitre des *Coulisses* la concernant...

Et l'une des dernières phrases balbutiées par son délire fut celle-ci :

— Oh ! je voudrais tant, tant, que quelqu'un dise que je n'ai pas dit de partir; que je n'ai jamais rien dit; que je l'ai aimé, voilà! Mais on est trop méchant... jamais personne, personne ne voudra le dire!...

*
* *

Si, pauvre morte, chère martyre d'amour, il se trouve quelqu'un pour détruire la légende mauvaise et refaire l'histoire vraie; quelqu'un qui a combattu l'homme que tant vous avez aimé, qui le combattra peut-être encore, s'il est besoin; mais qui, parti là-bas pour faire son métier, a suivi avec respect votre cercueil, et, au cimetière, a détaché en cachette de son corsage une petite rose rouge, fleurie en terre de France, pour la déposer sur votre tombe — humble hommage de toutes celles qui ont aimé... et qui ont souffert!

LA MORT DU GÉNÉRAL BOULANGER

I

LA FIN DU ROMAN

En route — 2 octobre 1891.

C'est au fond de la Bretagne que j'ai appris la nouvelle, et j'ai sauté vite, vite, en wagon.

Derrière le cercueil de madame de Bonnemains, en dehors d'une douzaine d'amis personnels et étrangers à la politique, il en était bien quinze venus de Paris exprès ; ayant fait, à cette morte et à cet agonisant, le sacrifice de quelques heures, d'un peu d'argent et d'un peu de loisir. Sur les trente-deux députés du groupe boulangiste, cinq — Déroulède, Millevoye, Castelin, Dumonteil, Susini — cinq seulement s'étaient souvenus. Avec une dizaine de fidèles, cela faisait juste le compte : quinze !

Si l'engouement ne s'en mêle pas ; si l'opinion publique n'empoigne point par le collet les oublieux, et ne leur retourne pas, de force, la tête vers le cadavre du

« chef » dont ils vécurent matériellement ou moralement; s'il n'est pas « dans le train », enfin, de prendre celui de Bruxelles, demain, on sera dix.

Je tiens à être de ces dix-là.

Le coup de pistolet du petit cimetière d'Ixelles a fini de jeter bas le spectre de la dictature... ce spectre qui tant va manquer à tant de gens! L'autre fois, c'était un vaincu, un désarmé, un proscrit, qui perdait sa dernière et unique consolation, la chair de sa chair, l'âme de son âme, la frêle fleur qui avait embaumé son exil! Cette fois, c'est un homme qui se tue pour une femme, qui meurt de sa mort, inconsolable, inconsolé. Qu'a à voir la sale politique là-dedans?

Bizarre chose! La sympathie que j'ai eue, à de certaines heures, pour le général Boulanger, n'était que relativement suscitée par lui-même, quelles que fussent ses grandes qualités d'attirance, son don incontestable d'enjôlement. J'ai la peur des sauveurs et la peur des soldats!

Non, elle provenait davantage de ses adversaires; de l'outrance de leur haine; des bordées d'injures que leur arrachait l'effroi; de l'acharnement inouï, sans exemple, qu'ils mettaient à frapper cet homme — non point seulement dans la vie publique, ce qui était leur droit strict; mais dans sa vie privée, dans sa personne physique, dans son intimité d'alcôve ou de cœur!

Chaque fois que le général triomphait, il m'inquiétait, et je me tenais à distance, plutôt hostile. Chaque fois qu'il subissait une défaite, la férocité dont on l'accablait me le rendait intéressant. Je ne me rapprochais pas de lui, en vérité... je m'éloignais des autres!

Si je conte ces détails, ce n'est pas pour définir mon « état d'âme », duquel, avec raison, le public se soucie comme d'une guigne, mais c'est que nous avons été légion à sentir ainsi, les femmes surtout. Bien au contraire de l'autre sexe pas dégoûté, elles ont l'horreur des attaques ordurières, le mépris de la cruauté inutile, la pitié envers les vaincus. Bref, j'ai été l'amie des jours de deuil, très « troubadour », très « dessus de pendule », très «courtisan du malheur» — et, morguienne, ce n'est pas aujourd'hui que je m'en dédirai !

*
* *

A Bruxelles.

On sera plus de dix, il paraît ; on sera même plus de quinze... et davantage encore. Sauf quelques convaincus que des motifs vraiment sérieux avaient empêchés, il y a deux mois et demi, d'assister aux obsèques de madame de Bonnemains, il va débarquer ici un lot d'individus sur l'envers desquels le défunt eût usé ses bottes s'ils avaient eu l'audace de se représenter devant lui. Ce mascaret de compassion, le flux de tendresse qui a secoué la foulè, les a lancés jusqu'aux pieds du mort — pieds inertes, qu'ils s'en félicitent !

Comme l'écume jetée par le flot, ils vont représenter la fidélité des simples, la constance des humbles, le touchant et immuable souvenir des petites gens qui avaient espéré, par le général, voir finir leurs peines, et qui ne lui gardent point rancune, devant cette fin tragique, d'avoir failli à sa mission. Ainsi, à peu de frais, les autres donneront des gages de leur solidité de principes, de leur élévation de sentiments ; des garanties à un avenir encore inconnu. Ce qui va marcher derrière le char funèbre, sauf les amis et les rares dévoués, ce n'est pas l'escorte du prétendant d'hier, c'est le cortège du prétendant de demain !

En attendant, on erre par les rues de ce Bruxelles paisible, où tout semble fait pour la bonne vie riante, patriarcale, entremêlée de repas mirifiques, de digestions heureuses — et où la mort tend ses rets sous les pas des amoureux !

Il y a onze ans, j'ai vu entrer ici en grande pompe, à la lueur des torches, au son des fanfares, toutes bannières des corporations au vent, parmi les clameurs d'allégresse, les vivats d'enthousiasme, un jeune homme très beau, très triste, dont le regard demeurait distrait, dont le front demeurait soucieux. C'était cependant un fiancé qui venait chercher sa fiancée. Et que pâle était son sourire, et que profonde était sa mélancolie ! Il inaugura la série des trépas volontaires et violents, le mystérieux héros de Meyerling !

Aujourd'hui, c'est Boulanger. Et l'on dit qu'il y eut du rouge aussi — sans que sa main en fût tachée — sur l'oreiller où reposa la tête du prince Baudoin. Ah ! jolie ville coquette, fleurie, portez-vous donc malheur aux amants ?

Mais, entre tous, celui-ci émeut. Il ne tua pas, ne fut pas tué ; il suivit sa bien-aimée dans la tombe, comme il l'eût suivie aux confins de l'univers ! Aussi, les couples s'en vont-ils déjà en pèlerinage au cimetière ; achètent-ils dans les rues le petit portrait d'un sou que Lui offre à Elle. Il en ferait autant, il le jure... pour une fois, sais-tu ! Et tous deux, épaule contre épaule, la poitrine gonflée de soupirs, demeurent des demi-heures entières rue Montoyer, à regarder la maison dans laquelle on s'aima !

*
* *

Chez le Général.

Dès l'arrivée je m'y suis rendue. Ah! la pauvre demeure si blanche, si gentiment aménagée en dépit de sa modestie triste — nid dévasté par les serres de l'Invisible qui plane au-dessus de nous tous — qu'elle fait peine à voir!

En bas, sur une large feuille de papier écolier, une vingtaine de signatures, pas plus! Tout le long de l'escalier, dans les jardinières à nuances vives, des plantes s'alanguissent, parmi la désolation générale, laissent retomber leurs branches comme des bras fatigués. Dans la chambre de madame de Bonnemains, que le général avait faite sienne pour être plus près de la morte — respirer un peu de son dernier souffle dans l'air où il passa; chercher son image dans les glaces qui la réflétèrent, retrouver sur les coussins l'arôme de ses cheveux, et, sur les objets familiers, la douceur de ses doigts — dans cette chambre, on n'entre plus par la large baie ouverte sur le palier du second étage. On s'en va prendre, à gauche, une porte sur le même plan, qui donne dans le cabinet de toilette parallèle et accédant à la chambre. Il est tout tendu de perse claire à larges calices roses; un lointain parfum y flotte, comme si beaucoup de fleurs avaient expiré là... des âmes d'odeurs!

Et, sitôt le seuil de la chambre franchi, voici le cercueil. Il est à la même place qu'était l'autre; jonché de roses et d'œillets, comme était l'autre. Seulement, il n'y a plus personne sur la petite chaise où le général, il y a deux mois et demi, était affaissé, sanglotant, le visage enfoui dans les couronnes. Un vaste drapeau tricolore, cravaté de crêpe, recouvre la bière. Tous les ordres, croix, rubans, sont étalés sur le pied du lit — ce

8

lit où elle expira ; ce lit où on étendit son cadavre à lui au retour du cimetière d'Ixelles; où, même après la mort, son sang continua de couler par ses tempes béantes.

On ne croyait pas cela possible, vraiment ; tant il en avait perdu sur le coup, tant il en avait perdu dans le trajet ! La photographie de madame de Bonnemains qu'il avait sur le cœur en était toute détrempée ; et quand on retira d'entre sa chemise et sa peau, pour lui faire la suprême toilette, la boucle de cheveux coupée à la morte au moment des funérailles — et qui, depuis, ne l'avait jamais quitté — elle égoutta rouge, longtemps, longtemps...

C'est hier soir, à neuf heures, qu'on l'a mis en bière. On a attendu tant qu'on a pu, mais ces blessures du cerveau sont terribles, quant à la désagrégation rapide de l'être. Sur sa poitrine, on a remis le portrait, et l'anneau soyeux, doré comme un rayon de soleil. C'est la seule décoration qu'il emporte d'ici-bas.

Mais, de l'autre côté de la cloison, un bruit léger, une voix chevrotante et grêle s'élève. C'est la mère, la pauvre vieille maman de quatre-vingt-sept ans, qui réclame son fils. Elle ne sait rien, rien encore, et ne veut pas quitter sa chambre contigüe, parallèle à celle-ci. Ça l'amuse, tout ce monde dans la rue qui regarde les fenêtres ; on attend sûrement le retour de son fils, pour l'acclamer comme autrefois !

Hélas, pauvre vieille maman, votre fils est revenu ; il est là, de ce côté-ci du rideau de briques, dans cette boîte de chêne qui plus jamais ne se rouvrira ! Et la voiture que vous guettez, que vous attendez, la voici qui vient. C'est celle qui ramène les tentures funèbres, les candélabres, le crucifix d'argent.

Ce n'était presque pas la peine de les enlever !

LA MORT DU GÉNÉRAL BOULANGER

II

A JAMAIS!

Ixelles, 3 octobre.

C'est fini! Les voilà réunis à jamais, réunis pour l'éternité, dans ce petit cimetière plein de roses et de verdure; sous cette pierre où rien ne les sépare, pas même la mince cloison de plâtre qui isole les morts de chez nous. Son cercueil à elle, partie la première, repose au fond du caveau; son cercueil à lui, est étagé, un peu au-dessus, par des crampons de fer. Et c'est tout. Quand, sous l'action du temps, le linceul de chêne s'en ira en poussière, leurs pauvres os se mêleront, leurs atomes se confondront... et, s'il plaît à la bonne nature, peut-être leurs bouches sans lèvres se rencontreront-elles en un ultime baiser!

Avant que les obsèques en changeassent l'aspect, j'ai tenu à la voir, cette tombe, telle qu'elle était au moment où l'amant vint rejoindre l'amante; calculant sa chute pour que la mort l'étendît auprès d'elle, front contre front, cœur contre cœur! Je m'y suis rendue hier, au sortir de la chambre mortuaire.

Le cimetière d'Ixelles est loin, très loin, au delà d'une zone désolée de terrains à bâtir, où, de distance en distance, se dresse un petit hôtel inhabité, à louer ou à vendre; de rares usines; de fréquents estaminets, avec un bout de tonnelle comme nos guinguettes de la plaine Monceau, passé les quartiers neufs. On suit, pour y aller, une partie de la route, la chaussée des Eperons-d'Or — où sont-ils, hélas, les éperons d'or, et la selle houssée de pourpre, et la plume blanche qui frissonnait au vent?...

Tout le long de la chaussée de Boondael, qui vient après, les enseignes, par une singulière coïncidence, semblent résumer la carrière de celui qui, depuis deux mois et demi, a fatigué, des roues de sa voiture, le sable de cette douloureuse voie. « Au chemin de l'Egalité », dit l'une; « Au Repos de l'ouvrier », dit l'autre; et celle-ci très ancienne, sous un tableau naïf où s'ébroue un coursier de légende : « Au Cheval noir! » — aspirations de la foule, légitimes vœux des travailleurs, origines profondes de ce mouvement que Tunis semblait porter sur sa croupe, quand, parmi les manteaux rouges des spahis, les clameurs d'espoir, les caresses des mains féminines, il descendait, nimbé par les rayons du couchant, encadré par l'Arc de-Triomphe, l'avenue des Champs-Elysées! Tout cela, ces inscriptions humbles sur ces cabarets de banlieue ont dû l'évoquer plus d'une fois aux yeux du proscrit. Mais l'a-t-il vu, seulement?

Quand je me rappelle son regard, à l'église, lors du service funèbre de madame de Bonnemains; son regard rivé sur le cercueil, hypnotisé par lui; cette absorption de tout son être par la disparue — non, je ne crois pas que, depuis cette minute, il ait contemplé, il ait suivi de la pensée autre chose que le cheveu blond avec lequel elle lui avait lié le cœur, avec lequel elle l'a tiré à elle jusque dans le tombeau!

Je l'ai jugé mort, moi, dès ce jour. J'étais placée derrière lui, tandis qu'on glissait la bière dans le caveau provisoire, à ras du sol. Il faisait bonne contenance, mâchait ses sanglots. Mais la peau de son cou, entre les cheveux et l'habit, là, sur la nuque, tressaillait comme l'épiderme des animaux suppliciés par les taons. On y voyait courir des frissons. C'est que la douleur, de tous ses dards, de tous ses aiguillons, lui transperçait l'âme et la chair!... Ah! comme il l'aimait!

C'est tout au bout de l'allée principale, à l'angle, à gauche, qu'est la sépulture de madame de Bonnemains — « leur » sépulture aujourd'hui.

Les tombes, ici, ne sont pas strictement comme chez nous, au bord du chemin, mais en recul de l'alignement. Devant chaque, quelle que soit son architecture et son ordonnance, on fait, aux trépassés, l'aumône d'un coin de jardinet; de la même largeur que le monument et profond d'un demi mètre environ. Comme cela, chacun a, à ses pieds, un peu de franche terre, où éclosent en liberté géraniums et résédas. Une large anthémis — qu'au moment de la floraison les étoiles blanches à cœur d'or, sur le vert sombre des feuilles, doivent transformer en un parterre de firmament — garnit tout le devant de la tombe. Derrière, une sorte de vasque, à mi-hauteur du coffre de granit, ni si bas que le sol, ni si haut que la dalle mortuaire, sert, emplie d'eau, à garder la fraîcheur des bouquets. C'est la seconde des trois marches de ce perron fleuri.

On y peut compter les visites du désespéré, pendant toute cette dernière semaine, en suivant la décroissance des roses, car, chaque jour, il apportait sa gerbe.

Celle qui est là, toute radieuse encore, à peine épanouie, fut remplacée, dans ses mains, par l'arme dont il se tua. De ses mains aussi, un peu maladroites cela se devine, plus habituées au fer qu'à la soie, c'est lui qui a attaché après les couronnes, suspendues aux deux flancs du coffret de pierre, ces minces rubans tricolores, dont la pitié et l'amour vont faire des reliques. Il donnait ainsi un peu de patrie à la volontaire et douce exilée — il mêlait ses deux grandes amours!

Tout le monument est en granit, de ce granit qui demeure bleu à l'état fruste et joue le marbre noir lorsqu'il est poli. C'est ainsi que plusieurs ont pu croire, et dire, que l'inscription de la dalle inclinée, et les arabesques des parois verticales de côté, résultaient de mosaïques. La matière première a été simplement soumise à un travail différent, lissée là, piquetée ici. D'où, les différentes nuances.

On sait l'inscription :

MARGUERITE

1855-1891

A bientôt!

Au-dessous de ce bientôt-là, un petit trait qui en dit long; qui indique nettement que l'addition n'est pas faite, que la série n'est pas close; que cette mention n'est pas définitive, en son isolement; qu'elle en attend, qu'elle en appelle une autre. Cette autre-là, on la mettra demain.

En savez-vous la teneur ? C'est l'abdication de toutes les vanités de ce monde, du titre acquis glorieusement, du nom célèbre d'un pôle à l'autre, au bénéfice d'un sentiment auquel il lui plaît de se livrer, nu et désarmé, comme l'enfant issu du ventre de sa mère — au profit de l'invincible, tyrannique, meurtrier amour !

Voici ce que le général Boulanger, ex-ministre de la guerre, en France ; ex-député de la Dordogne, du Nord, de la Somme, de la Charente, et de Paris ; qui faillit être Dictateur et fut l'idole des multitudes, veut que l'on grave sur le tombeau où il a rejoint son amie :

GEORGES

1837-1891

Ai-je bien pu vivre deux mois et demi sans toi ?

Une colonne brisée est posée au chevet de l'édifice, au sommet de la dalle ; et voici que j'ai, tout à coup, une personnelle, une touchante surprise. Le jour de l'enterrement de madame de Bonnemains, j'avais été frappée de ce détail que la plupart des couronnes étant en fleurs naturelles seraient fumier huit jours plus tard, et qu'il ne resterait que trois ou quatre bourrelets d'immortelles et de perles noires, un peu communs, à celle qui, si affinée, avait coutume de toutes les élégances.

Aussi, de retour à Paris, j'avais expédié là-bas une de ces merveilles de goût et d'ingéniosité qu'excelle à créer l'industrie parisienne : une couronne en marguerites de perles, touffue, feuillue, donnant à trois pas l'illusion de la réalité. J'avais été remerciée par une lettre qu'on me pardonnera de ne pas citer, même si elle est curieuse, psychologiquement, et intéressante...

Mais voilà que j'aperçois, en haut de la stèle, ce modeste envoi d'une vivante à une morte... et les larmes me sautent aux yeux. Je sais gré à celui qui fut si peu de temps le survivant de l'avoir placée ainsi, ma couronne, loin des chocs, plus près du ciel ! Evidemment, c'est du « sentiment », tout ça ! Que les sceptiques haussent les épaules ! Je sens bien que mon émotion n'est que la traduction de l'émotion commune. Je ne suis pas un diapason, moi, et n'ai pas la prétention de donner le *la;* je suis une pauvre girouette que le vent des faubourgs fait grincer à son gré. Mais — et c'est ma seule fierté — si je pense une chose, c'est que ma « clientèle » la ressent ! Or, ils seraient émus, les simples de cœur, à regarder cet autel d'amour, où un sincère vient de s'immoler.

Ai-je dit que la sépulture, terminant à gauche l'allée centrale, était le point culminant, final, d'une équerre, d'un angle aigu? Cela a son importance, pour déterminer le point précis où eut lieu le suicide.

Faisant face à la tombe, on voit à droite, un peu en arrière du jardinet, posé à même le gravier, en dehors du périmètre de la concession, un pot d'hortensia haut et large comme un arbuste. Derrière cet hortensia, en recul encore, s'écartant du monument, est un massif de lilas guère plus haut qu'un homme; un petit cyprès placé juste, en ligne directe, derrière la colonne brisée, ferme presque ce retrait de feuillage. C'est là que le général s'est tué. Son front est venu cogner le soubassement, tandis que le corps s'allongeait doucement comme celui d'un voyageur las, sur le sable, parallèlement au tombeau.

N'est-ce pas qu'il a bien de l'esprit, le journaliste qui

a dit que M. Boulanger «avait pratiqué sur lui-même sa fameuse trouée »?

Le sang a coulé si abondamment contre la pierre, à cette place, qu'en dépit de tous les grattages, ponçages et corrosifs, la tache transparaît, violette, sur le granit bleu. Des femmes viennent..., apportent de petits bouquets, stationnent, et s'en vont d'un air triste. Quelques-unes font un bout de prière; d'autres, un simple signe de croix. Ainsi que je le disais hier, on commence à venir deux — comme nos grisettes, au Père-Lachaise, pour Héloïse et Abélard; comme les nouveaux mariés de toutes nationalités, à Vérone pour Roméo et Juliette. La légende d'amour est créée.

*
* *

Les obsèques ont eu lieu, tout à l'heure, sans offrir rien de bien intéressant. Comme épisode du moins, car il y avait plus de cent cinquante mille personnes massées sur le passage du cortège; et des fleurs au delà de ce qu'on peut imaginer. C'est en cela que la manifestation a été grandiose; vraiment touchante. Il n'est pas une bourgade, en France, dans les régions qui furent boulangistes, où l'on ne s'est souvenu de l'enthousiasme d'antan. Chacun a donné ce qu'il a pu — dix sous, dix francs — et il est arrivé ici trois fourgons de couronnes, grandes, petites, belles, vilaines... jusqu'à des touffes d'immortelles rouges ou jaunes, de dix centimes, que les délégués sortaient de leurs poches pour jeter sur le drapeau tricolore recouvrant le cercueil!

Car il était venu des délégués: près de deux cents. Chaque comité assez riche pour le faire s'était cotisé, afin de payer le voyage à son représentant. L'œillet rouge diaprait des boutonnières usées, sous lesquelles battaient de braves cœurs bien fidèles, n'ayant jamais varié.

Certes, parmi les vingt députés qui se sont déplacés pour venir ici, il en est quelques-uns à la constance desquels il serait injuste de ne pas rendre hommage. Je le fais donc; seulement, j'avoue n'avoir eu d'yeux que pour les précédents — obscurs, presque anonymes, mais apportant l'expression du populaire regret. Un moment, ils ont serré les poings, froncé les sourcils et guigné l'entrée de façon rébarbative. Le bruit avait couru que quelques renégats oseraient se présenter — qui ont bien fait de ne pas venir!

Tout s'est donc passé de la façon la plus correcte, cette après-midi. Quelques ennemis déclarés se regardaient bien de travers; mais unanimement, d'un tacite accord, ils ont ajourné l'expression de leurs rancunes; et nul incident fâcheux n'a troublé cette dernière apothéose — pas même des discours. Car on s'est tu (pour la première fois dans le parti, peut-être) selon la volonté de la famille et le désir du défunt.

Dès le char funèbre entré, une telle poussée s'est produite qu'on parle d'une dizaine de blessés, dont un grièvement. Il a fallu fermer les grilles, pour éviter l'envahissement du cimetière, et de plus graves malheurs. Les dernières couronnes (car en dehors du char mortuaire qu'elles transformaient en une pyramide féerique de coloris et de parfums, il avait fallu employer, à leur transport, deux voitures et une vingtaine de porteurs) ont dû être passées, avec une double échelle, par-dessus les murs de l'enclos. Elles gisent maintenant autour du monument, dont on ne distingue plus les lignes sous cette avalanche de bouquets et de palmes, de cocardes et de trophées.

L'Eglise a refusé ses prières... la France a envoyé son

absoute fleurie. Et tandis qu'on disserte sur ceci, sur cela, en s'en revenant par une autre issue, je me retourne pour entrevoir une dernière fois, dans l'encens du crépuscule, la couche nuptiale et austère de ceux qui furent le général Boulanger, la vicomtesse de Bonnemains — et que l'amour, retenant seulement ces deux noms : Georges et Marguerite, immortalise à jamais dans la mémoire des amants !

JERSEY

I

L'ILE DE BON-ACCUEIL

Saint-Hélier. Novembre 1891.

Une sensation de « déjà vu », une résurrection d'impression anémiée par le temps, affaiblie par la distance, étreint ici, dès les premiers pas, quiconque a, jadis, habité les contrées de soleil.

Tout paraît écho, tout paraît reflet : écho et reflet des zones bénies où les oranges semblent des pelotes de rayons, bobinés par les fées après la fleur des vierges; où la poussière — fléau des pays d'Oil, condiment des pays d'Oc! — poivre la bedaine des pastèques, poudrederize la joue rustique des tomates, diamante le feuillage aigu des oliviers!

Comme là-bas, des cactus poignardent l'espace de leurs dards bêtes... joubarbes belliqueuses, artichauts guerriers! Comme là-bas, des araucarias immuablement verts étendent leurs bras mal raclés, où les feuilles sans tige font copeau après la branche — nids de serpents en rupture de housse, dont les écailles se rebiffent, rageusement! Comme là-bas, des figuiers développent leur frondaison édenique et chaste (caleçon de nos premiers parents!) et les treilles croulent sous l'ampleur des grappes, charnues et rebondies comme un sein de nourrice!

Oui; c'est presque la même végétation qui ombre le sol, grimpe en spirale, dégringole du sommet des toits. Le flot, aussi, affecte des nonchalances, des transparences bleues frangées d'argent mat; et, là-haut, le ciel s'efforce de s'éclaircir, tire les courtines de ses nuages, pour laisser entrevoir la courte-pointe azurée du firmament.

Mais malgré cette bonne grâce de la nature, ce grand désir de plaire dont tout est animé, l'accueil souriant de ce coin de Provence égaré dans l'Océan, on sent l'Angleterre proche — avec ses buées, ses brouillards, ses brutalités de climat! Il en est de Jersey comme de ces aquarelles d'Italie que les ans ont lavées, estompées, blêmies, et qui semblent un paysage de rêve tracé par une main de fantôme.

J'ai contemplé, sur des albums de misses poitrinaires, des traductions de vues d'Orient qui avaient cet aspect-là... Un peu des brumes natales paraissait demeuré entre l'interprète et la lumière; les contours défaillaient, comme si les petits doigts las n'avaient pu prolonger l'effort; et la mélancolie de celles qui doivent partir jeunes s'exhalait des pages, donnant à ces évocations de réalités une saveur d'apparition.

Ainsi en est-il de Jersey : c'est un Midi phtisique d'un invincible charme, d'une pénétrante douceur ! Je ne dis pas que j'aimerais beaucoup à y vivre — ô Paris, mon « patelin » ! — mais j'y mourrais volontiers, parmi les roses pâles, les jasmins frêles, les lis chancelants !

Ici, l'âme se doit détacher du corps avec la morbidesse de ces feuilles de platane à peine jaunies, auxquelles la brise automnale prête ses ailes pour quelques secondes... qui planent, puis s'abattent, lentement, en tournoyant, avec des palpitations d'oiseau blessé.

Le chemin en est tout jonché, ces voies unies où le *boggy* avance sans fracas, sans heurts, comme si les roues étaient lingées, entre les haies de hauts géraniums et les maisons basses à portique étrusque, qui sembleraient des villas de Tibur ou de Tivoli, sous leur tunique de badigeon ocre, rose, ou bleu, si le pignon gothique n'y remplaçait la terrasse plate, de balustres encadrée.

Les jardins, pleins de fuchsias et de dahlias — fleurs « respectables », régulières, et inodores — sont tirés au cordeau, propres au-delà de toute idée. Pas un atome de poussière, pas un caillou de travers ! C'est à croire que les habitants se lèvent la nuit pour cataloguer leur sable et épousseter leurs arbustes !

L'architecture de tous ces « Manoirs » est drôlette ; moyen-âgeuse le plus souvent, parfois rococo, çà et là romane, pittoresque toujours ! Et des masses profondes de verdures, mi-indigènes, mi-exotiques, séparent les unes des autres les demeures ; créent de la solitude dans l'agglomération ; font de l'île tout entière, en toute saison, un prodigieux bouquet.

Quant aux fermes, quant aux églises... elles sont aussi de Nuremberg! De Nuremberg également, les poules aux pattes lisses, au plumage lustré, qui picorent du bout du bec, l'air comme il faut; les gorets distingués, dont pas une éclaboussure ne tache la simarre de soie; et les petites ruminantes au corps havane, aux jambes bistre, couleur de roc et couleur de terre, qui portent leurs cornes rabattues sur les yeux, en frisons, comme leurs homonymes du *Bal des Vaches*, chez « m'ame Emile » — la belle-mère au président Toutée!

Pour les moutards, ils sont tels, identiquement, que nous les révéla Kate Greenway en ses ravissantes illustrations. Au retour de l'école, ce n'est, sur les routes, que jeunes gens de trois ans, en toque de jockey ou chapeau de castor, la culotte courte mais non serrée au genou, la veste à basques, flirtant avec demoiselles du même âge, en jupe longue, la taille sous les bras, et le museau enfoui au fond d'un immense « cabriolet » à bords ruchés.

Ces gamins, ces gamines sont adorables de santé, de belle humeur, de libre allure. Tout ça galope, s'embrasse, se chamaille, échange des friandises ou des taloches — et jabote en bon français!

On dirait un vol de moineaux dans un cimetière de campagne...

*
* *

A parcourir l'île en tous sens, à battre l'estrade parmi ses grèves, ses champs, ses sous-bois, ses villages, on comprend vite en quelle faveur la tiennent les Anglais, race nomade; le pourquoi de cette tendresse inattendue d'Albion protestante pour Jersey catholique, de la métropole autoritaire pour cette indépendante pupille — qui a gardé ses coutumes, sa foi, sa loi !

Il n'en faut pas chercher la raison ailleurs qu'en ce que cet éclat de continent, avec la diversité de ses sites, de ses aspects, la sauvagerie de ceux-ci, la joliesse de ceux-là, est une réduction d'Europe ; une sorte de diminutif où le touriste, soit pressé, soit pauvre, prend idée de ce qu'il n'a pas la possibilité d'aller voir en original ; où le touriste plus favorisé retrouve d'intéressantes analogies, une renaissance de souvenirs.

Jersey est, à dire vrai, une exquise carte d'échantillons. Voulez-vous de l'abrupt ? Voilà Corbière, son phare, ses rocs, ses brisants, et son flot en éternelle fureur ? Voulez-vous du fleuri ? Voilà Rozel, où les magnolias poussent, aux chênes pareils. Voulez-vous une réminiscence des grottes de Hal ? Voilà Lecq et ses caves. De la rade de Menton ? Voilà Sainte-Brelade. Des bords du Rhin ? Voilà Mont-Orgueil, aire d'aigle, temple debout encore de la féodalité abattue !

Tel est le motif pour lequel l'Anglais, voyageur pratique, apprécie hautement Jersey. Il lui semble précieux au même titre que le nécessaire de toilette où se loge toute l'intimité du *home ;* que la Bible de poche où tient tout Dieu ! C'est, sous un petit format, le résumé des tournées lointaines; un extrait d'impressions que l'on peut diluer à sa guise : le Liebig de la curiosité, l'*Of-Meat* de l'admiration !

Le Français libre, lui, aime Jersey pour sa grâce ; parce que c'est un pays mixte où il retrouve de la France en tâtant un peu de l'étranger — comme les frileux tâtent l'eau, sans perdre pied.

Le Français proscrit aime Jersey parce que c'est à mi-chemin de l'exil, parce qu'il lui semble que, par ce flot qui bouge, il demeure en contact avec la patrie.

Puis, quand le temps est beau, là-bas, au-delà des vagues, entre la plage et le ciel rosés par le couchant, on voit briller des maisons blanches — comme des quenottes ! C'est la jolie Gaule qui rit au soleil...

Combien sont déjà venus la contempler d'ici, les bras tendus vers elle, la face inondée de larmes, dans l'isolement des jours, dans le silence des nuits — et combien encore viendront !...

JERSEY

II

L'AUBERGE D'EXIL

Pomme d'Or-Hôtel.

Ici, m'arrivent les journaux — les journaux de France — annonçant que les représailles contre le général Boulanger s'exerceront au-delà de la tombe ; que le fisc, le Trésor, le gouvernement enfin, vont s'acharner sur les dépouilles du mort... quitte à jeter à la rue, sur le pavé brumeux d'automne, la noble fille qui immola ses scrupules à son dévouement ; et la pauvre mère de quatre-vingt-sept ans dont on berce l'inquiétude ignorante avec le mot célèbre de jadis : « Il reviendra ! »

Je ne veux pas croire à ces infamies, elles ne sont point possibles ! Il y a erreur, malentendu, tout ce qu'on voudra — mais quelle que soit l'hydrophobie de haine que cet homme ait inspirée de son vivant, je ne la puis admettre assez maladroite pour s'attarder à des mesures qui soulèveraient de dégoût et d'indignation le pays entier. On n'aime pas les hyènes, déterreuses de cadavres, dans la patrie des chevaleresques miséricordes....

Paix donc aux trépassés ! Paix surtout à ces ombres drapées de ténèbres qui veillent sur les sépultures ; qui étendent le frêle rempart de leur voile de deuil entre la méchanceté humaine et les pauvres corps sans défense, immobiles à jamais dans le sol glacé !

En cette île qui fut le dernier esquif du boulangisme — le radeau de la Méduse, même, pour quelques-uns des rongeurs ! — un contraste poignant s'établit, entre ces menaces contre les survivantes et les espoirs chatoyants dont des bribes semblent demeurer accrochées, comme brins de soie, aux haies de tous les chemins!

Les rues, les fermes, les villas, les cabanes, sont toutes pleines de l'ombre mélancolique de ce couple, qui passait la main dans la main, les yeux dans les yeux, et dont le moindre pâtre, dont le moindre pêcheur, sait maintenant le lugubre sort.

Devant l'hôtel, les touristes s'arrêtent, regardent longuement les fenêtres, se font expliquer par le guide. Les prunelles bleues des Yankees, les prunelles noires des Asiates s'estompent de rêve. Leur curiosité est avide, brutale parfois, mais émue aussi. Plusieurs, en écoutant, se penchent vers la femme, laide ou belle, élégante ou fagotée, qui est leur compagne de route... c'est qu'une tendresse émane de la légende ; et les cœurs, si las de l'insipidité du voyage, y font halte, s'y rafraîchissent, comme, à mi-côte, des coursiers fatigués !

En effet, il est hanté de réminiscences, ce lieu d'asile que M. Massard, l'un des plus infimes, mais l'un des plus gaffeurs coryphées du boulangisme, représentait, dans le compte rendu d'une de ses visites, comme une sorte de petit Coblentz, nid de conspiration contre la République placé sous la sauvegarde de l'étranger.

« Les canons anglais, disait-il, qui, par dessus les toits, avancent vers le sud leurs gueules menaçantes, semblent protéger le Général patriote contre la haine française. » Jolie façon de faire de la propagande ! Habile manière de calmer les défiances ! Pourquoi pas souhaiter tout de suite, comme en 1815, le retour triomphal dans les fourgons des alliés ?...

De ces visiteurs-là, on a gardé mémoire ; et il faut entendre les récits que fait sur le compte de pas mal d'entre eux madame Moureaux, la très intelligente et toute aimable patronne du *Pomme d'Or-Hôtel*.

— Ah ! madame, le pauvre général, ce qu'il était mal entouré ! J'en ai vu défiler, ici, des intrigants, des gens qui ne venaient que par intérêt, pour de l'argent, ou pour qu'il les recommande aux électeurs !

Et elle précise, dit des noms, spécifie des faits ; établit la contre-partie des *Coulisses ;* dresse, en son langage de simple femme que la fourberie, que la lâcheté révoltent, un réquisitoire bien autrement intéressant, bien autrement documenté que celui de M. de Beaurepaire. Seulement, c'est l'entourage, cette fois, qui est sur la sellette, sauf de rares exceptions dont l'honorabilité demeure au-dessus de toute atteinte — et j'écoute, avec une secrète joie, les renégats, les accusateurs, accusés à leur tour.

J'assiste, en pensée, à cette curée : chacun essayant de tirer à soi son morceau, en une dernière entrevue, avant que de s'en retourner vers le continent, vers le nouveau « chef ». On se faisait offrir, par celui que l'on comptait trahir, l'apéritif de la trahison... Judas s'est peut-être pendu de n'avoir pas trouvé ça !

Et je comprends que, dès cette première étape, l'ère douloureuse a commencé ; je devine quel calice d'amertume a dû vider goutte à goutte, sans arriver jamais à l'épuiser, cet « innocent » de caserne, ce têtu d'illusions. Et je le plains, ah ! oui, je le plains de toute mon âme, d'avoir dû tant connaître l'humanité avant de mourir !

C'est là que fut le vrai châtiment, la réelle expiation ! Pour quelques dévouements sincères qu'il avait méconnus autrefois, en ignorant la valeur, il connut les abandons inqualifiables, les défections éhontées, les « lâchages » impudents — tous les corbeaux de la défaite lui rongèrent le flanc !

Je crois que, depuis Napoléon Ier, aucun vaincu ne fut ainsi offert en proie au vainqueur par les créatures qu'il avait faites. Qu'il lui soit donc beaucoup pardonné... parce qu'il a été beaucoup renié !

— L'appartement occupait tout l'étage au-dessus du vôtre, dans le corps de bâtiment sur le devant. Voulez-vous le voir ?

— Bien volontiers.

Nous montons au second. Le palier n'a pas de portes, un immense couloir le prolonge en ligne directe : un couloir formé à gauche par une muraille sans ouvertures, tandis que la paroi opposée est percée de cinq ou six portes parallèles, comme des huis de cellules monastiques, que surmontent, très haut, des impostes vitrées par lesquelles le jour pénètre dans le corridor.

Une à une, l'hôtesse me les énumère :

— Ici, c'était une pièce où madame de Bonnemains recevait son médecin; là, le logis du valet de chambre; puis, celui de la femme de chambre ; plus loin, la lingerie ; et, cette dernière porte, l'appartement privé.

— Mais ces deux-là, perpendiculaires, qui ferment le couloir?

— La première, dans l'angle, c'était le logis de M. Mouton ; la seconde, une salle d'attente pour les visiteurs. Seulement, vous ne voyez que la carcasse, la charpente, pour ainsi dire. Les murailles, ces murailles peintes en vert clair, étaient tendues de soie grenat et il y avait des fleurs dans tous les coins. Madame de Bonnemains aimait tant les fleurs !...

Elle a ouvert l'appartement privé.

Une antichambre qui s'allonge, pas très large, avec une croisée et une porte, à droite, deux portes à gauche.

La plus proche est celle du cabinet de travail du général, avec deux étroites fenêtres à l'anglaise, et le fameux lustre à gaz, en cristal, au-dessus de la table du milieu, contre lequel, un jour, on prétendit qu'il s'était, en se levant trop brusquement, ouvert le front. La pièce est banale, sans rien de particulier.

Très simple aussi, la chambre de madame de Bonnemains qui, sans communiquer, lui fait suite; avec son alcôve à portes de boiseries, qui la transforment à volonté en boudoir. Il ne reste, de l'ancien ameublement, qu'une assez jolie toilette, le tapis d'un rouge antique, et deux grands fauteuils de velours bleu sombre, à bande de tapisserie, se faisant face de chaque côté du foyer.

— Tenez, madame, elle s'asseyait toujours ici, à gauche, le dos au jour, travaillant sans cesse à ces magnifiques portières au petit point qui sont, maintenant, à Bruxelles, rue Montoyer, dans le bureau du général. Lui s'asseyait parfois là, à droite, et regardait ses doigts si agiles et si blancs courir dans les laines. Mais le plus souvent, il était debout, adossé à la cheminée. Ah! madame, comme ils s'aimaient! Et comme elle était belle; et comme elle était courageuse; et comme elle était bonne! Hélas, le mal l'a prise bien vite! Quand elle est arrivée, elle était fraîche, superbe, toute rose. Au bout de trois, quatre mois, elle était si faible, si changée, qu'elle demeurait couchée tout le jour, incapable de se tenir debout, ne mangeant plus. Tout de même, elle se levait bravement à six heures, afin de se mettre en toilette de bal et de descendre dîner... pour les gens de France!

— Ils prenaient leurs repas dans la salle commune?

— Oh! non; le salon, en bas, leur était réservé.

— Est-ce que ces gravures étaient déjà là?

Je désigne du doigt deux cadres : le portrait de Gambetta, le portrait de Hugo.

— Oui, ils disaient souvent que c'étaient les grands hommes qu'ils préféraient.

Comme je ressors, dans l'antichambre, madame Moureaux me désigne la porte de droite :

— Là, c'était la chambre du général; c'était censé sa chambre plutôt... du temps où madame de Bonnemains, débarquant ici, et, toute malheureuse de sa fausse situation, se faisait appeler miss Florence.

Pauvre miss Florence! C'est tout elle, ce nom d'Italie, embaumé et rayonnant, sous ce ciel d'Albion!

Demain, j'irai à Sainte-Brelade. Il est difficile, presque impossible, dit-on, de visiter la villa. Mais ce que femme veut..

JERSEY

III

LA MAISON DES MORTS

Sainte-Brelade.

De Saint-Hélier à Sainte-Brelade, le chemin longe la mer, comme la route de la Corniche, de Menton à Monte-Carlo.

A gauche, l'Océan, mais l'Océan sans fureur, presque alangui, roulant ses vagues en sourdine sur une plage d'or fin. A droite, un demi-cirque de falaises couvertes de jardins en terrasses, escalier géant, gradins fleuris qui semblent monter de la terre au ciel. Au lointain, barrant l'espace, bornant l'infini, le cap de la Moye en retour sur les flots. La vue est féerique, il fait beau, il fait soleil... et, cependant, une infinie tristesse flotte sur tout cela.

— Où est-ce?

— Là, répond mon guide, le bras étendu vers la droite. Autrefois, on savait tout de suite, parce qu'en haut de ce grand mât blanc, planté derrière la maison, flottait le drapeau tricolore. J'ai vu plus d'un Français tressaillir, en le regardant.

D'ici, on distingue, émergeant des cimes d'arbres, le triple toit d'un vaste châlet recouvert de tuiles gaies, plaqué de majoliques, avec des loggias à vitrail, des auvents de bois ajouré, des balconnades, toute la fantaisie spirituelle d'un artiste pliant la matière à sa guise, la pétrissant, en faisant jaillir l'imprévu.

En arrière, autour, s'étagent un tas de petites annexes amusantes : kiosque de repos, volière et pigeonnier, abri en tonne de Heidelberg, serre... et jusqu'à un minuscule temple grec à colonnes brisées !

Au fur et mesure que le cheval descend la côte, au fur et mesure que nous avançons sur la route qui suit parallèlement la grève, la façade se dégage mieux. De la mer à elle, nul obstacle. Un pré herbu, dépendant de la propriété, va de la chaussée au sentier planté de peupliers, qui borde la très basse muraille exhaussée d'arbustes — garant ainsi la vue, pour l'avenir, de toute ingérence étrangère, de toute fâcheuse obstruction.

Et plus on approche, plus je m'étonne de la légende de luxe et de folie attachée à cette retraite; c'est coquet, sans nul doute, mais il n'est pas un peintre un peu arrivé qui n'en possède autant, sur la côte de Sainte-Adresse ou le coteau de Saint-Cloud.

Par un chemin couvert, voûté de feuillage, nous sommes arrivés devant une grille Renaissance, joliment ouvragée, à un seul battant. Et sur le cartouche dédoré, faisant fronton, où une inscription gothique s'efface, je lis :

« Il n'est rose sans épines ».

*
* *

Une allée, arrondie en montée de perron, troue les massifs, puis débouche sur une éclaircie, juste en face d'un porche auquel donnent accès trois marches de pierre.

En un petit salon, au bout du long couloir qui scinde l'habitation en deux parties, dans le sens de la longueur, je suis introduite, avec prière d'attendre.

Il est exquis, ce petit salon : ni le luxe figé des « locations » richement garnies; ni, non plus, le fouillis inextricable où mes contemporaines, sous mine de réception, infligent la cangue à mes contemporains. On s'y peut mouvoir à l'aise, aller, venir, tendre une tasse, accepter un bonbon, manier un éventail — ou simplement s'asseoir — sans renverser quelque pouf ou démolir quelque magot.

Sur l'aspect extérieur du logis, j'avais pressenti l'artiste; l'aspect intérieur me l'affirme. Ces bibelots disparates et qui, par d'heureuses combinaisons, d'ingénieux contrastes, concourent à une harmonie extraordinaire; ces tentures du siècle passé dont la tonalité chromatise de la violence à la tendresse; toutes ces « curiosités », au sens rare et précieux du mot, ont été apportées là, une à une, par un amateur de haut goût et de singulière patience. Le joli réduit !

Deux fenêtres y accèdent, y jettent à pleines ondes la vaste clarté des pièces d'angle : l'une, sur le côté occidental de la maison, séparée de la serre par une allée; l'autre, en loggia, sur la façade. Et, dominant une console, — un groupe ironie de bronze ! — attire et retient l'attention : Saint-Georges terrassant le dragon !

Mais la porte s'est ouverte, quelqu'un apparaît : une aimable personne aux yeux vifs et rieurs sous la neige précoce de ses cheveux ; la lèvre pétrie de bonté, le parler net, le geste sincère, le regard droit. C'est la propriétaire, madame Vannier. Et elle vous met de suite à l'aise, avec cette grâce sans prétention de mes payses.

Comme tous ceux qui ont approché ce couple aux destins tragiques, madame Vannier en a gardé un souvenir ému. Elle aussi me vante la beauté douloureuse de Marguerite de Bonnemains ; son don de séduction tendre; cette grâce discrète, voilée de crépuscule et de mélancolie, qui lui liait les cœurs.

Du général, elle ne dit qu'un mot, le même que répètent sans cesse ceux de son intimité, de sa domesticité — cette opinion-là compte, vous savez ! — les fournisseurs, les petites gens de l'entourage : « Il était bon ! »

C'est la brève oraison funèbre des femmes et des humbles, sur la mémoire de celui qui commit et subit tant de discours... des femmes, qui ne font point de politique ; des humbles, que la politique meurtrit toujours, sans les servir jamais !

Elle a sa valeur.

*
* *

— Là, madame, c'était le cabinet de travail, d'où il expédiait ses circulaires, ses correspondances...

Ah ! bon Dieu, ce qu'il en est parti de bêtises, d'ici ! Ce qu'on lui a fait endosser de gaffes entre ces quatre murs, où pas une fois l'esprit faubourien n'a vibré, sifflé, gémi, crié gare, lancé sa blague, comme une boulette de papier mâché, contre le plafond correct !

Enfin !...

De l'autre côté de la glace sans tain, est le grand salon. Une réminiscence de Trianon, cette vaste pièce ovale, avec ses panneaux en treillis de bois doré sur fond de brocard ponceau, et son dôme en miroir, enclos d'une haie de fleurs peintes, dont les branches empiètent et s'échevèlent sur le cristal, comme à la surface d'un lac. Un faisan s'y mire, un singe y gambade; c'est d'une fantaisie délicieuse, cette trouée vers l'infini du rêve, cette suppression du couvercle de plâtre contre lequel la pensée s'assomme et dont elle ricoche parmi les gravats, front cabossé, ailes meurtries !

Une vérandah règne le long des fenêtres, par les baies de laquelle s'aperçoit la mer bleue.

J'y sors — et demeure stupéfiée, croyant à quelque sortilège, à quelque enchantement...

Des roses! Des roses! Et des roses!

Tout le long des piliers supportant le toit, des ceintures de corolles frissonnantes, qui semblent de chair animée! Tout le long de la balustrade, des draperies de feuillage, piquées à l'infini de calices béants, de cassolettes vivantes, comme pour une éternelle Fête-Dieu!

En dehors, sous la bise, il neige — il neige des pétales, des brassées de pétales blancs ou carminés à peine, qui voltigent de-ci, de-là; s'engouffrent par rafales dans la maison; s'agrippent à mes cheveux; s'accrochent à ma voilette; se faufilent sous mon boa; exhalent de tels parfums que je m'en sens pâlir de plaisir.

Et je le comprends, qu'on ne puisse survivre, après avoir aimé ici !

J'ai descendu les degrés qui, de droite et de gauche, mènent au jardin, afin de regarder extérieurement cette merveille, ce coin d'Eden. Entre les branches, au sommet du toit rustique, un écusson de bois peint et sculpté : les armes de la Ville de Paris, le vaisseau mystique qui flotte et ne sombre pas. Et, de chaque côté, une effigie en relief : Saint Denis, patron de la capitale du boulangisme... et encore saint Georges !

Du regard, j'interroge madame Vannier.

— Oui, évidemment, fait-elle avec un sourire. Mais c'est par hasard. Il y a longtemps que le domaine est voué à ces bienheureux-là : mon fils s'appelle Georges, ma fille s'appelle Denise.

Pure coïncidence... mais que de coïncidences marquaient cette maison pour être l'étape dernière du roman prestigieux ! La fatalité trace aussi bien sa croix sur la poitrine des portes que sur le front des hommes.

Nous rentrons au salon. Après, toujours en enfilade, c'est la salle à manger, pas immense, un peu sévère, mais toujours d'un goût très sobre et très sûr. Puis une dernière pièce, dont la fenêtre en loggia touche au porche par où j'ai pénétré (nous avons fait en retour, à travers les appartements de réception, le chemin que j'avais fait, à l'aller, par le couloir de dégagement) c'est un bureau que madame de Bonnemains avait adopté pour y faire son courrier, y travailler un peu, quand sa santé le lui permettait.

Il s'y trouve une sorte de bahut à incrustations magnifiques, véritable chef-d'œuvre de l'industrie française, relique de l'Exposition de 1889, médaillée, primée, couronnée, etc., et qui vaut, comme on dit chez nous, « des argents fous ». Ça me laisse froide — je lui préfère de beaucoup ces deux petits vases à marguerites, où les doigts diaphanes de la condamnée glissaient les œillets envoyés ou apportés de France...

*
* *

L'escalier, inondé de clarté par une baie vitrée sur la cour, large, garni, comme le couloir, de moquette rouge, et tendu de tapisseries, s'arrête au premier étage, qui renouvelle identiquement la disposition du rez-de-chaussée. A droite, au-dessus du cabinet du général, était la chambre de madame de Bonnemains, drapée de peluche sombre comme le fut, plus tard, celle de la rue Montoyer. Elle est sérieuse, et un seul détail y frappe. Au plafond, sur l'or du cartouche central, une branche de laurier, vivace et robuste, élargit ses feuilles avec, en exergue, cette devise : *Semper resurgo.*

Au dessus du grand salon, une chambre: celle du général, disait-on; mais, à la vérité, celle des meilleurs amis. Car le général s'était seulement réservé, de l'autre côté du couloir, un recoin où il avait mis son « bazar» de troupier, un bric-à-brac de l'ancien temps : pistolets, sabres, cartes, théories, etc., qu'il ne permettait à personne de toucher.

Dans la chambre « officielle », rien de remarquable; sinon, au plafond toujours, un immense aigle de majolique, les ailes éployées, d'un beau mouvement. Et, sur la table, un petit masque de bronze — une jeune femme morte, aux paupières closes, au nez aminci — qui lui servait de presse-papier... sans qu'il se doutât, le pauvre amant, que l'amante adorée serait telle quelques mois plus tard ; aurait les traits aussi rigides, le front aussi glacé sous sa main !

La chambre d'après (tendue de cretonne Delft, à dessins indigos sur fond blanc et d'une gaîté toute particulière) était occupée par la maman, — la maman si âgée qu'on choyait, qu'on gâtait ; et qui est aujourd'hui la plus heureuse de tous... puisqu'elle ne sait rien !

Ensuite, vient une pièce tapissée de bleu où logeait mademoiselle Griffith, l'ange gardien, alors comme aujourd'hui, de la vieille mère ; l'amie fidèle de l'exilé ; celle qui pansait l'âme et soignait le mal de la douce pécheresse que cette fille impeccable appelait ma sœur.

Je redescends et parcours le jardin. A chaque pas, mon émerveillement s'augmente; la traîne de ma jupe roule autant de fleurs que de cailloux.

— Regardez, il se reposait là, souvent.

Et, derrière le banc, près d'un buisson de fuchsias où les clochettes vermillonnes mettent une gaîté de fête chinoise, il me semble apercevoir sur le roc une large traînée de sang, une flaque de pourpre où toutes les veines d'un homme se seraient vidées!

La sensation a été si vive, si imprévue que j'ai reculé...

Ce sont les vignes vierges qui se sont barbouillées de lie pour l'automne; qui ont mis ce reflet de sa mort à l'endroit où il vécut, où il rêva, les yeux tournés vers la patrie !

Madame Vannier m'a cueilli toute une gerbe des lis chair qui s'épanouissent sans feuilles, dans le sol de Jersey, et des roses à pleines poignées. Elle me met tout cela sur les bras, alors que je prends congé et la remercie de son cordial accueil.

Je suis sortie par la grille correspondante à celle par laquelle j'étais entrée; et, me retournant pour saluer une dernière fois l'hôtesse charmante, je lis ceci, le cri de ces murailles, de ces arbres, de ces plantes, de cette Terre promise, enfin, vers le couple qui s'en fut mourir loin d'elle :

« Où que tu soyes ne t'oublierai! »

. . . .

A la tombe d'Ixelles, j'ai expédié mon bouquet, ces lis et ces roses — peut-être des baisers tombés qui ont refleuri !...

LA VENTE DU « CONCUSSIONNAIRE »

I

L'INTIMITÉ. — JUPITER A L'ENCAN.

Bruxelles, 24 mars 1892.

Il y a cinq jours, à Paris, une lettre m'arrivait, une pauvre petite lettre de modeste mine, à enveloppe commune, aux jambages titubants. Il ne fallait pas être grand clerc en graphologie pour présumer la qualité sociale de l'expéditeur; sans compter que le cachet de cire noire — précaution naïve — portait une empreinte banale; et que le timbre de la poste traçait en exergue, à divers endroits, cette mention essentiellement faubourienne : rue Alexandre-Dumas.

C'est par là-bas, au diable, du côté des Buttes-Chaumont, dans une zone inexplorée des mondains.

Voilà ce que disait cette lettre, textuellement :

« Madame,

» Depuis trois jours que j'ai vu la vente du général Boulanger annoncée, je remettais de vous écrire, car je crains d'abuser de votre complaisance, mais l'article de M. M... qui s'en moque, et le manifeste de l'extrême-gauche qui le traite de César et de soldat révolté m'a fait oser. Plus on veut le flétrir, plus je tiens à son souvenir.

» Pourriez-vous me dire, madame, comment faire pour me procurer un petit objet quelconque lui ayant appartenu ; étant ouvrière, je ne peux aller à Bruxelles, mais j'ai eu l'idée que peut-être vous irez. Si cela était, madame, et que vous voudriez bien, je vous enverrai un peu d'argent ; et vous m'achèteriez un petit souvenir de l'homme qui a fait des fautes, sans doute, mais qui a été bien trahi et profondément malheureux ; que j'ai toujours considéré comme honnête, et qui avait su ramener l'espoir dans les cœurs français. »

. . . .

Croyez-vous qu'elle est belle de simplicité et de constance, cette lettre d'une plébéienne, d'une tâcheronne, qui s'use les yeux nuit et jour sur sa couture, et pour qui l'aiguille a gardé, sous la lampe, des reflets d'épée ! Croyez-vous que la dernière phrase en est éloquente, que la dernière ligne en est significative, dans sa précision et son laconisme ; que le porte-plume d'un sou trace lapidairement — entre les doigts piqués qui hésitent — le mot de l'énigme... pourquoi cet homme, vivant, fut ainsi suivi ; pourquoi cet homme, mort, est ainsi aimé !

« Qui sut ramener l'espoir dans les cœurs français ! » Cela dit tout, explique tout, justifie tout. Et cette passion de tendresse, qui ne désarme pas ; et cette passion de haine, qui s'acharne sur le disparu, comme une bête puante sur un cadavre !

Pauvre de nous ! Que deviennent notre instruction, notre rhétorique, notre phraséologie, auprès de l'instinct ingénu qui donne le talent à une ignorante, l'éloquence à une timide !

Cela est dur à constater — si dur que j'ai préféré douter, d'abord. Etait-elle authentique, seulement, cette lettre ? N'était-ce point le fruit de quelque sotte mystification, une farce de confrère, un stratagème de littérateur ?

Hé ! non. J'ai fait vérifier signature et adresse — l'une et l'autre sont parfaitement exactes. Si je ne les transcris point, c'est uniquement parce que si la malechance voulait que soit anti-boulangiste, fût-ce un tantinet, le patron de cette fervente, je m'exposerais à lui faire perdre son pain.

Mais je n'ai pas voulu, au compte rendu de l'épilogue qu'est la vente d'aujourd'hui, d'autre introduction que cette lettre d'une sincère, d'une obscure... l'humble femme qui, dans son logis de Charonne, met encore refleurir, en un verre de foire — riez, ô vainqueurs ! — la fleur de revanche des sans-espoir : l'œillet couleur de flamme et couleur de soleil !

*
* *

Les enchères ont été ouvertes, ce matin, à dix heures et demie, dans la petite cour qui, derrière, sépare l'hôtel des communs ; la cour plantée à gauche, le long de la paroi, d'une lignée d'arbres jeunets, hauts comme des cannes de tambour-major, et que Boulanger me désignait d'un geste ironiquement las, à mon avant-dernière visite : « Tenez, le « jardin anglais » dont on a tant clabaudé !.. »

On ne le voit plus, aujourd'hui, le « jardin anglais ». Les murailles ont été palissées de planches ; entre la pierre et le bois, les arbustes étouffent, demeurent captifs. Un toit provisoire, en lames de sapin, en forme de chalet, garantit de la bise et de la pluie, des giboulées et des grillades, de toutes les intempéries du fantasque renouveau.

Un écriteau, cloué à la solive, au fond, presque contre la porte de milieu des communs, dit le nom de l'éphémère constructeur : P. Smet, menuisier, boulevard d'Anderlecht, 68, Bruxelles. De retour vers la porte, en ligne droite, des lustres sont accrochés : un petit d'abord, en cuivre jaune, à becs rares, presque semblable aux lampes à sept branches des Hébreux ; puis un autre, davantage important, d'une banalité surprenante, en cristal incolore, ruisselant de girandoles ; et, enfin, le troisième, encore plus volumineux, pareil, comme métal et comme nuance, au premier. Parallèlement, de chaque côté, un trio de lampes à pétrole et à abat-jour réflecteur (administratives celles-là), sont suspendues.

Contre le mur de droite — qui continue la paroi du porte-rue, par lequel accède directement le public — se rangent les assistants, debout. Face à eux, à deux mètres du mur de gauche, s'étend, tout le long (de la première issue des écuries à la maison), le comptoir qui sépare les employés des acheteurs ; sur lequel se fait l'exhibition des objets ; et que domine, à son milieu, la chaire de M. Demolle, le commissaire-priseur. Le centre de la cour est rempli par des chaises qu'occupent des dames belges, ménagères économes, à l'affût d'une « occasion ».

La palissade de droite est recouverte par : 1° Une tenture de lit debout, et une fenêtre en cretonne de Jouy, claire, à dessins légers et neutres : 2° Deux portières, une fenêtre, une tenture de lit debout, une fenêtre encore, en andrinople rouge, encadrée de bandes blanches où voltigent des fleurettes. Ceci garnissait la chambre à coucher de madame Boulanger mère — la chambre du premier étage où l'octogénaire buvait, le 1er octobre, au bon voyage de son fils ; reprochant aux amis la tristesse ambiante... alors que son « petit » reposait dans la pièce à côté, le cœur stagnant, la tempe trouée.

A la palissade de gauche, sont appliquées trois fenêtres de velours grenat, dont deux à crépines d'or.

— Hé ! quoi, c'est là tout ce luxe, le capitonnage de ce nid, le ouatage de cette Capoue ?

Mon Dieu, oui, c'est tout ! Le grenier de Jenny l'Ouvrière en avait moins, certes ; mais celui de M. Jules Simon en a, pour sûr, davantage. Accroché, harmonisé par le goût d'une femme délicate et élégante, cela constituait un somptueux trompe-l'œil. Décroché, enlevé aux contrastes, tripoté par des mains vulgaires, ce n'est plus qu'étoffes quelconques, très modeste cadre d'existence à peine aisée.

Et l'hôtel ! C'est maintenant qu'on en voit l'exiguïté ; en ne subissant pas l'impression d'agrandissement que devrait donner la disparition du contenant. Il n'y reste pas un clou ; et ma sensation d'il y a huit mois s'en augmente : c'est une gentille demeure d'artiste de l'avenue de Villiers ou de la Villa-Saïd.

Mais que le voilà donc lugubre, ce logis jadis si fleuri ; ce théâtre du dernier naufrage, où rien ne bouge, rien ne palpite, rien ne bruit — que le brouhaha de cette foule indifférente, dont chaque vague, en se retirant, emporte un morceau de l'épave, fait davantage encore le vide et le néant!

*
* *

De l'intérieur de la maison, l'on grimpe par quelques marches provisoires, à hauteur de la fenêtre du secrétariat donnant sur la cour; et l'on en redescend par un semblable perron de planches, dans l'enceinte réservée aux vendeurs, derrière le comptoir dont j'ai précédemment parlé.

Là, se tiennent quelques privilégiés, des représentants de la presse locale, les envoyés des journaux de Paris. On commente un peu — pas trop, ce n'est que le premier jour — l'absence des fidèles de l'ancien temps, des séides qu'a dispersés la fortune adverse, comme un coup de fusil tiré à poudre éparpille une volée de moineaux goinfres et capons. Pas un visage connu, dans l'auditoire! Déroulède et Richard, sérieusement empêchés, se sont fait représenter par Zunc, le président des comités révisionnistes de Neuilly. Mais les autres? Où sont-ils? Où sont leurs mandataires?

Çà et là, pourtant, des physionomies françaises surgissent. La plupart de ceux à qui elles appartiennent sont vêtus plus que modestement; ont voyagé en troisièmes; perchent le diable sait où! Mais une ardeur incendie leurs prunelles, et l'œillet flambe aux revers râpés, comme le jour des obsèques de madame de Bonnemains, comme le jour des funérailles du Général! Ce sont des gens des comités, des « quelconques » des dévoués, des inconnus! Ils regardent, avec des yeux d'affamés, passer des choses chères que les blasés s'offrent par distraction; ils éprouvent la réelle douleur que ressentaient les chrétiens d'autrefois, à voir tomber les reliques en mains d'infidèles. Ah ! s'ils pouvaient !...

La vente, cependant, n'est pas très passionnante. Depuis ce matin — il est près de trois heures — on liquide la batterie de cuisine, la vaisselle, la verrerie, le linge de table, les lampes, les écrans, l'argenterie.

L'argenterie ! Encore une fable qui rôtit au feu des enchères ! Les trois quarts du service, du fastueux service où se complaisait le « soldat parvenu » (pour ne pas dire tout) sont en Ruolz, en beau Christophle tout battant neuf ! Et dire que ceux qui ont le plus tenacement contribué à propager ces potins d'office sont les mêmes qu'a tant indignés un identique mensonge : l'histoire de la baignoire d'argent de Gambetta ! C'est gentil, l'équité, en politique...

Métal blanc ou blanc métal, ça s'achète comme du pain ; les notables bruxellois s'emballent à la vue de tant de « trésors » ; les petites cuillères succèdent aux grandes fourchettes, les couteaux aux coquetiers. Notre confrère du *Figaro*, Chincholle, cède à l'entraînement général. Il se surcharge d'ustensiles, de bibelots ; mais il trouve moyen, le malin, de faire deux emplettes intéressantes : le plateau sur lequel on apportait la correspondance — s'il pouvait parler, celui-là ! — et une tasse à déjeuner très ordinaire, en porcelaine bleue et blanche, qui servait successivement, le matin, à madame de Bonnemains et au général.

C'est presque la coupe du roi de Thulé ! Quand *Elle* mourut, *Lui* noua, à l'anse, une touffe d'œillets... et plus jamais nul n'y but !

*
* *

Il s'en faut que ce soit une sinécure, ici, l'emploi de commissaire-priseur ! Le crieur n'existe pas ; c'est le commissaire lui-même qui prononce la mise à prix, suit l'encan, proclame les surenchères — et, cela, de dix heures et demie à quatre heures et demie, *sans interruption !*

La formule est singulière : « Personne de mieux que trois francs ? Quatre francs... cinquante ! Cinq francs ! Personne de mieux que cinq francs ?... Sne ?... » Cette bizarre syllabe, ces deux consonnes précédant la voyelle, et dénuées de sens, m'avaient tout d'abord ahurie. Etait-ce un terme de patois flamand, une onomatopée professionnelle — ou une particulière infirmité? On m'a expliqué le rébus. « Sne » est la réduction à sa plus simple expression du mot « Personne », une abréviation vraiment étonnante : « Personne de mieux que six francs... personne ?... Sne ?... »

Tandis que M. Demolle s'époumonne, que l'auditoire fait ses emplettes, une réflexion me parvient, à travers le tumulte : « Si tous ceux qui ont mangé là-dedans venaient pousser à la vente, elle monterait dur ! » C'est un homme de Paris qui a dit cela ; avec un accent d'amère rancœur.

Et c'est aussi l'avis de la petite femme de chambre brune, qui, sa fillette serrée contre elle, regarde avec désolation s'émietter l'intimité où elle vécut quatre ans bien traitée, chez des maîtres affables et affectueux. Elle les a ensevelis tous deux, successivement, Catherine Colleon ; et quand on parle soit de l'un, soit de l'autre, de grosses larmes descendent sur ses joues.

Sa mission de gardienne des scellés est terminée ; elle s'en va, la pauvre créature, chercher un autre sort. Ici, on lui a offert des places, de bonnes places. Mais elle veut quitter le pays où ceux qu'elle aimait sont morts ; et, sans retourner dans l'Isère, son département d'origine, se reperdre dans le tourbillon de Paris. Elle n'oubliera pas — celle-là aussi est une dévouée! — seulement, son chagrin, le temps aidant, s'atténuera peu à peu.

Du secrétariat, où je l'interroge, toutes les paroles dites dans la cour nous parviennent ; et à chaque instant le nom de M. Max intervient, comme acheteur.

— Savez-vous qui est ce M. Max ?

— Oui, madame, c'est un Anglais qui est venu, pour le compte d'un tas d'Anglais. Et il ramasse tout ce qu'il peut.

A ce moment, une grosse rumeur s'élève, des déplacements de sièges, des trépignements... C'est *Jupiter* qu'on amène, le cheval d'armes du général. Celui-ci a, l'on s'en souvient, légué *Tunis*, le coursier noir désormais historique qu'il monta le 14 juillet 1886, à son ami, M. Barbier — le propriétaire du fameux landau marqué B, attribué si charitablement à toute personne dont l'obligeance pouvait compromettre Boulanger.

Jupiter, sous sa housse de drap bleu liséré de jaune, fait des grâces, encense, frémit des naseaux. Son œil, vraiment superbe d'expression et d'éclat, s'illumine de contentement à voir tout ce monde... c'est sa dernière manifestation, à lui !

Et des dévots le caressent respectueusement du bout des doigts, en lui disant tout bas des choses que nul n'entend. Même, un vieil homme l'embrasse, dont les paupières rougissent soudain.

Que va-t-il devenir, *Jupiter*, le noble animal?

Va-t il tomber entre les pattes d'un maquignon avisé, qui le revendra à quelque excentrique? Va-t-il, plus déchu encore, être la proie d'un éhonté barnum, qui le traînera de cirque en cirque, le montrant pour de l'argent?

Un petit frisson passe; tous ceux qui ont l'amour et

le respect du « cheval » ont la gorge serrée... La mise à prix, de vingt-cinq francs, a sauté à cinq cents.

Mais une joie, soudain. Celui qui couvre chaque enchère est un Français, jeune, élégant, l'aspect cordial et sympathique. Il veut la bête, il l'aura — il l'a!

A dix-neuf cents francs... adjugé!

C'est le vicomte de Bois-Lucy, 5, rue du Marché, à Neuilly, qui est l'acquéreur, et promet que le sort de *Jupiter* est désormais fixé. Ses compatriotes sont contents, et il reçoit quelques vigoureuses poignées de main.

*
* *

Ensuite, on vend les voitures : 825 francs, le coupé; 550 francs, le landau; 850 francs, la victoria. Tout cela est acquis par le Tattersall de Bruxelles.

Après, c'est le tour des harnais, des livrées, des objets d'écuries. Une garniture de stalle, bien modeste, mais jolie comme tout, en paille tressée de galons de laine tricolores, est adjugée cinq francs à un assistant qui semble un Parisien, et doit avoir des raisons personnelles d'y tenir.

Encore quelques objets, et c'est fini — pour aujourd'hui. Demain, les meubles; vendredi et samedi les livres, tableaux, dessins, objets d'art.

Seuls, les épées, les fanions, les drapeaux, tout ce qui était particulier à la carrière militaire du général, a été soustrait par Me Fontana, notaire de la famille, à la curiosité publique. C'est une preuve de grand tact, dont on lui sait gré.

Cette première vacation a produit 11,406 francs; l'expertise n'avait compté que sur 8,000 francs. Puisse cette différence se maintenir et même augmenter! Elle en a besoin, la mère du « concussionnaire », la pauvre

10.

aïeule, à l'intention de qui cette vente est faite; qui n'aura que cela pour toute ressource, pour tout bien!

Mais si l'on avait dit que le « ménage » et l'argenterie du général seraient bazardés pour onze mille francs, auraient-ils levé assez haut les épaules, quelques-uns des adversaires? Ils auraient demandé si on se moquait d'eux, positivement.

Comme nous allions quitter, une femme qui était là depuis le matin et n'avait rien acheté, une femme en habits d'ouvrière, a ramassé tout son courage et s'est approchée, rougissante jusqu'à la racine des cheveux, bégayant d'émotion.

— Je ne suis pas riche, je n'ai pas pu, c'était trop cher... Cependant, je voudrais tant avoir quelque chose de *Lui!*...

Elle a dit que c'était pour sa petite fille, mais ce gros mensonge-là avait bien de la peine à sortir. Et on lui a donné ce qu'elle souhaitait si ardemment : un œillet rouge artificiel qui ne valait guère plus d'un centime. Elle est partie rayonnante, tenant sa fleur à deux mains comme les premières communiantes tiennent leur cierge...

J'ai été au Tattersall dire au revoir à *Jupiter*, le complimenter à mon aise. Il part ce soir pour Paris.

En revenant, rue de Spa, nous avons rencontré les trois voitures qu'on emmenait à bras : victoria, landau, coupé. Je me suis arrêtée pour suivre ce dernier du regard — c'est là-dedans que le général escorta, le 20 juillet, jusqu'au cimetière d'Ixelles, sa douce amie, Marguerite de Bonnemains; c'est là-dedans qu'on le ramena, mort, du même cimetière, le 30 septembre... il y a de son sang sur les coussins!

Ah! tristesses des choses humaines, néant de tout!

LA VENTE DU « CONCUSSIONNAIRE »

II

MEUBLES ET TENTURES

Dimanche, 25 mars.

Comme hier, la séance d'enchères a été ouverte à dix heures et demie rue Montoyer; comme hier aussi, elle a été terne — et fructueuse.

J'ai seulement remarqué aujourd'hui, collée extérieurement au chambranle de la porte-cochère, la large affiche verte annonçant l'événement aux amateurs de Bruxelles. On dirait un placard électoral; elle rappelle à s'y méprendre, comme format, comme disposition, comme couleur, une des professions de foi dont Paris s'éveilla couvert, aux approches du 27 janvier.

Trois avis sont appliqués à l'intérieur : l'un qui détermine la date et la nature des quatre vacations; l'autre, qui interdit aux commissionnaires l'entrée de l'hôtel; le dernier, qui prie les visiteurs de ne point toucher aux objets exposés.

Ce sont les meubles, petits et gros, que l'on détaille aujourd'hui. Les plus légers, l'un après l'autre, sont hissés sur l'estrade, adjugés, passés à leur nouveau maître. Celui-ci, volontiers, les essaie tout de suite ; repousse la chaise publique sur laquelle il était campé et s'installe, en propriétaire, sur le siège acquis. Il est des poufs bien vexés, des fauteuils bien humiliés — l'un, même, n'a pu se contenir : ses sangles ont éclaté d'indignation !

Le public est, cependant, d'une toute autre catégorie que celui d'hier. Peu de brocanteurs, moins de ménagères; quelques jolis profils se détachent sur la masse noire, délicatement, et des élégances surgissent. Du mouchoir, tiré hors la poche, une bouffée de parfum s'exhale; et des touffes de violettes expirent délicieusement sur la fourrure des manchons.

De l'assistance antérieure ne demeure que la partie intéressante : le bataillon sacré des fidèles, solide au poste; le premier arrivé, le dernier parti. Tant qu'il restera un chiffon dans la maison, ils seront là ; et il faudra que les paternes agents de la police belge les refoulent dehors, doucement, pour qu'ils se résignent à définitivement sortir... « S'il vous plaît, va-t'en, monsieur, on va fermer la place. Faut pourtant être raisonnable, pour une fois? »

La porte sera close; on accrochera l'écriteau : *A louer* — et tout sera dit !

*
* *

Le mobilier du salon (du salon de la rue Dumont-d'Urville qui vit tant de choses !) les trois fenêtres de satin ponceau relevé de velours frappé, les canapés, chaises, etc., recouverts pareillement, ont été vendus 3,000 francs. Là-dessus, là-dessous, se pavanèrent les invités au mariage de Marcelle Driant, la fine blonde aux yeux fleuris que son père tant aima!

Si l'on secouait les tentures, il en tomberait des serments de fidélité avortés dans le cocon, comme des mites! Si l'on battait les coussins, il s'en envolerait autant de paroles trompeuses que d'atomes de poussière dansant dans le soleil!

Le général en eut sa part. Il manqua de netteté, souvent, envers ses vrais amis — je l'ai assez dit, assez écrit jadis, aux autres et à lui-même; je l'ai assez ouvertement proclamé sous son « règne », pour avoir le droit de le répéter aujourd'hui. Mais, lorsqu'il fut à terre, vaincu, humilié, désarmé, réduit à l'impuissance, le manque de générosité du vainqueur, l'acharnement féroce qu'on mit à l'achever, les défections inqualifiables de ceux qui lui devaient tout, provoquèrent, dans les âmes miséricordieuses, une inévitable réaction. On ne distingua plus ses fautes, sous les pierres, les immondices, dont elles avaient été recouvertes — et, par la pitié, les cœurs les plus ulcérés, les esprits les plus hostiles lui revinrent!

Il ne faut pas chercher ailleurs que dans une révolte de compassion cette popularité posthume où figurent des gens qui, comme moi, demeurèrent indifférents à l'autre — celle de la *Grande soupière!* Cet homme fut trop salement injurié: cet homme fut trop abominablement trahi... voilà, à mon sens, ses deux invincibles séductions. Elles datent de la défaite, et sa volonté n'y fut pour rien; ce sont (ironie vengeresse du sort, juste revanche des persécutions outrancières!) ses ennemis mêmes, adversaires implacables ou partisans renégats, qui les lui ont données!

Il m'y faut ajouter une autre, et celle-là, pour nous, femmes, prime tout le reste : il aima jusqu'à en mourir!... Ah! que la politique semble donc misérable petite ordure, auprès du drame intense où palpite la douleur humaine, où la passion intervient — l'amour, maître des mortels et des immortels; qui, pour tous ses vassaux, n'a qu'un même tourment; fait pleurer le charbonnier dans sa boutique et le roi dans son palais!

Aimant, il fut aimé. Et je demeure grave toujours devant ces élans d'adoration où se complaît la foule. Il est trop niais de les déclarer, du haut de sa sapience, injustifiés; et, pour tout argument, de montrer le poing à l'idole. Peut-être vaudrait-il mieux respecter en elle ce qui est infiniment respectable : l'affection, l'espoir des humbles... et chercher à tuer le mal dans sa cause plutôt que dans son effet!

Tant que la racine est en terre, l'herbe repousse. gare à l'avenir!

*
* *

Ces réflexions s'échangent, entre inconnus, dans l'auditoire; et les deux courants de vente établissent clairement les deux courants d'esprit. Les acheteuses recherchent des bribes d'amour : ce qui a appartenu à Marguerite de Bonnemains, des miettes d'intimité. Les partisans, au contraire, s'en tiennent aux objets exclusivement à l'usage du général. Son lit de camp est adjugé 15 francs; son foyer de bureau 30 francs; un fauteuil d'osier drapé de cretonne qu'il affectionnait, 22 francs.

Entre temps, des anomalies curieuses. Sa grande table de travail, la massive table de chêne qui figurait à l'hôtel des Champs-Elysées, et sur laquelle tant de signatures ont été apposées, tant de documents ont flâné, tant de traités ont été conclus — cette table-là est devenue, moyennant 190 francs, le bien d'un notaire, M. Teymans. Un notaire ! En voilà une qui en pourra faire, des réflexions, pour peu que le goût des aventures lui ait pénétré les fibres! Adieu paniers, vendanges sont faites! C'est l'entrée dans la régularité — presque l'entrée en religion, pour meuble !

Une bibliothèque tournante, octogone et haute, est cotée 140 francs et trouve immédiat acquéreur. Une causeuse à deux places, en forme d'S, vannerie chiffonnée de cotonnade, est payée 14 francs.

Puis, le commissaire-priseur, suivi de ses clients, se transporte à l'étage au-dessus, par cet escalier aux parois de stuc blanc que j'ai gravi, une première fois, pour saluer la morte inconnue dont le cercueil disparaissait sous les fleurs; que j'ai remonté une autre fois pour revoir, en la même pièce, un second cercueil — drapé de tricolore, celui-là, et que l'Eglise a refusé de bénir !

*
* *

Dans la grande salle à manger, aux murs vert-pâle rehaussés de reliefs clairs, les gros meubles de chêne sont restés. Aux enchères, ils atteignent : le buffet à crédence, 375 francs ; la servante, 150 francs ; la table à coulisse, 160 francs ; une petite étagère, 50 francs. Les vingt chaises de maroquin grenat à clous d'or trouvent amateur à 26 francs pièce. Mais cette vente est conditionnelle ; et l'on fait bien, puisqu'après total général il se trouve quelqu'un pour renchérir, et que le tout est adjugé, en bloc, pour 1,400 francs. Cela en vaut 3,000, au bas mot.

Ensuite, le foyer est vendu 34 francs ; les quatre appliques à gaz de cuivre jaune, à cinq branches, 60 francs pièce.

On traverse le salon, celui où Boulanger, voûté comme un vieillard, les mains fébriles, le regard fixe, la voix cassée, dit adieu aux quinze amis de France (quinze, vous entendez bien !) venus pour escorter la disparue.

— Merci, merci, balbutiait-il. Et, tout à coup, son front s'abattait sur une épaule, des sanglots convulsifs lui secouaient le corps.

Il est sinistre, dans sa gaieté, dans sa clarté, dans sa tonalité blanche, ce salon où rien ne demeure d'autrefois, que deux sur trois des draperies de fenêtres, celle du milieu ayant été descendue sous le hangar, à titre d'ééchantillon.

Mais on se rend dans la petite pièce voisine : une sorte de boudoir. Les tentures qui la garnissent, une paire de croisées, et une immense portière de damas brique, strié jaune, sont réglées à 260 francs.

Par le palier traversé, nous voici dans la chambre à coucher du général... Les draperies sont semblables à celles qui tendaient la pièce réservée à sa mère : andrinople rouge encadrée de bandes écrues semées de fleurettes. L'ameublement est en pitchpin, très simple. L'ensemble donne l'impression d'une chambre d'ami, aux bains de mer ou à la campagne.

Le lit est adjugé 185 francs; l'armoire anglaise à tiroirs et glace de côté ne dépasse pas 123 francs.

Et c'est tout — tout ce qu'il y a d'intéressant du moins, car des tas d'escabeaux, de tabourets, de divans, de coussins, de toilettes, ont été mis en vente au cours de la journée. Seulement aucun de ces meubles n'avait d'histoire, aucune particularité ne s'y rattachait ; on ne se les est pas trop disputés, et le prix n'est pas sorti de l'ordinaire.

La vacation d'aujourd'hui, jointe à celle d'hier, donne un total de 27,316 francs. Le passif (qui s'élevait à 16,910 francs) est donc couvert; mais il reste, en tout et pour tout, la différence — soit 10,400 francs — pour assurer l'existence de la mère du général.

On espère en demain, en après-demain, où les objets d'art: tableaux, bustes, dessins, aquarelles, panoplies, livres, et précieux souvenirs, vont corser l'intérêt des opérations.

Et quand on pense que celle pour qui cette chose est faite ignore encore le décès de son fils; s'inquiète de son retour avec espoir; et gronde cette sainte qui a nom Mathilde Griffith, parce que la jeune femme ne parle pas assez gaiement de *Lui !*

LA VENTE DU « CONCUSSIONNAIRE »

III

ŒUVRES D'ART, ARMES ET BIJOUX

Lundi, 26 mars.

Aujourd'hui, le hangar de la rue Montoyer a changé d'aspect. La lumière crue qui tombe, par les six grandes lucarnes vitrées du toit de planches, n'éclaire plus le pêle-mêle de bric-à-brac qui s'y amoncelait mercredi, lors de l'ouverture, ni le tohu-bohu de meubles qui s'y entassait hier.

Les rideaux de fenêtres et d'alcôve ont disparu. La paroi de droite, celle qui continue le porte-rue, demeure vide, nue, sans un clou ni un bout d'étoffe. Mais au fond, face à l'hôtel, masquant l'entrée de milieu des communs, l'immense portrait équestre du général Boulanger attire tous les regards. C'est celui que fit Debat-Ponsan, au lendemain de la revue du

14 juillet 1886, celui qui figura au Salon des Champs-Elysées.

Campé sur *Tunis*, le cheval noir de légende, le jeune ministre de la guerre salue la foule. Ses spahis l'escortent, et, dans l'éloignement, à l'horizon, s'esquisse le moulin de Longchamps — le moulin joli par-dessus lequel la France jeta, ce jour-là, son bonnet phrygien, pour le béguin nouveau dont elle était coiffée !

Mais celui dont elle arbora la cocarde était un sentimental, un respectueux, en dépit de ses allures à la houzarde; effeuillant la pâquerette, plutôt que la fleur d'oranger; violant les convenances, pas les Constitutions — et la belle fille ne lui pardonna point d'avoir été godiche, de ne l'avoir pas quelque peu forcée...

A droite du portrait, en le regardant, est une *Nature morte* de P. Gallibert : un poulet sur une table de cuisine. En pendant, de l'autre côté, une bergerade de l'Ecole française, genre fin dix-huitième siècle. Au-dessus de la porte de l'écurie, un lambrequin de verdure au petit point.

Sur la paroi de gauche, derrière l'estrade du commissaire-priseur, des panneaux de tapisserie sont tendus, et quatre panoplies sont accrochées. La première est moderne : casque et cuirasse de cuirassier, sabres et pistolets de cavalerie. La seconde, la troisième sont d'armes moyen-âge, mais d'un « moyen-âge » excessivement contemporain. La dernière — près du perron réservé qui change en porte la fenêtre du secrétariat — est autrement intéressante. Elle est composée exclusivement d'objets d'origine allemande : casques à pointe, courts pistolets ornés de cuivre, baïonnettes, etc.

Le long du mur, parallèlement au comptoir (qui sert, aujourd'hui seulement, de barrière entre le public et les vendeurs), un autre comptoir s'étend, sur lequel sont disposés les céramiques; les bijoux; les rares pièces en argent « vrai » ; un faisceau dénoué de yatagans, cimeterres, fusils arabes, que l'on va, tout à l'heure, se disputer.

Enfin, contre la quatrième paroi — l'envers de la maison donnant sur cette cour changée en salle de ventes — sont suspendus trois cadres dans l'ordre suivant : 1° un paysage de E. Marot : des moutons que ramène leur berger; 2° le portrait du général par E. Bœtzel, grand dessin au fusain, qui fut exposé aussi au Palais de l'Industrie en 1886; 3° une copie de la *Cruche cassée*, de Greuze, de mêmes dimensions que l'original.

Et c'est tout; les enchères vont commencer.

*
* *

Elles débutent par une série de photographies, eaux-fortes, gravures, souvenirs sans aucune espèce de valeur pour le commun des mortels, mais qui émeuvent aux larmes les *Ligueurs* présents.

C'est que chaque objet leur rappelle une date, un effort, un incident; ils font leurs choux-gras de ces vétilles pas chères — et beaucoup, je le vois bien, essaient de ravoir ce qu'ils ont donné.

On remonte ainsi du n° 58 au n° 34 du catalogue; sans qu'il y ait rien d'autre à noter que les deux héliogravures sur soie, de J. Goliard, et l'eau-forte (portrait du général, toujours !), par Belleuvret, qu'a achetés le correspondant de l'*Intransigeant*, Deneuvillers. Les héliogravures surtout sont curieuses, avec leur nuance rose-pâle imprimée de noir. C'est le menu d'un dîner que la *Ligue des Patriotes* offrit à Boulanger. Il signa le sien... et vous pensez si on l'a racheté !

Chincholle, lui, continue à stupéfier la Belgique par ses prodigalités. A vrai dire, il a été prié, par un tas d'amis, de faire leurs emplettes; il est « chargé d'affaires » à sa façon — et il s'en acquitte avec un zèle qui enthousiasme les Bruxellois !

Il a acheté une eau-forte de Jacque; il a acheté deux autres eaux-fortes encore : *La meute*, et *La curée*. Mais n'anticipons pas sur ses acquisitions !

Le numéro 34 est bizarre. C'est un portrait de plus en plus équestre du général, signé André Laroudie, et exécuté en cheveux ! Ça n'est pas plus vilain qu'autre chose, moins même, d'une patience touchante... et ça se solde quarante-cinq francs.

Une aquarelle de la *Revue de 1886*, par Edmy, mais impersonnelle alors, vue de loin et de haut (comme ces batailles de Louis XIV, qui ressemblent tant aux macédoines de légumes avant qu'on les ait battues), atteint 150 francs.

Un émail de Charlotte de Vernon — portrait à mi-corps du ministre de la guerre en grande tenue — est adjugé 75 francs.

Les œillets rouges se débitent comme pommes au marché: ceux en gerbe, de Pauline Astruc, trouvent amateur à 50 francs, ce qui n'est pas cher, car ils sont vraiment jolis; ceux en bouquet, de Jean Camme; ceux en poignée, de Marie Kekler, sont payés 26 et 65 francs.

La Porte de Tunis, aquarelle signée P. Pascal, 1885, est acquise par un tiers pour le compte du capitaine Driant. Coût : 80 francs.

Le fusain de Bœtzel, presque grandeur nature, dont j'ai parlé au début, ne dépasse pas 110 francs. Une aquarelle de Detaille : *En observation*, monte jusqu'à 540 fr.

Deux paysages de Carl Rosa, chaleureusement dédiés : *Torre de los Moros (Granada)*, et le *Village de*

Bennecour (Bords de Seine), atteignent facilement 150 et 160 francs. C'est M. Le Senne, le député, arrivé ici de ce matin — et qui représente ses collègues Dumonteil, Le Veillé, Millevoye, Revest — qui s'en est, pour son propre compte, rendu acquéreur.

Une *Nature morte* (la volaille que j'ai signalée au début) se vend 35 francs; les *Berger et Bergère* du dix-huitième siècle, 90 francs. En face, le *Troupeau qui rentre* grimpe à 170 francs; la *Cruche cassée* à 140 fr.

Et, parmi une poussée de foule, une violente rumeur, M. Demolle, le commissaire-priseur, met aux enchères l'énorme toile de Debat-Ponsan.

— A combien le portrait du général Boulanger, Ministre de la guerre en France, Député de la Dordogne, du Nord, de la Charente, de la Somme et de Paris?...

*
* *

Il s'est adjugé 800 francs... le prix du cadre! Son possesseur nouveau est M. Doyen de Vitry, 8, avenue de la Couronne, un notable Bruxellois.

Et tandis que les pèlerins des comités boulangistes se mordent les poings de rage — d'être si pauvres et que le tableau ait été si grand! — on procède à la vente des tapisseries. Elles deviennent, pour 3,700 francs, le bien d'un Français : M. Graux-Marly, de Bièvres.

Les deux bustes : celui, en marbre blanc, du général, par Croissy ; celui, en terre-cuite, de l'Alsace, par Maulbach, trouvent preneurs : le premier à 310 francs, le second à 75 francs.

Ensuite, se sont vendues les armes. Presque toutes ont été achetées en sous-main par M. Driant ; sauf le sabre arabe payé 55 francs par un de nos compatriotes, M. Goffaud ; et les deux panoplies « moyen-âge » qui sont parvenues, le diable sait comme, l'une à 100 francs, l'autre à 270 francs!

L'épée d'honneur — la seule qui figurât au catalogue — a été acquise 275 francs par le mandataire de mademoiselle Griffith. Une autre épée, évaluée 140 francs, est désormais la propriété d'une des plus dévouées amies du général, une Parisienne, madame Lefèvre.

C'était le tour de l'argenterie... la fameuse argenterie du « concussionnaire » ! Elle se composait de sept pièces, toutes offertes — dont la dernière, entre autres, par deux cent quarante-cinq mille personnes : la médaille de député.

Elle a été conquise, pour 260 francs, au milieu de timides et fiévreuses enchères, par un bonhomme qu'on m'a dit depuis agir pour le compte de M. Alfred Edwards, le directeur du *Matin*. C'est M. Waroqué, membre du Parlement belge, directeur des charbonnages de Marimont, qui a emporté haut la main la coupe en argent de la *Ligue des Patriotes*. Quand on l'a tirée de sa gaine, des gens se sont levés, tendant les bras. Il a fallu la promener dans l'assistance, sous demande de la mieux voir. Mais, comme l'autre jour, pour *Jupiter*, de gros doigts l'effleuraient dévotement, et des hommes demeuraient silencieux, les yeux baissés, les joues pâles, après qu'elle avait passé...

Le millionnaire belge a dû la payer 850 francs; et la Ligue a lutté comme un archange, pour ravoir ce souvenir offert par elle, à l'issue du banquet de Lemardelay, en 1888.

L'autre coupe, en vermeil celle-là, bien plus grande, bien plus riche! — mais sans âme — n'a pas dépassé 300 francs. La paire de pantoufles de femme en argent ciselé, ravissantes et naines comme les mules de Cendrillon, ont été allouées pour une bouchée de pain :

170 francs. Une mignonne cafetière s'est adjugée 155 francs; deux salières doubles à godets de verre bleu, 120 francs ; un porte-verre avec cuillère, 65 francs.

Et la bataille des bijoux et des céramiques a commencé !

*
* *

Elle a été rude, non que les objets valussent beaucoup intrinsèquement, mais parce la passion s'en mêlait. Un de nos confrères de Londres, opérant d'après les instructions de lord Clomwell, pair d'Angleterre, a fait une terrible concurrence au bon vouloir français. La jolie Kanjarowa, l'étoile de l'Alcazar bruxellois, enchérissait aussi avec ardeur, et achetait, achetait, achetait !...

Cependant les amis de l'ancien temps ont pu recueillir quelques reliques, d'autant précieuses qu'elles étaient plus intimes. M. Le Senne, pour Millevoye, a acheté l'épingle à l'œillet, or émaillé de rouge à cœur de brillant, prix : 85 francs. M. Deneuvillers, pour 42 francs, a acquis une épingle d'argent, pièce romaine; deux autres, presque identiques, la première au nom de M. Revest, la seconde pour M. Paul Lenglé, ont coûté 28 et 55 francs. Quelqu'un, pour M. Denécheau, a payé 75 francs l'épingle à chapeau de général, panaché d'un œillet et cocardé de tricolore. Une bague chevalière a été acquise 40 francs par Zunc, le président des comités révisionnistes de Neuilly. Enfin, Chincholle, pour 55 francs, a fait emplette d'une paire de boutons de manchettes d'or, à jours.

Les autres bijoux ont été adjugés à des indifférents ; je le crois, du moins. Voici les prix des principaux objets : la chaîne de montre avec cachet en or anglais et médaille de Saint-Georges, 195 francs; deux boutons de manchettes formés de pièces d'or à l'effigie de Saint-Georges et s'ouvrant comme des médaillons, 140 francs ; l'épingle en étoile, brillants, rubis et saphirs, chiffrés d'un 13 au centre, 100 francs; trois perles fines pour plastron de chemise, 180 francs, etc.

Un camelot de Bruxelles s'est offert, en mémoire de celui qui fut vraiment le bienfaiteur de la corporation, un magnifique fume-cigare d'ambre cerclé d'or, vierge d'usage. Il a sorti de sa poche, pour cela, 105 beaux francs. « Toute ma fortune, a-t-il dit... mais je ne la regrette pas ! » Et il se promène depuis tantôt, fier et glorieux comme Artaban, son brûle-mégot au bec !

M. Paul Lenglé a fait, lui, un achat bien énigmatique : un étui à londrès en maroquin noir, orné d'une applique d'or — Saint-Georges, évidemment ! Il a payé 65 francs ce bibelot tout battant neuf, dont jamais on ne s'est servi; et qui a, aujourd'hui, très certainement, fait connaissance avec le tabac, pour la première fois. Mais le bizarre de l'affaire, c'est qu'au verso, dans un angle, se détache ce rébus : trois petites fleurs de lis d'or surmontées d'une couronne royale. Les trois fleurs sont là pour figurer les trois étoiles, je comprends bien ; seulement, la couronne me chiffonne ! Ceci est sûrement l'hommage — l'hommage dédaigné — d'une grande dame, d'une très grande dame, dirait Buridan !

Mais quelle naïveté que croire le général capable de travailler pour un autre ! Il n'en avait ni la volonté... ni le pouvoir !

*
* *

Pas grand'chose à remarquer dans les céramiques. Une buire et son plateau fond bleu, à décors de fleurs et d'oiseaux, 100 francs; deux jardinières sur socles ajourés, en terre émaillée, 130 francs ; une vasque sur trépied à têtes griffues de lion, 140 francs.

Lord Clomwell a payé 75 francs un admirable vase à œillets en relief et inscriptions, signé G. Mortreux ; un grand porte-bouquets décoré des mêmes fleurs, avec initiales G. B., a été acquis par Chincholle (encore !) pour notre confrère Calmettes, du *Figaro*, moyennant 42 francs ; une autre pièce a été achetée par M. Le Senne, au compte de M. Le Veillé, ainsi qu'une statuette en biscuit, 1830-1848, réglée 70 francs, à l'intention de M. Dumonteil.

Enfin, un M. Boulanger a voulu garder de son homonyme et nullement parent, deux plateaux de faïence armoriés et fleuris, soit : 22 francs.

On allait partir. Mais l'expert, le très aimable et très habile M. Leroy, a eu la bonne idée de mettre aux enchères tout un paquet d'œillets rouges ; ceux que le général avait rangés lui-même en une coupe, dans le cabinet voisin de la chambre de madame de Bonnemains.

J'en ai acheté pour quatre francs — la ruine ! — de cette fleur que je donnai au boulangisme, jadis, et que je ne portai jamais plus. Elle a perdu sa signification, maintenant... et me voilà de quoi faire une quinzaine d'heureux !

Le total d'aujourd'hui est de 14,054 francs, ce qui donne, comme ensemble, 41,370 francs.

Demain, aura lieu la dernière vacation, la mise en vente des livres avec dédicace et d'une série d'objets divers, dont beaucoup sont curieux.

LA VENTE DU « CONCUSSIONNAIRE »

IV

LIVRES ET DIVERS

Mardi, 27 mars.

Ce quatrième et dernier jour de vente a été, de beaucoup, le plus intéressant. La nature même des objets livrés aux enchères — volumes, garnitures de bureau, matériel de fumeur, bibelots essentiellement intimes et usagers — avait attiré un autre public encore qu'aux précédentes vacations. Moins de curieux s'écrasant contre le mur de droite, mais autant d'assistance assise; et, en majorité parmi celle-là, d'émérites bibliophiles, de raffinés collectionneurs, avec qui les Parisiens ont eu maille à partir presque à tout coup.

Paris a pourtant lutté de son mieux, le pauvre! Seulement, « l'or de Pitt et Cobourg » devait quand même triompher des plus glorieux efforts. Par liasses, les forces numériques de l'adversaire s'alignaient, en bel ordre, sur le tapis ; des bataillons survenus succédant aux bataillons disparus... Comme à Waterloo : ils étaient trop !

On s'est rattrapé sur un tas de petits duels, de combats singuliers où nous avons eu souvent l'avantage. Le coq de France — le coq hardi ! — est allé tirer d'entre les crocs du lion belge, d'entre les griffes du léopard anglais, bien des bribes du passé.

C'était grains de mil, au reste, par rapport à leur appétit ; et surtout, comme intrinsèque valeur. Seulement, il suffisait qu'un des familiers « poussât » un bibelot, pour que l'étranger, les Alliés, comme un seul homme, fonçassent dessus. L'intervention des amis était la pierre de touche qui, mieux que dire d'expert, certifiait, non l'authenticité d'avance établie, mais le taux moral, le prix inappréciable d'une chose sans prix.

On a eu recours à des feintes de guerre, on a rusé. Ainsi qu'à Drouot, des neutres disséminés dans la salle ont attiré l'attention de l'adversaire ; obéi à des signes convenus ; incarné les convoitises sentimentales qui craignaient d'être vaincues par les opulentes curiosités.

Mais celles-ci avaient un flair du diable ; épiant les physionomies ; se méfiant autant de l'apparente indifférence que d'une factice agitation. Et, de cette lutte ayant pour enjeu une valeur autre que la valeur matérielle, il résulte que les objets « précieux », au sens marchand du mot, sont demeurés au-dessous du cours usuel, tandis que de véritables bricoles atteignaient des prix pharamineux.

Et jamais bataille à l'hôtel des Ventes n'a eu le côté passionné, vibrant, de ce fiévreux combat, où les sans-le-sou de la *Ligue des patriotes* défendaient les miettes de leur cœur qu'on essayait, à coups de bank-notes, de leur disputer...

*
* *

La dispersion de la bibliothèque a donné lieu à peu d'incidents, sauf lecture d' « envois » enthousiastes, et que beaucoup de ceux qui les ont écrits ont dû faire racheter.

Six volumes de Georges Ohnet, portant en tête : « Au général Boulanger, son très dévoué », ont été adjugés 34 francs, à Chincholle. Plus, au même, *Les Nouvelles* de Mérimée, 13 francs ; un paquet de guides et cartes, 8 francs ; et un buvard de velours noir à œillets rouges brodés, 36 francs, qu'il m'a galamment cédé.

L'autre buvard, offert, paraît-il, au général par la duchesse d'Uzès, et superbe dans sa robe de peluche verte, anglée d'appliques émaillées — œillets toujours — écussonnée des initiales fatidiques, a été acheté 115 francs par M. Lemaire, un amateur d'ici, dont le goût est célèbre.

Les trois cartes géographiques en relief qui ornaient l'antichambre, ont été soldées ensemble pour 20 francs ; une carte électorale de la France et de l'Algérie, pour 14 francs.

Les livres dédicacés se sont bien vendus. Il y en avait d'un peu tout le monde : Zola, Jacques Saint-Cère, Tola Dorian, Emile Corra, Hector France, madame Carette, le colonel Yung, Théodore Cahu, etc.

Une phrase a égayé, par sa candeur dépourvue d'artifice. Elle est tracée et signée par M. Ed. Bonnal, au haut d'un ouvrage qui a pour titre : *Les Armées de la République*, et elle traduit la pensée de l'auteur par ces mots ingénus : « Au général Boulanger, au Proscrit, au

Ministre de la guerre, etc., etc., le seul qui m'ait dit : « *Il y aura toujours ici une place pour vous.* »

Pensez si l'on a ri de bon cœur! Même les plus émus n'ont pu se retenir. Cette phrase de brave homme naïf résumait tant d'aspirations secrètes; qui ne furent pas naïves, elles — ah! mais non! Toute la philosophie de l'aventure, pour la plupart des gens de l'état-major, s'inscrivait en ce bref aveu!

Une Bible aussi était dédiée au général, avec ce verset de saint Jean, en anglais : « Prenez garde, la fin du monde va arriver! » Elle a été acquise par lord Clomwell, pair de Grande-Bretagne, pour une somme relativement insignifiante.

Mais le héros de la vente a été l'historiographe du boulangisme, cet envahissant et populaire Chincholle. Car son volume, *Le général Boulanger*, a été le succès de la vente. De cent sous en cent sous, il a, parmi les exclamations, monté à 35 fr., acquis par un confrère trop heureux d'en faire hommage à l'auteur.

On a applaudi; celui-ci, très ému, a salué... et la presse française compte, à son actif, une victoire de plus!

***

Alors est venu ce que le catalogue englobait sous la rubrique *Objets divers*.

L'envoyé spécial du *Figaro* — je n'ose plus mettre son nom — s'est rendu acquéreur de: 1°, pour 35 fr., le parapluie du général; 2°, pour 28 fr., d'un lot de chevalets porte-photographies ; 3°, pour 11 francs, de la gaine en cuir du revolver avec lequel Boulanger s'est tué... et de tant d'autres choses que je ne saurais les énumérer.

Presque toute la garniture de bureau qui avait suivi le général de l'Hôtel du Louvre à Clermont; de Clermont rue Dumont-d'Urville; de Paris à Londres; puis à Jersey; puis ici, a été achetée par M. de Labruyère, y compris le petit buste en terre polychromée de M. de Moltke, que Boulanger affectionnait particulièrement — a été payé 24 francs. Le même a fait emplette de la jumelle de théâtre : 26 fr.

La corbeille à papier, en osier, sans ornements, a été poussée à 10 francs par Deneuvillers, et lui est restée.

Deux candélabres à cinq branches, en cuivre argenté, ont été, moyennant 160 francs, mis au compte de madame Dutens, l'amie et légataire universelle de madame de Bonnemains.

Le dessinateur Klinke a acheté tout un lot de calepins et portefeuilles qui lui réserveront peut-être des surprises; M. B..., arrivé du matin, s'est rendu acquéreur de trois petits vases, en émail cloisonné moderne, qu'il a payés 26 fr.; plus, pour un louis, d'une plaque en faïence décorée d'un paysage et dédicacée derrière par Fany de Lavault.

Le fameux *Œuf tricolore posé sur des fougères et surmonté d'un coq bronze polychromé,* lequel œuf portant en bandoulière cette inscription : « Il reviendra ! » a été acheté 100 francs par une indigène enthousiaste. C'est laid, ce machin, mais d'un joli sentiment de naïveté quasi-sauvage, avec les enluminures, le hurlement des couleurs.

Zunc a acquis : 1°, pour Paulin Méry, un étui à cigares en cuir, 10 fr.; 2°, pour un autre, une figurine-charge de Bismarck, en bronze, 75 fr ; plus divers objets.

Et alors s'est engagée la bataille pour la canne de la *Ligue des Patriotes*, et la chaise des Alsaciens-Lorrains.

Celle-ci a été adjugée 160 fr. à M. Harvey, le richissime possesseur des mines de nitrate; celle-là, pour 120 fr., est demeurée à Zunc, mandataire de la *Ligue*. Elle a échappé, par hasard, à un examen approfondi de l'assistance — mais ce que quelques cœurs battaient à l'idée qu'on allait peut-être demander à la voir de plus près, là-bas, dans le coin des nababs !...

Ce coin-là s'est encore offert la boîte à revolver, 65 fr.; un adorable paravent Louis XVI, 140 fr.; un cabinet de bois japonais, garni de bronze estampé, 40 fr. : une vasque en émail cloisonné moderne, 310 fr.; une médaille en bronze de Boulanger, 65 fr., — et les trois quarts de ce qu'on a vendu!

Une coquille en nacre sculptée, avec portrait du général, et signée Georges Boyer, a été payée 26 fr.; une pendule genre Boule, 75 fr.; deux candélabres à pendeloques de cristal, 140 fr.; le lustre semblable, même prix; quatre hauts fauteuils, 110 fr. pièce; une colonne torse de noyer, 115 fr.; deux cartels de bronze Louis XV, l'un 150, l'autre 160 fr.; le petit lustre de cuivre, 52 fr.; le grand, 390 fr.

Deux verres à boire, très simples, avec portrait gravé, ont atteint 36 et 40 fr.

J'ai acheté le « Vitrail aux œillets », et, quand tout a été fini, le marteau du commissaire-priseur, qu'on l'a prié de mettre aux enchères. Il ne resservira plus.

. . . .

Dans l'hôtel de la rue Montoyer, il ne reste rien que des fétus de paille; sur la tombe d'Ixelles, les couronnes apportées il y a six mois pourrissent doucement. Cela semblerait la fin de tout.

Mais, d'entre les immortelles moisies, j'ai vu pointer une jeune pousse couleur d'espérance. Sera-t-elle chêne ou brin d'herbe, qui le sait! L'enlever?... A quoi bon?

Des milliers de germes semblables tressaillent entre les inscriptions, les couronnes, les hampes des drapeaux, dans ce *tumulus* de regrets. Voici le renouveau qui arrive — essayez donc d'arracher l'espoir du cœur des hommes !...

LES FAISEURS DE CÉSARS

« On demande un brave général! » écrivait un de nos confrères, voici cinq jours, dans le *Matin*.

Venait, ensuite, l'habituelle diatribe contre les photographes qui tirent les clichés au goût du jour; les imagiers, qui se permettent de fabriquer, de préférence, les images qu'ils vendent le mieux; et, enfin, les gens qui, mécontents de l'état de chôses actuel — lequel est, cependant, bien fait pour satisfaire tout ensemble les délicats et les affamés! — se permettent de tourner d'un autre côté leurs regards et leurs espoirs.

Finalement, l'auteur jetait sur l'Europe un coup d'œil d'indicible dédain. Et, après l'avoir déclarée toquée et détraquée; après avoir tancé de belle façon la France elle-même (qui ne lui semblait pas marcher droit), constatait une fois de plus, avec une satisfaction sans mélange, que lui et son groupe gardaient intact le monopole de la vertu et du sens commun.

Je n'irai pas à l'encontre de cette illusion; m'en remettant à la phrase du vieux Latin : « Les dieux aveuglent ceux qu'ils veulent perdre. »

Et ils sont bien perdus, ceux qui, après avoir traversé l'ouragan où faillit sombrer la barque, nient le flot et la nuée, la foudre et le vent ! Un miracle les a sauvés, et ils en attribuent l'effet à leur personnel mérite ; ils ne voient ni les brèches de la cale, ni les trous de la voilure ; ils ne rajouteront pas une bouée, ne remplaceront pas un cordage ! Qui leur parle de danger ? Ne flotte-t-elle pas au haut du grand mât, la fière devise : *Fluctuat nec mergitur !*

Et ils ne s'aperçoivent point que le grand mât luimême branle dans le pont craquelé — et quelques-uns, sérieusement, avec une jactance inconcevable s'écrient, le poing sur la hanche : « Jamais nous n'avons eu peur ! Jamais nous n'avons été en péril ! »

Pauvres gens !

Mais regardez donc, là-bas, tout à l'extrémité de l'horizon, ce point imperceptible qui grandit en se rapprochant comme le vol d'un oiseau de mer. Il recèle en lui tous les courroux du ciel, toutes les fureurs de la mer : l'assaut des vagues, la mitraille de la grêle, le tonnerre qui assourdit, l'éclair qui tue !

C'est l'armée des nuages qui s'est ralliée au loin et qui s'avance, déployant ses ailes, en bel ordre de bataille, contre votre coquille de noix.

Aux agrès, fol équipage ! Réparez vite les avaries de la dernière tempête, si vous voulez essayer de lutter contre celle qui se prépare — et qui sera bien autrement terrible !

*
* *

Les ennemis de la République assistent, de la rive, à l'équipée, et se frottent les mains. Ils savent bien que, si les choses durent ainsi, le naufrage est au bout.

Les républicains sans illusions regardent aussi, navrés, la ruine de toutes leurs espérances. Ce bateau qui s'en va là-bas, dansant sur l'onde, au-devant de la mort, porte, non pas leur fortune, mais le rêve de toute leur vie — l'idole à tête de femme à laquelle plusieurs ont sacrifié leur bien-être et sacrifieraient volontiers leur existence !

Ils s'époumonent à crier gare ; mais le bruit de leur voix se perd dans le bruit du vent et le bruit des flots. A bord, on les déclare « rasants », pessimistes... voire un peu traîtres. Est fauteur du péril, et en est responsable, quiconque n'a pas embarqué; a refusé de courir l'aventure; n'approuve ni la ligne suivie ni l'insouciance livrant aux éléments, sans radoubage et sans garanties, un navire démantelé.

Qui eût cru, cependant, qu'on ne réparerait point; qu'on laisserait les choses en l'état, que rien ne serait fait pour conjurer le danger sans cesse renaissant?

Je me rappelle toutes les belles promesses prodiguées à ceux dont on mendiait l'appui — et je lis, sur leurs visages déçus, qu'on n'a plus à compter sur leur crédulité pour l'alliance du demain.

Si le boulangisme n'a pas réussi, pourtant, à qui le doit-on? Au général Boulanger lui-même? Certes oui! Mais les démocrates de gouvernement ne sont-ils pas les débiteurs des socialistes... qu'ils sont allés chercher « jusqu'au fond de leurs repaires » afin de solliciter d'eux une trêve ; l'oubli des justes rancunes ; le coup d'épaule vigoureux que ces gas d'atelier ou d'usine pouvaient seuls donner?

Le peuple, las de tout, dégoûté de tout, écœuré par vingt années d'attente, se ruait joyeusement derrière l'inconnu qui passait. Quel qu'il fût, il ne pouvait être pire que ceux qu'on connaissait déjà! Quoi qu'il fît, les pauvres n'en seraient ni plus malheureux, ni plus abandonnés ! Que risquait-on ? La République ?... Tant d'ouvriers, dans le chômage, la grève, l'éternelle misère, commençaient à se demander si ce n'était qu'un mot !

Et, sans le peuple, les politiciens bourgeois ne pouvaient rien — beaucoup avaient vu le 2 décembre 1851 !

Les gouvernants descendirent du char de l'Etat... il est des ruelles si étroites, dans nos faubourgs, que les voitures n'y pénètrent point ! Ils trébuchèrent dans les escaliers noirs ; grimpèrent jusque sous les toits ; posèrent leurs séants culottés de drap fin sur des chaises de paille ; serrèrent des mains dont les durillons égratignaient la peau de leurs gants.

Il fallait sauver la République à tout prix ; ramener le peuple, ce bon peuple égaré ; lui faire comprendre qu'il sacrifiait son bonheur à un caprice, que la « dictature » amènerait pour lui les pires catastrophes.

Evidemment, il avait à se plaindre du régime présent, et tout le monde s'en rendait bien compte. Mais, une fois la lutte finie... il verrait !

Les autres écoutaient, très graves :

— C'est sérieux, ce que vous nous dites là ? On votera les lois ouvrières ? On règlera la question des syndicats ? On réglementera, de façon juste, les rapports entre le Capital et le Travail ? Les vieux ouvriers ne crèveront plus de faim, comme des chiens, au coin des bornes, après trente ans de courageux labeur ? Les veuves et les petits n'iront plus les unes au trottoir, les autres à l'Assistance ? Les pauvres, enfin, seront moins malheureux ?...

— Oui ! oui !! oui !!! On leur fera même des surprises !...

Ah ! la bonne plaisanterie !

Qu'a-t-on promis au populaire ? Tout. Que lui a-t-on

donné? Rien. Comptez donc encore sur son appui pour tantôt, si vous avez besoin de lui!

*
* *

Le peuple (écoutez bien ce que je dis, parce que j'en parle en être qui le connaît et a vécu de sa vie) le peuple est, aujourd'hui, *à qui saura le prendre.*

Que, demain, X..., Y... ou Z... arrive avec un programme contenant la taxe sur le revenu, une législation nouvelle de l'héritage, une répartition plus équitable de l'impôt, d'autres choses encore — et vous verrez si on le suivra!

Le boulangisme est mort; le mécontentement n'a jamais été plus vivace. Qu'un peu de temps se passe; que l'attente des réformes promises solennellement s'éternise; que pénètre dans l'esprit du populo cette idée qu'il a été « refait »... et les dirigeants sauront ce qu'il leur en cuira, de ses déceptions et de ses légitimes griefs!

On aura beau lui faire des mamours; lui promettre monts et merveilles. « Chat échaudé craint l'eau froide », dit un vieux proverbe; peuple trompé n'écoute plus rien — il enverra promener les faiseurs de promesses, même s'ils sont sincères.

Vraiment, la cécité de ces gens est effrayante. Comment ne comprennent-ils point que ce sont les seize ans d'espoirs avortés, écoulés depuis l'avènement de la République sans améliorer le sort des humbles, qui l'avaient cru l'universelle panacée; comment ne se rendent-ils pas compte, ces gouvernants, que ce sont leurs propres erreurs, leurs fautes, leur égoïsme, leur j'menfichisme, leur gloutonnerie, et leur mépris des misérables, qui ont fait, bien autrement que les chromos d'Epinal ou les refrains de beuglants, le général Boulanger !

C'est bon pour M. Quesnay de Beaurepaire de raconter que les cent mille hommes de la gare de Lyon étaient payés ! J'y étais, moi, je les ai vus ... ils étaient rudement sincères, allez !

J'en connaissais pas mal que j'avais vus dans les meetings, à droite, à gauche. Ils passaient en courant, tenant à la main — c'était la sortie de l'ouvrage — leur boîte de menuisier, leur sac de zingueur ; beaucoup avaient encore la serpillère de toile verte attachée au ventre.

J'en appelai un ou deux par leur nom, étonnée de les voir là.

Ils répondaient, ralentissant à peine le pas :

— La Sociale est trop longue à venir ; et nous en avons plein le dos, de la République à Ferry ! Vive Boulanger !

C'était des soudoyés, n'est-ce pas?

*
* *

Mais allez donc dire cela à qui écrit des choses dans ce goût-ci :

« Ce qu'on veut, ce qu'on cherche, c'est un homme d'action, un homme résolu, prêt à recommencer ce qui marchait si bien, l'an dernier, et ce qui s'est trouvé tout à coup arrêté par la défaillance inattendue que vous savez. Le pays a été profondément remué par cette aventure sans issue, et peut-être y a-t-il encore en l'air une foule d'atomes crochus, qu'on pourrait attirer, amalgamer et concentrer autour d'une même cause. Seulement, il faut quelqu'un qui plaise, quelqu'un qui agisse, quelqu'un qui ait figure de prétendant ou d'aventurier. »

Et, naturellement, on représente la réaction et la

révolution, tenant chacune une lanterne et, comme Diogène, cherchant l'homme. Or, personne ne le cherche — tout le monde l'attend!

Ce sont les dirigeants d'aujourd'hui qui lui mâchent la besogne et vont l'amener par la main. Ils font la couverture du lit où couchera le « sauveur ».

Que viennent-ils accuser les autres de complots ou de conspiration? Ce sont eux qui trahissent leurs clients et leur cause. Ils ont suscité, il y a un siècle, le coup d'Etat de Brumaire; ils ont amené, voici quarante ans, le coup d'Etat de Décembre; ils préparent le coup d'Etat de demain.

Ce n'est ni un parti ni un autre, ni les Blancs ni les Rouges, ni l'argent ni les paroles, ni les intrigues ni les harangues qui font les Césars — c'est le mécontentement du peuple!

Quiconque le provoque est traître à la République et fauteur de dictature!

CEUX DE LA FOULE

L'EXIL DU PÈRE NAAS

Pour Maurice Barrès.

On le dit Allemand ; et c'est là-dessus qu'on se base pour l'empêcher de ramener en France ses tristes os ; de rentrer comme rentre le chien fidèle, blessé à mort, usé par l'âge, ou exterminé de fatigue, qui se glisse par la porte entre-bâillée, reprend, au foyer, la place habituelle et s'y couche — pour mourir !

On le dit Allemand... et, sur ses soixante-quinze ans, il en a voué cinquante-huit à la France ; comme il lui a donné ses sept enfants : cinq fils, cinq soldats pour aider à la défendre, et deux filles pour aider à la repeupler !

On le dit Allemand — et, personnellement, il compte trente et un ans de service actif : sept ans de service militaire, avec douze campagnes ; et vingt-quatre ans de service forestier.

Que faut-il donc de plus pour être Français?... Naître de ce côté du Rhin? Il y est né! Alors?

Alors, si vous le voulez bien, avant que de vous dire la cause de cette persécution abominable (et quel « crime » la motiva), nous allons étudier ensemble la vie du vieillard dont je me suis constituée l'avocate parce qu'il est pauvre, seul; parce qu'il est victime d'une iniquité affreuse; parce qu'il s'éteint, en exil, de misère et de désespérance; parce qu'en dépit de tous les gouvernants du monde, il est, à mon sens, Français, bien Français, bon Français — autrement que la plupart de ceux qui lui interdisent la patrie!

Que c'est mal, ce qu'ils font là! Et quelle peine vous prend à constater que ni le pouvoir, ni la fortune; aucune des ambitions résolues, aucun des vœux exaucés, aucune des jouissances atteintes, n'arrivent à faire pénétrer la miséricorde dans l'esprit des parvenus! Bien au contraire, il semblerait. Tel, qui était accessible à la pitié, n'étant rien, devient arrogant et dur quand la réussite lui a glissé son socle sous les pieds — comme un tabouret d'ouvreuse! Alors, il fulmine, domine... Une rancune hargneuse lui vient contre les petites gens qu'il aimait jadis; et qui ont exhaussé son triomphe de leur effort, qui l'ont calé avec leur cœur tout chaud, tout saignant : la rancune des mauvais débiteurs payant en haine l'intérêt de leur dette!

Oui, cela donne du chagrin — et de la colère!

*
* *

Mais chagrin et colère sont armes inutiles, nuisibles, plutôt, si les faits ne leur donnent raison. Suivons donc Naas, ce pauvre bonhomme à cheveux blancs, du coin de village français où il naquit, au coin du village allemand où il va mourir, quelque jour, de privations et de douleur; loin des siens, de son clocher, du berceau des petits-enfants parmi lesquels il en est — grâce à vous, politiciens! — qu'il ne connaît même pas.

Naas, donc, est né en France, en 1817. A sa majorité, il tira au sort, fut incorporé, fit ses sept ans, consciencieusement.

Vers 1845, libéré, il entra, comme garde, dans l'Administration des forêts.

Trois ans plus tard, son premier enfant naissait. Celui-là : Jacques (aujourd'hui âgé de quarante-quatre ans, et employé chez un marchand de vins de Longwy) prit part, comme sous-officier d'artillerie, au siège de Metz, et servit jusqu'en 1872.

A cet aîné-là s'adjoignit bientôt un cadet : Pierre, né en 1851 ; qui exerce présentement, à Jauf, l'état de forgeron. Celui-ci fit, comme caporal de zouaves, la campagne de 1870.

La famille s'augmentait, les charges devenaient plus lourdes ; il fallait chercher quelque besogne mieux rétribuée, quelque emploi plus lucratif. Vous souvient-il, alors, en quels termes la France — pimpante, piaffante, ayant presque reconquis son surnom d'invincible — était, avec ces misérables petits Etats d'Allemagne si épars, si divisés, si appauvris?

On riait, à Paris, de ce tas de principautés, duchés, archiduchés... décrochez-moi ça de l'équilibre européen! Et une pitié protectrice, acidulée d'un peu d'ironie, tombait sur ce bazar à couronnes!

Qu'aurait-on eu à craindre? Aussi, toute la haute société se ruait-elle à Bade, à Ems, autour du tapis vert. Les journaux n'étaient pleins que des prouesses des beaux messieurs et des belles madames revenant d'Allemagne ou s'y rendant. Et sur la frontière du Rhin même, d'une rive à l'autre, on était tous parents

— le sachant ou sans le savoir! Entre Strasbourg et Kehl, c'était un défilé perpétuel de noces qui traversaient en dansant le joli pont... violon en tête!

Qui aurait pu pressentir la brouille, les batailles ; et nos chefs surpris ; et nos troupes écrasées ; et le fleuve roulant comme de l'eau fraîche, entre les races désormais ennemies, des torrents de sang — le réveil, enfin, à toutes ces promenades, toutes ces rustiqueries, toutes ces séances de roulette, tous ces soirs de fête, tous ces matins d'excursion?

Où les diplomates ne prévoyaient rien, un pauvre diable de garde forestier pouvait bien ne rien deviner. Il y avait plus de bénéfice, pour lui et ses petits, à exercer son métier de ce côté-là du Rhin que de ce côté-ci? Il y alla, faisant pour nourrir sa marmaille ce que tant d'autres faisaient pour leur amusement... à qui personne n'a jamais songé à en faire reproche!

En Allemagne, il demeura plus de dix années. Son troisième fils : Charles (aujourd'hui âgé de trente-six ans, et exerçant à Bouxières-aux-Dames la profession de forgeron ; après avoir été classé dans la réserve) y naquit. De même, en 1858, son quatrième fils : Joseph, — présentement forgeron à Champigneulles, après avoir fait, à deux reprises, ses vingt-huit jours. De même, en 1863, son cinquième fils : Hubert, garçon brasseur à Saint-Sébastien, près de Nancy ; et qui va, lui aussi, au mois de mars prochain, faire ce que la loi lui réclame de service militaire.

Enfin, pendant ce séjour outre-Rhin, les deux aînés, Jacques et Pierre, vinrent également en France remplir leur devoir : l'un faisant partie de la classe 1868, l'autre, en 1869, s'engageant volontairement pour cinq ans.

Ces détails sont quelque peu arides, mais le premier

soin d'une plaidoierie en faveur d'un malheureux doit être de préciser du mieux possible. Sinon, l'opinion, mal saisie de l'affaire, ne peut rendre son verdict en connaissance de cause.

Et c'est de la vie, du restant de vie d'un homme, qu'il s'agit ici...

*
* *

En 1870, dès la première nouvelle des hostilités, Naas réintégra immédiatement la mère-patrie, renonçant à son poste, aux bénéfices qu'il lui assurait, à la retraite qui y était attachée. Deux de ses enfants étaient déjà sous les drapeaux; il amenait les trois autres, tout son sang, toute sa chair! Et ses filles firent de la charpie; tandis que les derniers nés, trop jeunes pour combattre, s'appliquaient aussi de leur mieux — suivant leur grand vouloir et leurs faibles forces — à se rendre utiles.

Ai-je dit que le père, soucieux de cette situation d'enfants nés à l'étranger et inscrits naturellement au lieu de leur naissance, s'était empressé, dès leur rentrée, de les faire immédiatement naturaliser?

Tous ses devoirs remplis envers son pays, il le servit encore, en rentrant au corps des gardes forestiers. Jusqu'en 1884, c'est-à-dire jusqu'à soixante-sept ans, il tint, m'a-t-on dit, son emploi comme un jeune homme: plein de zèle, d'activité et de courage. Mais je ne réponds pas ici d'une petite inexactitude de date. Peut-être se retira-t-il un an plus tôt, peut-être un an plus tard... avouez que ceci est de peu d'importance.

Puis, à Bouxières-aux-Dames (où il séjournait depuis huit ans, près de Charles, son gas n° 3), il se mit à bricoler; à faire les tas de petits métiers que peut exercer, à la campagne, un ancien encore vert, qui ne veut être à la charge de personne. Cinq ans se passèrent ainsi.

C'est alors que le père Naas commit son « crime » : l'action vilaine, honteuse, coupable, qui vaut à ce grognard d'être traité de Prussien; et d'avoir été jeté, voici trois ans, hors de France comme un espion, ce dévoué Français !

Il distribua des bulletins boulangistes !

Le fit-il pour gagner quarante sous? C'est probable. Le fit-il parce que son sang de troupier, amoureux du panache, l'y poussait? C'est possible. En tout cas, soit pour une raison, soit pour une autre, c'était son droit.

Cependant, tandis qu'on relaxait simplement, le lendemain, ses camarades arrêtés (gardés seulement le temps d'entraver la propagande), lui, on le chassait au delà de la frontière, avec défense de jamais rentrer.

Voilà trois ans qu'il rôde le long de la patrie, frôlant l'ourlet de sa robe — l'ourlet blanc et noir des limites — de ses mains qui, de plus en plus, tremblent et s'affaiblissent; implorant, suppliant qu'on le laisse aller mourir près des siens, qu'on ne le laisse pas crever en territoire ennemi !

Nul n'a pitié de lui, nul ne le défend... que Maurice Barrès à qui il écrivait, il y a quelques jours : « Je voudrais tant dire adieu à mes enfants ! Je suis ici sans aucune ressource et dans la plus grande misère... »

Il n'était pas Boulanger, il n'était pas Rochefort, il n'était pas Dillon, cet obscur retraité, ce donneur de prospectus électoraux — pourquoi appliquer à cet humble le grandiose châtiment des chefs ?

Il y a là, entre le délit et la peine, une disproportion qui choque le bon sens, une cruauté qui crève le cœur !

Tenez, vous de qui cela dépend sans que je sache au juste à qui je m'adresse, je ne me fâche plus... je prie! Je prie bien instamment qu'on rende cet aïeul à ses fils; qu'il puisse exhaler son dernier soupir dans le lit où ses petits ont aspiré leur premier souffle; que les rudes doigts qui ont manié le fusil, pour la patrie commune, ferment ses paupières ridées; et qu'il soit enseveli en terre française — ce patriote! (1)

(1) Cela a été refusé.

BOULE-DE-SUIF

Vous souvient-il de l'admirable nouvelle qui porte ce titre, dans *les Soirées de Médan;* du conte sans rival par lequel Maupassant, très jeune, connu seulement d'un petit nombre d'initiés, s'affirma comme l'un des chefs, l'un des maîtres de la langue française?

Dans la voiture qui mène de Rouen au Havre, pendant l'occupation allemande, quelques notables désireux de fuir le danger — échantillons de tous les mondes : hobereau authentique, grand industriel, marchand de vins en gros ; plus un orateur de réunions publiques, et deux religieuses, — est une fille galante très réputée en ville, très appréciée des connaisseurs, si dodue qu'elle doit à son embonpoint son surnom : Boule-de-Suif.

On lui fait grise mine, en dépit de sa réserve. Les sœurs baissent obstinément les paupières, devant le regard de ses yeux hardis; les hommes, tenus en respect par leurs légitimes, se détournent avec affectation; les femmes se rencoignent, hostiles, prêtes à l'attaque, si cette « espèce » se permet d'élever la voix...

Les kilomètres défilent, des deux côtés de la diligence; mais, au lieu de galoper, le paysage traîne, tant les maigres chevaux qui l'arpentent ont peu de cœur au ventre et de feu aux jarrets! On a quitté Rouen à quatre heures du matin, bien avant le lever du jour; et, à dix heures, c'est à peine si l'on est à quelques lieues de la ville. Comme comble de malechance, la carriole échoue dans les neiges; et il faut un temps infini pour la dégager. On n'arrivera pas avant le soir, de ce train-là, au village dans lequel tous se promettaient repas et repos.

Et la faim sévit! Une faim intense, féroce, qui s'exaspère de l'attente, crispe les estomacs, fait grogner les boyaux! Personne n'a songé à prendre de provisions — que Boule-de-Suif, un peu licheuse, comme le comporte son rang social; et qui tire, de son panier, de savoureuses victuailles, des conserves délicates, d'onctueuses friandises.

Elle s'installe pour déjeuner; puis, bonne personne, sentant toutes ces fringales assaillir son assiette comme une bande de chiens gourmands; partagée entre la crainte de refus pénibles et le désir de rendre service, elle finit par une offre de partage. On s'y rue! Elle donne son pain, son vin, les ailes de ses poulets, la gelée de ses terrines... tout heureuse de cette réhabilitation gastronomique.

Alors, on cause. Les autres s'en vont, parce que leurs intérêts et le souci de leur sécurité les entraînent au loin; elle, s'en va, parce qu'elle a sauté à la gorge du premier Prussien qui a franchi son seuil, et que ça lui tourne le sang « de voir ces vermines-là »!

On arrive à Tôtes, l'étape espérée; et l'on débarque sous l'œil gouailleur du commandant allemand, qui examine les sauf-conduits. Il s'attarde à celui de Boule-de-Suif, reluque la belle grosse donzelle ; et, lorsque les voyageurs sont réunis pour dîner, dans la grande salle de l'hôtel, l'envoie quérir, par son ordonnance — pour une « personnelle communication ».

On en devine l'objet ! Boule-de-Suif se rebiffe ; et, rouge de colère, suffocante d'indignation, vient prendre sa place à table. Toute l'armée française, si on veut ! Mais un Prussien !... Et chacun, ému de ce patriotisme, solidaire de cette résistance, l'encourage avec fierté.

Seulement, le lendemain, la diligence n'est pas attelée. L'officier met le sort de ses compagnons entre les mains de Boule-de-Suif : elle en décidera à son gré. Si « oui », on repartira ; si « non », on restera. Et quatre, cinq jours, ce chantage persiste, l'hôtelier venant demander chaque soir : « Si mademoiselle Elisabeth Rousset a changé d'avis ? »

Elle, s'obstine ; mais ses voisins, ses co-retenus, en ont vite assez. C'est ridicule, aussi, cet entêtement pour une chose d'où dépend leur libération — et qui lui coûte si peu ! Une poussée d'ignominie les saisit tous ; ces honnêtetés se coalisent pour amener la fille à se faire une raison ; à ne pas compromettre la sécurité de personnes respectables par une exagération de chauvinisme mal entendu.

On la cajole, on l'enjôle... Jusqu'à une pauvre religieuse qui, amenée, sans s'en douter, à traiter de certains sujets, parle de Judith et d'Holopherne, de Dalila et de Samson, de Jahel et de Sisara, de toutes les héroïnes bibliques immolant leur chasteté à quelque œuvre édifiante — le but justifiant les moyens !

Et Boule-de-Suif cède, parmi l'allégresse générale ; paie seule la rançon commune.

. . . .

Au matin, quand, dans la voiture enfin réattelée, les voyageurs montent, chacun s'écarte d'elle comme d'une lépreuse! Nul ne lui adresse la parole ; on la lapide de regards scandalisés ; on l'écrase sous le mépris !

Et quand vient l'heure du repas, tous tirent leurs provisions, bâfrent, se bourrent, échangent des grâces et des sandwichs, dans la joie de la délivrance. Elle, dans sa hâte et sa honte, n'a pensé à rien prendre — on ne lui offre rien.

« Elle se sentait noyée dans le mépris de ces gredins honnêtes, qui l'avaient sacrifiée d'abord, rejetée ensuite, comme une chose malpropre et inutile... »

*
* *

J'ai peine à croire que M. Constans se sente noyé, lui qui a été la bouée de sauvetage à laquelle se sont raccrochés tous ceux qui, aujourd'hui (de la rive atteinte par son aide), lui jettent des pierres pour le faire sombrer.

Mais si jamais fantaisie littéraire put s'appliquer à la vie publique ; si jamais assimilation fut parfaite, complète, absolue, jusqu'en ses moindres détails, c'est bien celle-là !

Boule-de-Suif, ce ministre à tout faire, que l'on appelle aux heures de crise, que l'on renvoie aux heures de calme — quitte sans doute à lui faire signe de nouveau, si quelque autre péril surgit ; s'il faut encore se retrousser les manches, pour mettre les mains à la pâte, sans mitaines... dans un pétrin qui ne sent pas bon !

Boule-de Suif, cet ex-pion en droit qui reçoit non moins d'injures qu'un empereur ; et que l'on déclare calomnié tant que son concours est utile, et que l'on déclare compromettant dès qu'il y a partie gagnée — dès qu'on croit pouvoir se passer de lui !

Boule-de-Suif, ce serviteur apte à toutes les corvées et qui les accomplit toutes ; dont l'honneur sert de paillasson à toutes les insultes, dont le nom sert de cible à toutes les flèches ; qui assume sur sa seule personne le plébiscite de l'exécration... que tout seul, pourtant, il n'a pas encourue !

Boule-de-Suif, cet aventurier qui a au moins de la crânerie et de l'envergure — fût-ce dans le mal ! — et dont ceux qui n'ont rien : les veules, les neutres, les insipides, envient jusqu'à l'impopularité !

Boule-de-Suif, ce Mazarin de Toulouse, ce Mandarin de Paris... énigmatique figure, gouailleuse et têtue ; sphinx qui dévora la Boulange pour le compte du maître, et que le maître ingrat renvoie à sa niche d'un coup de pied !

Boule-de-Suif, ah ! oui, celui dont ils vécurent et sur qui ils crachent — s'éloignant, maintenant, avec des mines de crapuleux !

*
* *

Halte-là, bons apôtres : les purs, les austères, les impeccables, ceux qui s'offrent à l'examen en disant : « Lui, est malpropre ; mais voyez comme nous sommes nets ! »

Je n'ai pas envie de le défendre, le complice déchu qui accepta la responsabilité de Fourmies... mais tous, sans exception, tous, ont aux doigts le même stigmate : la marque de Caïn, la tache de Macbeth ! Et il ne faut pas que la disgrâce d'un suffise à l'absolution des autres ; que cet homme qui s'en va soit le bouc émissaire, emportant dans sa barbe grise tous les péchés de la tribu !

Ils en sont tous, vous dis-je, de tout ce qui a été fait; et celui-ci est, peut-être, seul digne d'estime, qui peina là où les autres profitèrent — j'aime mieux la fille que le tenancier!

A son ombre, à son abri, des « vertus » s'épanouirent; les ordures à lui lancées leur faisant un bon lit de fumier, les engraissant doucement. On admira la pureté des calices, on encensa les corolles immaculées... les racines tétaient goulûment le purin!

Quand on se crut fort, assez haut, assez solide, on le chassa. Et, aujourd'hui, la petite Souris blanche — plus blanche que la blanche hermine — qu'est M. de Freycinet; l'espèce de lapin russe, noir et luisant, qu'est M. Carnot; les autres, toute cette ménagerie de politiciens « honnêtes », se passent la patte sur l'oreille ou sur le museau pour effacer les derniers vestiges du voisinage fâcheux.

Peine perdue! Efforts comiques! De cette Boule-de-Suif en redingote, vous avez mangé les provisions, empilées, le diable sait comme, au fond de son portefeuille; vous avez dégusté la victoire, gagnée, Dieu sait par quels moyens! Pour vous, il s'est offert à la calomnie, livré à l'outrage; vous l'y avez poussé, vous en avez profité; son triomphe a été vôtre bien plus que sien; et la sottise dont mourut l'adversaire qui vous faisait trembler est justement de ne se l'être point acquis... que venez-vous, maintenant, le renier et le répudier?

Il n'y a point assez de cuvettes, en ce pays de France, pour que tous les Pilate s'y lavent les mains; et chacun de ceux qu'il a sauvés dit, se détournant : « Je ne connais point cet homme! »

Tarare! Le « vidangeur », comme disait M. Rochefort, s'en va — mais la vidange reste!

VERGOIN

Une des plus folles, une des plus cruelles, une des plus ironiques fumisteries de notre époque est celle dont fut victime, cinq années durant, ce pauvre Vergoin, qui vécut comme un juste — parfaitement ! — et mourut comme un sage.

Et, recevant le billet de faire-part qui conviait, hier, les amis à ses obsèques, j'ai éprouvé un peu de l'impression pénible qu'on ressentirait à apprendre qu'à la suite d'une « bonne farce » (telle qu'en machinait Romieu, telle qu'en inventait Sapeck), un brave homme de pipelet ou d'épicier serait mort, congestionné de saisissement, recevant, sur sa nuque comique, le coup du lapin.

Le coup du lapin !... Vergoin fut accusé de l'avoir pratiqué, au détriment du boursicot et de la renommée de mademoiselle de Sombreuil. Et la calomnie ne s'en tint pas au doux rongeur ; dans les eaux troubles de la politique, elle pêcha de bien plus vilains rapprochements — jamais homme ne fut, à ce point, vilipendé, chansonné, caricaturé.

Il n'en demanda pas raison, non qu'il ne fût brave, mais parce que le mot de la situation était le même qu'à Waterloo : « Ils sont trop ! » Je le lui entendis crier un jour, au café de la Paix ; les poings dans ses cheveux ; enfoui sous l'amoncellement des feuilles satiriques hebdomadaires, qui, *toutes*, s'occupaient de lui avec une égale bienveillance.

Il était sacré homme à femmes : Don Juan, Lovelace — mais un Lovelace économe, plutôt rapiat, entendant être aimé pour lui-même. De là à conclure, pour les adversaires, qu'il touchait les frais du culte, il n'y avait qu'un saut, vite franchi.

Dans l'Olympe boulangiste, il avait son bout de rôle, sa place à part. Il ne prenait point rang parmi les porteurs de tonnerre, les licteurs du Mars à barbe blonde, les compagnons de Vulcain, les thuriféraires de Momus...

Non. Un doigt sur la bouche, la frimousse polissonne, l'astre au vent, il était le petit chose-nu d'amour qui figure dans les vieilles estampes, le petit coquin bon à fêter, bon à fesser, relevant une draperie derrière laquelle se devine autre chose que le comité de la rue de Séze.

Quand on disait son nom, les femmes regardaient le fond de leur assiette, pensives, une légère flambée aux joues ; les hommes lançaient quelques phrases désagréables — ce qui est l'indice sûr des succès masculins. On lui prêtait des aventures extraordinaires, avec des Américaines qui voulaient l'épouser ; et des régulieres le plaignaient d'avoir « si mal placé ses sentiments »

Même, un jour, à la Chambre, ma voisine, une personne âgée et élégiaque, se pencha à mon oreille, et rougissant, comme aux temps (lointains !) de ses premiers aveux :

— Madame, je vous en prie, désignez-moi M. Vergoin !

Ma foi, les séances, là-bas, ne sont pas toujours drôles ; et il faut bien se divertir un brin. Je lui montrai Clovis Hugues.

— Voilà !

Elle le considéra un moment, d'abord avec surprise, puis avec admiration. Et d'une voix sombrée, émue, trahissant le secret de son âme, elle murmura :

— Oh ! il a bien l'air de quelqu'un à inspirer des passions !

*
* *

Elle ne se trompait point quant à Clovis — coquinasse ! — mais quant à Vergoin !... Si l'on avait su !

J'eus la curiosité de savoir, moi ; de tirer au clair, non le pourquoi de cette galante réputation, mais la psychologie de ce vainqueur. J'abomine les hommes à femmes ; d'abord parce qu'ils nous déconsidèrent, ensuite parce qu'ils nous filoutent, n'aimant qu'eux-mêmes ; et chaque fois que se présente l'occasion d'en décortiquer un, je suis ravie.

Des amis me firent donc dîner avec l'irrésistible, chez Sylvain, dans la grande salle du rez-de-chaussée. Je le vois encore, avec sa bonne face ronde, sa moustache en chiendent, blonde et hérissée, ses cheveux ras, « à la malcontent » — suivant son premier « mot » de la soirée. Il en commit beaucoup d'autres du même gabarit ; bavard, turbulent, mystifié même par la nature... qui avait donné, à ce Parisien, les allures, l'accent du Midi !

Il marchait comme on danse la farandole ; son geste partait en mistral ; ses yeux, derrière le binocle, luisaient comme deux petites criques de la Grande bleue, piquetées de soleil — et toutes les cigales de Provence crissaient dans sa voix !

Jamais je ne vis provincial plus avéré. Il disait « sa dame », « sa demoiselle » ; il débitait des fadeurs de marguillier à la loueuse de chaises ; il ne dédaignait point le calembour ; il n'était pas voyageur de commerce, il était commis-voyageur ; son « rococo » ne remontait point à l'autre siècle ; il datait de Louis-Philippe !

O Lauzun ! O Richelieu !...

Mais ce n'est point là ce qui me surprit le plus ; chacune son goût, après tout ! Même, au fur et à mesure qu'il revenait à son vrai plan, il gagnait, dans mon estime, ce qu'il perdait en prestige, ce gaillard si simple, si primitif, dont la poignée de main était si nette, le regard si franc. Ses défauts le servaient plus que les qualités imaginaires — négatives, à mon sens — dont l'opinion l'avait affublé. Il était sympathique, semblant bon.

Par exemple, ce qui était stupéfiant, inconcevable, la chose pour laquelle madame de Sévigné n'aurait pas eu assez d'épithètes, ni le dictionnaire assez d'adjectifs, c'était sa candeur imprévue, fantastique : de telle sorte qu'il fallait, par moments, regarder à deux fois cette physionomie bonasse, rieuse, débordante de naïveté, pour être bien sûr qu'on ne rêvait pas ; qu'on n'était pas dupe ; qu'il ne vous faisait pas poser ; que c'était bien là Vergoin... le seul, l'unique, l'incomparable, Vergoin le fêtard, Vergoin le séducteur !

C'en était touchant!

— Ah! bien, vous l'avez vraiment volée, votre réputation! m'écriai-je à l'étourdie, incapable de contenir plus longtemps ce cri du cœur.

Il me regarda comme la brebis regarde le couteau, et bêla plus qu'il ne répondit :

— N'est-ce pas?

*
* *

Pauvre Vergoin! Et il se mit en demeure de se justifier, avec une mimique de Joseph repoussant madame Putiphar ; expliquant que jamais les femmes n'avaient fait attention à lui (jamais, madame!) qu'il avait même eu à se plaindre de la sienne dont il était séparé; que chaque fois qu'il avait eu une petite bonne amie, elle l'avait gardé pour le « sérieux », mais qu'elle l'avait vite complété pour l'agrément.

Je vivrais cent ans, que je me rappellerais son ton plaintif à narrer ces choses, la sincérité indéniable qui émanait du récit; et, quand on arriva à mademoiselle de Sombreuil, la façon dont il soupira : « Un tel était mon ami; il en avait assez... il me l'a repassée! »

C'était d'une gaieté irrésistible; nous en pleurions! Alors, pour donner du poids à ses paroles, de l'autorité à ses déclarations, il se pencha confidentiellement pardessus la table ; et, très grave, sentant toute l'importance du secret d'Etat qu'il fiait à notre discrétion, un soupçon de fatuité sous la moustache :

— Des difficultés diplomatiques pouvaient surgir. Née aux rives du Bosphore, elle est la fille du Sultan...

Il ne put continuer, l'un des nôtres, vieux Parisien, se trouvant littéralement mal de joie. Tandis qu'on lui tapait dans le dos, j'interrogeais Vergoin sur cette question d'argent, dont on fit si grand bruit. Il avait dépensé quinze cents francs en six semaines, ce qui n'était pas trop mal, à la vérité. Et il parla de cette unique saturnale de son existence avec remords... et regret de n'avoir pu continuer!

— Pourquoi avez-vous mis la police dans cette affaire-là? Ça n'est pas chic.

Il eut un geste désespéré.

— Mais c'était une diablesse, une furie! Madame, il y avait un mois que je la connaissais, et elle m'attribuait un enfant de sept ans! J'avais besoin d'être protégé; je ne pouvais plus sortir avec maman...

Maman! Ce mot était bizarre, mêlé à tel récit dans la bouche de ce quadragénaire. L'on devint attentif, la moquerie s'éteignit peu à peu — et, dégagée des brocards, des huées, des sales injures, l'intimité de cet homme apparut distinctement.

Non seulement, il n'était pas ce qu'on avait dit, mais il était *le contraire de ce qu'on avait dit*. Jamais antithèse ne fut plus frappante, jamais contraste ne fut plus évident! Il vivait, dans un modeste logis du boulevard Sébastopol, avec sa mère, âgée de soixante-quinze ans; travaillant tout le jour, souvent toute la nuit, pour subvenir aux besoins d'une fillette qu'il adorait. Ce gros garçon naïf n'avait pas eu de jeunesse; avait mené la vie austère du magistrat de province... en butte à tous les espionnages, à toutes les malveillances, toujours guetté, toujours dénoncé!

Tombé en disgrâce, il avait démissionné, repris le licol d'avocat. C'était dur; et la politique (éloignant plus de clients qu'elle n'apportait de revenus) n'avait pas modifié la situation. Mais il s'était attelé à un projet de réforme judiciaire qu'il piochait, le soir, sous la lampe, tandis que la maman sommeillait en son grand fauteuil.

Une seule fois, il s'était lancé, avait jeté sa gourme — avec mademoiselle de Sombreuil !

Et il n'y comprenait goutte, d'avoir eu si peu de chance ! Ce casseur de cœurs, dont le nom enthousiasmait les potaches, dans le fond des bahuts ; excitait l'émulation des Adonis de province ; inspirait les muses de sous-préfecture ; et en imposait au vulgaire ; ce « joyeux viveur », ce « noceur échevelé », ne savait rien, ne connaissait rien de la vie... plus désarmé contre elle qu'un séminariste en rupture de prêtrise, plus ébahi devant le *struggle* qu'une pensionnaire au sortir du couvent.

*
* *

Ah ! oui, pauvre Vergoin ! On lui fut vraiment féroce.

Quand arriva la défaite de son parti, l'exil, il tâcha de se faire inscrire au barreau de Bruxelles. Mais la haine des vainqueurs veillait, tenace ; s'interposa entre lui et le gagne-pain. Il en fut de même après sa rentrée en France, presque jusqu'à la fin. Gracié, on lui interdisait de plaider — c'est-à-dire d'exister !

Le voici tranquille : ne restent plus à plaindre que la maman presque octogénaire et l'orpheline, qui demeurent seules, perdues dans leur deuil... Que mes inoffensives railleries ne les attristent point ! Je tenais à être sincère, afin de pouvoir conclure, très haut, que celui qu'elles pleurent fut un brave homme, un honnête homme, dont une menteuse légende gâta la vie et avança la mort.

CHERCHEZ FERRY !...

Le 1er décembre 1887, des gens plutôt barbus, de mine et de mise diverses, s'assemblèrent en un café de la rue de Rivoli, non loin de l'Hôtel-de-Ville.

Tous les groupes d'opposition avaient là leurs représentants. Pour un jour, pour une heure, devant le péril général, radicaux, socialistes, boulangistes, oubliant la diversité des doctrines, les antagonismes de personnalités, mettaient en faisceau leur effort, dans une commune haine contre un même individu.

C'est que le Congrès devait se tenir le surlendemain, à Versailles — et que l'élection de M. Jules Ferry semblait assurée.

Il avait suffi de cette menace pour faire l'entente, fondre toutes les formules en un seul mot d'ordre : « Qui ils voudront... sauf celui-là ! »

Les *Ligueurs* de Déroulède, les patriotes, ne lui pardonnaient ni les « petits paquets » du Tonkin (le sang distrait des bords du Rhin pour être inutilement versé au fleuve Jaune) ni le sobriquet « Saint-Arnaud de café-concert », jeté à la face de Boulanger, sans que l'insulteur voulût rendre raison de l'insulte; ni les hottées d'immondices, déversées communément, par ses soins et sa presse, sur tout indépendant.

Les révolutionnaires — et pour cette circonstance, ô miracle, toutes querelles de sectes avaient fait trêve ! — se remémoraient les misères aggravées du siège ; l'exécration dont les Trente-sous avaient pâti ; la trahison du 31 octobre ; la fusillade du 22 janvier...

Bref, élan fut rarement si unanime, de tant d'hommes contre un seul homme ; de tels disparates aboutissant à solution si dense, cohésion si absolue.

Mais on délibéra — dans les formes ! Parmi les motions, les réfutations, les harangues, le débat s'éternisa. Et l'on aboutit à ceci : qu'une permanence allait se tenir dans la bibliothèque du Conseil municipal, prête à parer aux événements.

C'était encore, toujours du parlementarisme... parlementarisme écarlate contre parlementarisme tricolore ! C'était recommencer l'éternelle faute ; retomber dans l'éternelle ornière ; paraphraser 93 ; parodier le Comité de salut public ! D'aucuns, au fond, j'en suis bien sûre, rêvaient déjà d'un costume spécial : l'écharpe de Couthon, le panache de Carnot, ou même — qui sait ? — l'habit bleu de Maximilien.

La Commune en était cependant morte, de ces friperies ! Une résistance sérieuse en pouvait-elle naître?

Le vieux socialisme, les « barbes », oublieuses de la leçon antérieure, s'acharnaient à récidiver. Le jeune boulangisme, lui, plus turbulent, avait de la méfiance... une méfiance qu'un brin d'anarchie avivait encore !

Bref, les risque-tout de la coalition, bien que respectueux des décisions prises d'accord, résolurent d'y ajouter quelque chose de leur cru : une invention

— restait à savoir laquelle! — plus pratique que ces vénérables, mais anodines mesures.

Et comme chaque fois qu'il s'agit de commettre quelque joyeuse illégalité, on vint me demander conseil.

C'est alors que nous eûmes une bonne idée...

*
* *

Je vais vous la dire. Mais, avant, qu'on me permette une courte digression.

Quelqu'un se souvient-il encore du Vol des Postes, commis vers 1883-84, dans les baraquements dressés alors place du Carrousel? Tout Paris s'égaya du soldat naïf qui, ayant pour consigne « de ne pas laisser entrer », mais point « de ne pas laisser sortir », regarda placidement le voleur s'éloigner dans les primes brumes de l'aube.

Ce voleur-là, on s'en enquit fort. Même quand il ne sait rien de rien, le public a un flair du diable pour mettre le nez sur les pistes scabreuses. Le *Cri du Peuple,* très documenté, eut la langue un peu preste; montra qu'il en savait long.

Si bien que M. Kühn — le père Kühn, comme on appelait couramment le chef de la Sûreté — s'amena au journal, sous prétexte de demander des renseignements; en vérité, pour tâcher de démêler au juste où nous en étions.

Venu seul, il causait en tête à tête avec le secrétaire de rédaction. Moi, les autres, bavardions dans la grande salle. Soudain, me prit une tentation gaie, une inspiration diabolique — la vision de toute une police affolée, décapitée, sans guide ni boussole, retournant Paris de fond en comble pour retrouver son pasteur.

Et me tournant vers mes collaborateurs, ces hardis

citoyens disposés à tous les risques, à toutes les aventures, héros hier, apôtres aujourd'hui, martyrs demain :

— Si nous le gardions?

— Qui?

— Le père Kühn.

Tous les bras s'élancèrent vers le plafond ; toutes les bouches proférèrent le même hurlement. Vite, j'expliquai qu'il n'était point question de faire aucun mal à ce vieux manchot; mais seulement de le remiser gentiment dans un coin de cave inaccessible aux perquisitions ; bien nourri, bien traité... par pur dilettantisme; pour faire une vraie farce; pour témoigner aussi d'irrespect aux pouvoirs publics ; et donner à la foule un salutaire exemple.

Ils m'écoutaient, désespérés. Le plus farouche, sans mot dire, se leva, alla prendre un in-quarto, et revint l'ouvrir devant moi. C'était le Code.

Lancée, je répliquai, sans lire :

— Enfin, ça ne vous dit pas? Mais pourquoi? Pourquoi? Pourquoi?

De sa voix sonore, de cette belle voix qui prêchait aux simples le mépris de la loi, l'abnégation, l'audace, le révolutionnaire répondit :

— Parce que ce serait illégal...

*
* *

Il eût pu ajouter : « et qu'on nous fourrerait dedans »; mais cela allait de soi.

En 1887, il ne s'agissait plus d'une escapade fantaisiste; de graves sentiments étaient en jeu. Alors, comment hésiter? Ferry gênait? On enlèverait Ferry! Jamais les Congrès n'ont nommé d'absent.

L'exécution?... A cela ne tienne! En une demi-heure, le plan fut conçu. Quant à sa mise en œuvre, trois hommes suffisaient — et ils étaient là! Feuillâtre, friand de la lame, maigre comme un sarment, droit comme un fleuret; avec des yeux clairs, une chevelure poudrée, avant l'âge, de houzard-Chamboran. Harry de l'Arno, immense, solide, homme de sport et d'élevage, gentleman-farmer; montrant, en un rire d'aise, à l'idée d'aventures, ses dents acérées de jeune loup, dans sa face brune de montagnard pyrénéen. Et, pour compléter le trio, ce cerveau brûlé de Lafougère, en quête toujours d'estocades et de horions.

C'était à l'époque des longs jours. Chaque soir, vers six heures, les débats terminés, Ferry qui depuis la séance de Lang-Son, ne sortait plus par le quai d'Orsay — où sans cesse des groupes stationnaient, durant cette crise présidentielle — Ferry quittait le Palais-Bourbon; et, dans la nuit close, s'en allait, solitairement, par la rue de Lille; traversait en biais l'Esplanade, pour gagner le pont des Invalides, puis l'avenue d'Iéna où il habitait.

Il s'agissait de l'aborder au coin de l'Esplanade où un coupé attelé de deux chevaux de choix, conduits par leur propriétaire, Harry, déguisé en cocher, aurait attendu. Quelqu'un, que le député des Vosges connaissait déjà, l'avisait au passage que, dans la voiture, une troisième personne avait à lui donner un renseignement urgent. Sans méfiance, et résolu comme il l'était, Ferry approchait...

Aussitôt, il était « cueilli », bâillonné en douceur, garrotté au besoin; et le coupé filait de toute la vitesse de ses pur-sang le long des quais, vers la villégiature hivernale (mais ouatée) où une réception convenable l'attendait. Là, dans une atmosphère tiède, bien logé, bien soigné, traité avec une suprême courtoisie, le candidat à la Présidence aurait passé trois jours — les trois jours décisifs pendant lesquels des crieurs égosillés auraient, de par les carrefours, promis la forte somme :

A qui retrouverait Jules Ferry perdu !

Cependant, comme il faut éviter l'inutile cruauté, la femme du captif eût reçu un avis discret...

*
* *

Le lendemain tout était prêt : les conjurés, les chevaux, moi, geôlière improvisée — et jusqu'à une daube mirifique qui achevait de « prendre » dans la terrine vernissée. J'ai toujours eu, culinairement, la méfiance de la campagne.

Alors quelqu'un dit :

— Il faudrait peut-être, tout de même, consulter le Chef.

Personnellement, je n'en avais pas, de chef ; et je me moquais un peu du leur, séduite par le seul côté romanesque et amusant de l'intrigue. Mais les autres se rendirent à l'argument.

Boulanger sortait de la commission de classement, quand Lafougère l'arrêta au passage. Tous deux firent ensemble quelques pas sur le boulevard Saint-Germain.

Comment n'eût-il pas approuvé, Catilina ? C'était l'atout qu'on lui mettait en main. Quel aspirant dictateur, quel émule de Louis-Napoléon, quel fauteur de coup d'Etat eût refusé semblable aubaine ?

Cependant, tandis que Lafougère parlait, le général l'envisageait avec un ébahissement scandalisé. Et, soudain, très rouge, les bras au ciel, tout pareil aux révolutionnaires du *Cri du Peuple*, il s'exclama :

— Mais, mon bon ami, ce n'est pas légal !

. . . .

Et le soir, penauds, nous mangeâmes la daube — la daube de M. Ferry !

BOUT DE L'AN

Ixelles, 2 octobre 1892.

Ce printemps, à Saint-Jean-le-Thomas, un petit bourg perdu aux confins de Normandie, presque en terre bretonne, et que l'Océan ourle d'écume — tout à coup, une surprise!

Après avoir regardé à l'horizon, par la fenêtre encadrée de roses, le Mont Saint-Michel — cette féerie! — irradié de soleil; lorsqu'on se retournait; là, sur la cloison de l'auberge, à la place d'honneur, ostensible, isolé, affiché plutôt qu'accroché, semblait-il, un chromo du général Boulanger (en grand uniforme, épée au flanc, chapeau en bataille, tel que le jeune ministre de la guerre apparut, le 14 juillet 1887, revenant de la revue) étonnait, surprenait le regard déshabitué de cette image, comme l'évocation d'un passé très lointain et très anéanti.

— Oui, c'est Lui, fit le gas qui débouchait le poiré, un gas courtaud, trapu, les cheveux en chiendent, le front bas, des taches de son aux joues, les yeux couleur d'algue. Il est mort, on le sait bien, et c'est fini... mais il restera à mon mur! Des clients, des beaux messieurs de passage, m'ont dit : « Enlevez donc ça! » J'ai répondu : « Non! » Et quand ils sont revenus, ils sont allés en face, au cabaret du *Gué*, où le cidre ne vaut rien et où le patron est voleur. Ça m'est égal! Les autorités m'ont fait des ennuis, à cause. Chaque fois qu'il y a une contravention dans le pays, elle est pour moi. Ça m'est égal! Mais tant que je vivrai, foi de Karadeuc, on n'y touchera pas!

Celui-là, pour mépriser ainsi son intérêt et se passionner, ne devait pas être Normand. Breton, plutôt? Sans doute, quelque semis de Chouan.

— Je suis petit-fils de bleu, et j'aimais la République... avant!

— Vous l'avez connu, le général?

— Non. Même jamais vu.

— Il vous a été utile?

— Pas plus. J'avais soixante écus d'économie; je les lui ai envoyés, pour qu'il vienne à bout des « autres ».

— On vous a remercié?

— Non.

— Alors, pourquoi l'aimez-vous ainsi?

Et l'homme, avec un geste éperdu, ouvrant tout grands les bras :

— Je ne sais pas. Au commencement, c'était de l'amusette, parce qu'il était bel homme et qu'on chantait des marches. Je ne tenais même au portrait qu'à cause des couleurs; et puis, parce que le cadre est doré.

— Et maintenant?

— Maintenant, il pourrait être tout noir, et sans le cadre, j'y tiendrais pareil! Voyez-vous, tant plus qu'on lui faisait de misères, à Boulanger, tant plus qu'on se trouvait pour lui du sentiment. Si je l'aime comme ça, c'est peut-être de son malheur. Puis, il est mort comme dans les livres...

Et les yeux couleur d'algue, les yeux du rustre s'extasient, emplis d'idéal autant que les lumineuses prunelles des poètes, charmeurs de visions!

*
* *

« Comme dans les livres! » — phrase brève synthétisant la vie de Georges Boulanger, pouvant servir de devise, d'épitaphe, à qui s'annonça comme César, vécut comme Catilina... succomba comme Roméo!

Et cette douceur après tout ce tapage, ces clameurs formidables s'achevant en un baiser, cette abdication de tout espoir, ce renoncement à toute revanche, alors que (ses intimes le savent bien), à tort ou à raison, la revanche lui demeurait certaine et l'espoir inaboli; tout cela lui a rallié plus de cœurs qu'il n'en traîna jamais derrière les pas du cheval noir, le panache de la locomotive, le passage du landau !

Mais ces cœurs sont d'autre sorte, pétris d'argile différente. Loin des vains tumultes, épris de mystère, craintifs de l'avenir, endoloris par le présent, ils se réfugient dans le passé — volontiers vers les tombeaux. Leur flamme est discrète comme celle qui tremble aux lampes funéraires ; ils fleurissent pâle comme les chrysanthèmes du Jour des trépassés.

La passion les a mûris, la passion les a meurtris; et ils en gardent le culte! Une infinie pitié émane, de leur martyre, pour la divine souffrance. Ces âmes écartent leurs voiles, comme Véronique, au passage du supplicié, en épongent sa sueur d'agonie... et, dans l'image miraculeuse qui y demeure, se reconnaissent ainsi qu'en un miroir!

On les retrouve autour de toutes les sépultures, où dorment, enlacées, les victimes d'amour. Des mains pieuses toujours, des mains d'inconnues le plus souvent, veillent jalousement à parer l'autel. Qu'il s'agisse, au Père-Lachaise, d'Héloïse et d'Abeilard; qu'il s'agisse, à Vérone, de la fille des Capulet, du fils des Montaigu; qu'il s'agisse, ici, de Georges Boulanger, de Marguerite de Bonnemains, toujours quelque silhouette furtive, de noir vêtue, s'efface, qui priait ou pleurait aux pieds des amants.

Sur eux... ou sur elle ?

Sur elle et sur eux ! Sur l'humaine douleur qui a le plus d'échos ici-bas ; qui fait vibrer le plus les nerfs de l'être; qui fait ruisseler le plus de larmes — torture égale aux joies qu'elle expie ! — sur l'amour, souverain de la création, dieu et bourreau, vainqueur de la mort... puisqu'on lui immole, avec ivresse, l'instinct de la vie !

Mais ces piétés sont farouches, se plaisent seulement dans le recueillement et la solitude. Le bruit, la cohue, l'officialité des anniversaires les éloignent, comme ils écartent les amants heureux, dévots assidus de ces pèlerinages, qui vont y porter la fleur de leurs serments.

Il n'est, à l'entrée du cimetière d'Ixelles, aujourd'hui, que des curieux et des militants. Il est venu de Paris trente personnes — trente tout juste! — dont cinq députés. Et, sauf quelques sincères, réellement attristés, sauf quelques braves gens qui, n'ayant pas été à la curée, ou fort peu, tiennent pour obligatoire de continuer à se partager la défaite, tout ceci pue la politique à plein nez !

Les assistants sont rares... mais combien le seraient-ils plus encore si l'on n'avait supputé, à l'avance, quel serait leur chiffre ; préjugé de la décision de celui-ci ; suspecté la détermination de celui-là ? Et, même dans cette poignée d'hommes, survit la tradition des intestines querelles : des regards se croisent qui n'ont rien d'amical ; des poignées de main s'échangent, comme il s'en dut échanger au chevet d'Alexandre.

Chacun croit avoir été l'élu du « chef » ; mais chacun aussi se préoccupe de ce que le « chef » a bien pu écrire de lui au voisin. On sait qu'il y a des lettres, des papiers. Pierre Denis en a ; et aussi tant d'autres — qu'on ne soupçonne pas ! Je ne puis m'empêcher de sourire, songeant à l'ambassade de M. Marius Martin, rue Montoyer, au lendemain des obsèques du général...

*
* *

Cependant, M. Dillon n'est pas là. Il a passé à Bruxelles, pour affaires ; et peut-être, aussi (en vue d'une amnistie qu'il espère proche) afin de tâter le terrain, dans le milieu boulangiste, concentré à cette date. On prétend que quelques avis lui sont parvenus, l'édifiant assez, pour qu'il reprît le train avant l'arrivée des manifestants. Mais ce sont là purs on dit.

Il m'eût semblé même difficile que M. Dillon songeât une minute, fût-ce isolément, à se rendre sur la tombe de celui qu'il traita de « soldat entretenu ». Il faut avoir la pudeur de son opinion — et le respect des morts !

En revanche, M. Rochefort arrive, dans un landau qui fait illusion, de loin, avec la cinquantaine d'œillets rouges escaladant les portières pour accueillir le proscrit. On eût dit la contrefaçon, la réduction des énormes ovations de jadis ; une édition belge proportionnelle à l'étendue de la contrée et au chiffre de ses habitants.

Tout ce monde se précipite chez le conservateur où

l'on signe le registre. Puis le cortège, en grande pompe : les trente Français de France, en tête ; nos compatriotes habitant Bruxelles, ensuite ; et les indigènes, après ; se rendent au monument. Ils y déposent une quinzaine de couronnes, des fleurs de chez nous — et M. Rochefort prend la parole.

Tandis qu'il « chine » le gouvernement, je la regarde, cette pauvre tombe qu'on ne peut laisser en paix. Il me semble pourtant que nul écho ne devait plus retentir ici, après celui qu'éveilla la gâchette du revolver ; que nul souffle ne devait chasser le dernier soupir exhalé à cette place... et que cet homme avait bien gagné, par sa mort, de pouvoir (enfin !) oublier les vivants !

Il paraît que je me trompe, que la politique s'accommode mal de cette sensiblerie. Allons, soit ! D'autant qu'il faut rendre cette justice à M. Rochefort, qu'il est bref.

L'étrange silhouette ! Il évoque de façon saisissante, à cette place, parmi les emblèmes funéraires, l'inoubliable dessin de Gill : « *Alas poor Yorick !* », Gambetta — alors qu'il était question d'une autre amnistie — tenant en sa main la tête de Rochefort et méditant sur le crâne à barbiche et à toupet. Seulement, cette fois, c'est Yorick qui interroge le masque toujours vivant d'Hamlet : la face d'énigme à barbe blonde, dont la tempe est forée d'un invisible trou...

*
* *

On applaudit. C'est terminé. M. Aubry devait prononcer un discours, mais M. Aubry est trop ému. C'est M. Deneuvillers qui le lit à sa place. Et tout le monde s'en va.

Je m'en vais aussi — chercher chez le conservateur du cimetière, l'excellent M. Marchal, qui avait bien voulu me les garder tant que durait la cérémonie, ma couronne et mon bouquet; aucunement hommage d'une politicienne, mais souvenir d'une femme à deux êtres qui s'adorèrent et furent profondément malheureux.

Les curieux eux-mêmes (ces excellents Belges qu'il est impossible de ne pas aimer tant ils sont hospitaliers, fraternels, de belle santé et de belle humeur) sont partis un à un, s'égrenant vers l'entrée, le long de l'allée centrale. Et le départ s'active, sous la menace du ciel soudain assombri.

Voici qu'une goutte d'eau tombe, puis une autre, étoilant les rubans — comme ses pleurs, à lui, durent glisser, de ses paupières brûlées, sur la pierre sépulcrale.

La pluie augmente, lave tous les hochets de la gloire, commence à déteindre les inscriptions, efface la trace des pas... Un oiseau, les ailes mouillées, cherche asile dans le jardinet : un rouge-gorge, cravaté de pourpre comme un commandeur de la Légion d'honneur.

Le silence revient, une paix douce, infinie, où le vent, seul, met son léger sanglot. Et il me semble que cette ondée, ce purifiant baptême, est fait de toutes les larmes des amants; de tous ceux pour qui ce soldat, cette patricienne, ont voulu être, sont, et resteront à jamais, éternisés par l'amour, Georges et Marguerite, — rien d'autre! Les lauriers sont coupés et les myrtes fleurissent...

Arrière, ô Tisiphone!

PANAMA

LE TALON D'ACHILLE

> « D'où vient l'argent ? »
> (*Cri antiboulangiste.*)

On ne l'a pas brûlé, celui-là — et il cuit dur aux gouvernants ! M. Thierrée, par l'épreuve purifiante à laquelle tant de cheiks opportunistes devront le salut, n'a pu rendre invincible le pied léger du Thiers-Etat.

Et le régime parlementaire se meurt ! Et le régime parlementaire est mort !

On l'a frappé au bon endroit. Il n'avait ni cerveau, ni cœur, ni même d'entrailles; à peine un front, pour ne pas rougir ; un épigastre, pour les *mea culpa* hypocrites... et de vagues boyaux !

Pour l'atteindre, pour le voir frémir et se débattre, il a fallu taper à la caisse, viser le fond de chaussette où il glissait ses gains illicites.

Certes, il est d'honnêtes hommes, en ce Parlement : ceux qui ont le moyen de l'être, d'abord ; ceux, ensuite, qui n'ont pas rencontré l'occasion de ne l'être plus; enfin, les stoïques. Ces derniers sont rares et ne se sentiront pas atteints par mes paroles, puisqu'ils ont la conscience très pure et les poches vides de tout larcin.

Etonnerais-je quelqu'un en les supposant là à titre d'exception — le seul qui n'ait pas cours sur le marché? La probité subit ses krachs, comme toute vertu humaine entrée, aux époques de décadence, dans la courante spéculation.

Et même une chose me surprend mélancoliquement, dans cette débâcle ; l'entache de vulgarité ; en fait un article de bazar, à la grosse, au lieu de l'œuvre originale, ingénieuse, d'un unique artisan : c'est son bon-marché. Si jamais j'avais osé m'imaginer un père ou un frère conscrit vendu, j'aurais pensé, naïve, que c'eût été, au moins, contre son pesant d'or.

Pas du tout ! On en a eu presque pour rien. Moyennant une misère — dix, quinze, vingt mille francs — Panama a pu s'offrir les personnages les plus considérables du pays. Point une horizontale un peu cotée, et ayant beaucoup servi, qui ne vaille ça !

Si bien que l'on a vu, en cet écroulement de siècle, l'honneur d'un homme (cette chose pour laquelle les aïeux se faisaient tuer !) valoir un peu moins cher que le déshonneur professionnel d'une ribaude.

Inutile de s'en affliger outre mesure, de s'en répandre en lamentations. Ce qui doit arriver arrive... et le mal est général ! Pour faire taire les étouffeurs qui demandent le silence, c'est-à-dire l'impunité, au nom de la patrie, il suffit de jeter un regard circulaire — comme les Cook's — sur le reste du monde.

Partout, mêmes aventures, mêmes scandales, même dilapidation des deniers publics ; même vol éhonté de l'épargne des petites gens ! A l'ombre du trône, des fonctionnaires pillent, grapillent ; en République, les monarques en personne mettent la main à l'ouvrage — et dans la poche des gogos !

Partout, même malaise, à des degrés différents ; même sensation de catastrophe prochaine ; même gloutonnerie à avaler les dernières bouchées, à lamper le dernier verre, à savourer les dernières joies...

On ne se prépare pas à finir joliment, avec grâce, avec chic ; comme les philosophes de toutes époques ; comme les païens couronnés de roses, comme les aristos coiffés en poudre — on s'y rue, on s'y vautre, tels pourceaux vers l'auge !

Tout le monde en veut, du veau et de la salade, au banquet parlementaire ! Et des trocs s'établissent entre ceux qui en ont beaucoup et ceux qui n'en ont pas : le droit d'aînesse, à eux confié par les gueux, est encore une fois cédé, pour un tendon, pour un trognon !

Au dehors, les frustrés attendent... Et le *Mane, Thecel, Pharès* flamboie aux vitres de la salle !

*
* *

Oui, vraiment, ceux qui se sont vendus se sont vendus pour pas cher ! Ce serait à dégoûter de l'honnêteté que voir à quel taux on l'évalue ; et qu'en politique, comme en galanterie, le premier faux pas est presque toujours gratuit — ou peu s'en faut !

Les belles canailles seules, les avouées, les reconnues, les célèbres, ont touché la forte somme ; et aussi, dit-on, quelques vestales, si âgées, si austères, si puritaines, si insoupçonnables, que le public s'acharne à savoir le fin mot de ces rances vertus.

Il n'en démordra pas... quoi qu'on fasse ! Ni nous non plus, les journalistes, les pelés, les tondus, d'où vient toujours tout le mal. On a volé l'un, on a injurié les autres; et voilà qu'ils font boule, se hérissent, marchent contre l'ennemi commun.

Les responsabilités seront établies, TOUTES — qu'on se le dise ! Il ne s'agit plus de proclamer : « La presse est vendue », parce que quelques directeurs de journaux se seront fait payer leur publicité aussi cher par M. de Lesseps que par M. Géraudel ; et autant pour vanter les bienfaits d'un isthme que pour célébrer les charmes d'un purgatif.

Ceux-là sont des négociants. Les militants sont aussi rares, dans ce conseil de prud'hommes, qu'ils sont nombreux parmi les simples scribes : braves gens vivant du quotidien labeur ; qu'indigne toute calomnie englobant la corporation entière ; et qui feront payer cher leur manœuvre, à ceux qui ont cru apaiser la foule en lui jetant à ronger un porte-plume, comme os à un dogue dont on trompe la faim !

Ah ! les actionnaires étaient des imbéciles, et les journalistes des bandits ! Hé ! bien, mais — et aujourd'hui ? Voyez donc ce qu'elle a fait, cette opinion publique tant dédaignée, qui émane des uns et que traduisent les autres ? Comptez les ministres qu'elle a jetés bas, et ceux qu'elle passera en couverte, parmi les huées de la chambrée, avant qu'il soit longtemps !

Elle a décloué des cercueils ; arraché des masques ; poussé débraillés, sous la risée, les plus boutonnés dans leur renom, les plus drapés dans leur respectabilité ! Indulgente aux Athéniens (bons garçons à la ceinture lâche, qui, ne trompant personne, affichent leurs faiblesses, afin que nul ne s'y méprenne), elle s'est montrée implacable aux Spartiates, aux pharisiens hypocrites, ignorants du pardon envers le crime, de la compassion envers la faute, de la tolérance envers l'erreur : ceux qui cachent le vice sous la robe de la sagesse et l'aspect de la vertu !

Elle y a mordu, elle y a pris goût... ce n'est pas fini !

* * *

Les trois arrestations d'hier ne rassasieront point sa fringale de vérité. Car le soupçon plane maintenant sur tous, sur tout.

Marat fut un vilain merle, à mon avis, par bien des côtés ; et j'aime Charlotte — mais Marat eut quelquefois du bon ! En même temps que les écailles de sa lèpre, il semait le doute autour de lui. Et le doute (supplice pour qui l'éprouve) sert quelquefois au bien public.

Voyez plutôt dans le cas présent. On empoigne les « corrupteurs », cela est bien. Mais... et les corrompus ? Il en est de la corruption comme de l'adultère, et du menu de certains restaurants : on est deux ! Sauf résistance — et je ne sache point que les rapports entre la Chambre et le Panama aient jamais relevé du domaine du viol ? — celui qui accepte est aussi coupable, plus coupable que celui qui offre ; car il trahit un associé, un mandat, un serment, tandis que l'autre suit son seul instinct, obéit à son animale impulsion, sert son personnel intérêt.

Enfin, il paie... ce qui, dans les sales trafics, constitue une supériorité.

Donc, l'ogresse avec laquelle on a voulu jouer, la bonne foule aux dents longues, considérera l'opération d'hier comme un simple apéritif. C'est la tartine de caviar qui amuse la faim — et l'aiguise !

M. Brisson peut marcher ; l'opinion est avec lui ! Elle est également avec la justice (pour une fois, peut-on dire, sans être Belge !) si la justice, débarrassée de M. de Beaurepaire, veut agir net, vite, et droit. Elle est avec tous ceux qui s'affirment les défenseurs des spoliés ; avec tous ceux qui voudront la lumière, qui la feront éclatante ; et dont la poigne s'abattra, formidable, sur les hauts « profiteurs » — fussent-ils réfugiés dans les plis du drapeau, comme la Loïe Fuller dans l'orbe de son jupon !

Les trouver tous, voilà le devoir ! Après, s'exercera le grand droit révolutionnaire : la confiscation des biens, sur lesquels, dès maintenant, l'embargo devrait être mis.

Ce n'est pas le tout d'avoir, au 22 septembre, promené des chars à faire hurler le chien du Zodiaque, et ridiculisé l'Une et Indivisible ! L'heure est venue de l'évoquer autrement...

Je n'appelle pas la guillotine ; elle me fait horreur ! Mais je me souviens qu'à ses heures de danger, la République d'il y a cent ans sut faire rendre gorge aux accapareurs, aux fournisseurs, aux émissaires infidèles. On leur laissa la tête — les paniers étaient pleins — mais on les expédia étudier de près le régime pénitentiaire, voire les colonies... après les avoir mis nus comme de petits saints Jean.

Ah ! que vite il serait vite reconstitué, le milliard égaré, si quelques commissaires aux armées de l'autre 93 étaient chargés de faire battre le rappel des fonds !

La gangrène y est, mettez le fer rouge ! On vous laisse le choix de la place : au talon — ou à l'épaule !

THRASEAS

Décembre 1890.

J'ai quelque chose à demander — ça arrive ! — à des « influents » du métier. Il s'agit d'un confrère, condamné, par un président trop zélé (Toutée-de-quoi-vis-tu), juste au maximum qui transforme la nature de la peine ; fait d'une infraction presque un crime, et du délit d'opinion un attentat de droit commun. Bref, alors que l'affaire est toute politique, on refuse au journaliste l'hospitalité de Pélago ; et on rêve de l'envoyer à la Santé, parmi les escarpes, filous, cambrioleurs, et autres gentlemen.

Ce n'est pas que la compagnie soit inélégante — le bagne serait même un riche salon, si tous ceux qui le méritent le fréquentaient ! — mais c'est vexant !

D'abord, en raison du ma... gistrat qui a représenté la justice dans cette iniquité ; ensuite, à cause des bons petits cœurs, des braves petits confrères, qui s'emploient de leur mieux à ce qu'elle s'effectue.

— Allez donc voir Ranc ! m'a conseillé quelqu'un.

C'est vite dit; mais je ne le connais pas, Ranc! Les rares fois où nous nous sommes trouvés en présence, de loin, il m'a regardée du fin fond de sa barbe, sans en avoir l'air (il a été blanquiste), avec un dédain indulgent ; mais tout de même du dédain !

Ça se comprend. Ce grand conspirateur devant l'Eternel ne peut que tenir en pitié légère cette exubérante qui ne croit pas aux complots (maintenant, du moins !) et chatouille du bec de sa plume le nez des solennels, pour les faire rire ou éternuer sur l'autel de la patrie... laquelle ne s'en porte pas plus mal !

Et quand Catilina a marché contre Rome, sans suivre Catilina, j'ai raillé les consuls; comme les pastoureaux qui, du faîte de l'arbre, suivent la bataille et marquent les coups : huant les grotesques, les lâches — parfois le vainqueur !

Or, Thraséas n'a pas été content, alors; et il ne me l'a pas envoyé dire ! Comment vais-je l'aborder aujourd'hui ?

J'y songe, un peu penaude, mais incorrigible tout de même, incapable de m'amender. S'il ne s'agissait d'autrui, sûr, je ne l'affronterais pas, la colère de Thraséas ! Enfin !

— Où demeure-t-il, M. Ranc?

— Place des Vosges, au...

Ici, je coupe la poire en deux : moitié pour moi, moitié pour lui. Je dis l'endroit, parce que je suis bavarde ; mais je cèle le numéro, afin d'affirmer ma discrétion : prouver que, moi aussi, je suis capable de recevoir un mot d'ordre, d'observer une consigne; que si je ne conspire pas c'est par goût, non par impuissance ; que je sais me taire...

Chut!!!

*
* *

Huit heures et demie du matin, place des Vosges. Avec des yeux bouffis de sommeil, j'envisage la haute, haute maison de brique, fenestrée suivant l'époque : argus aux mille petits carreaux que le soleil poudre d'une gaieté — et aussi, me semble-t-il, d'une malice.

Elles me dévisagent, toutes ces prunelles d'or, d'un air de joyeux défi; paraissent s'intéresser prodigieusement à ma démarche; et si j'oserai la faire, et si j'y réussirai.

Si j'oserai !... Je me précipite sous la voûte. Dans la cour du fond, spacieuse, ensoleillée, la concierge balaie : une concierge qui a mine de brave femme, pas hargneuse. Mais je ne me laisse pas prendre aux apparences, moi; et, du masque, ne conclus pas au visage! J'ai lu le *Roman d'une Conspiration;* et je cherche quel subterfuge me mettra bien dans la place, me donnera l'air « de ne pas avoir l'air ».

Une cage est là, une immense cage où des canaris, des pinsons, des linots, volètent, gazouillent. Alors, extasiée :

— Ah! les petits, les beaux petits oiseaux!... Qu'ils sont gentils, qu'ils sont mignons, les petits oiseaux à leur mémère!... Et comme on les gâte! Du mouron, du colifichet, du susucre!

Je les aguiche du doigt. Très familiers ils me rendent ma politesse en chantant à tue-tête, pleins d'émulation. Je guigne la « mémère » du coin de l'œil. Elle a quitté son balai et se rapproche. O Fouché!

Une buvoire inclinait ; je l'ai redressée, mouillant un peu mes gants... il faut savoir faire des sacrifices!

J'en suis récompensée. Une voix attendrie module à mon oreille :

— Madame demande?

Je me retourne, avec le sursaut des gens surpris. Et, le plus gentiment possible :

— M. Ranc, Madame, s'il vous plaît?

La bonne femme a reculé d'un pas, soudain méfiante, la figure assombrie. Les poings aux hanches, elle m'examine... semble me prendre pour Charlotte Corday!

Enfin, après un long silence :

— Il n'y est pas. Il n'y est jamais!

— Vraiment!

— Et puis, me dit cette gardienne austère, il ne reçoit pas de dames!

Une telle hilarité m'empoigne que j'en perds un peu la tête. Et je crie :

— Ça n'est pas pour ça que je viens! tandis que les larmes du fou rire m'emplissent les yeux.

— Ah! fait-elle, soulagée.

— Non, c'est pour un prisonnier; une affaire politique DE LA PLUS HAUTE IMPORTANCE.

J'ai bien dit cela, « de la plus haute importance »... avec la bouche en chose de poule, et un clin d'œil significatif qui la fait ma complice; la met dans la confidence; lui donne cette illusion qu'elle « en est ».

Flattée, elle livre passage.

— Enfin, allez tout de même! Mais vous *lui* direz bien que ce n'est pas de ma faute.

— Oui. Où est-ce? Au premier?

— Non. Au dernier!

*
* *

Je grimpe, je grimpe, le long du vaste escalier, de lumière empli. Ce n'est pas la solennité des paliers de *Pot-Bouille*, mais une majesté de bon aloi, grave et ancestrale, qui se dégage des pierres du vieil édifice.

Je ne ris plus — d'abord, parce qu'au fur et à mesure que je me rapproche, mon trac augmente ; ensuite, parce que je songe, le long de cette rampe qu'on peut gravir à cheval, aux aïeux célèbres ou obscurs qui, de leurs semelles, en usèrent les degrés.

Ces maisons-là, c'est comme si on lisait du Michelet !

J'ai eu beau ralentir, m'y voici quand même ; tout en haut, sous les toits, car le lambris se mansarde.

Sous les toits ? Hé ! oui, comme les gueux de Béranger — et comme Jenny l'ouvrière ! Pourtant, il serait ministre, celui-là... s'il voulait !

Je sonne, avec un léger battement de cœur. On n'ouvre pas ; déjà, ma lâcheté se réjouit, à l'idée que je vais éviter l'épreuve ; fuir sans affronter la colère, la terrible colère de Thraséas !

Fi !

Je resonne. Des pas étouffés longent la cloison ; « on marche dans le mur ! » comme dit Angelo, tyran de Padoue. Puis un furtif glissement contre la porte — paupière de judas qui se relève, ou monocle de serrure qui pivote !

Je me sens dévisagée ; et ne sais plus que devenir.

Un bruit de chaîne qu'on tire ; l'huis s'entrebâille, un coin de barbe et le quart d'un œil dépassent la ligne verticale du battant... Misère de moi, c'est Thraséas en personne !

Et le petit Chaperon rouge, le petit Bonnet rouge plutôt, entre chez le loup dévorant de l'opportunisme !

*
* *

Il ne m'a point croquée. Cela tient sans doute à ce que — le redoutant beaucoup, mais l'estimant encore davantage — je n'avais apporté ni galette, ni pot à beurre.

Les usages varient suivant les maisons.

Et tandis qu'attentif, puisque je parlais de la liberté; bienveillant, car il était mon hôte; presque souriant, parce que, rassurée, je bavardais en toute indépendance, et comme mots et comme idées ; tandis qu'il écoutait, par instinct professionnel je regardais autour de moi.

C'était la demeure du juste, c'était la demeure du sage; toute petite, sans ombre de luxe, peuplée de souvenirs : Gambetta ici et Gambetta là ; de profil, de face; esquissé sur la toile, gravé dans le bronze — et le moulage du mort dominant, par sa sérénité souveraine, toutes les expressions du vivant !

Moi qui ai le culte d'un autre mort, moins illustre, et qui ai fait de mon chez moi son chez lui, je contemplais ces choses, émue jusqu'aux fibres... si émue, ma foi, qu'au beau milieu d'une phrase, je m'arrêtai net.

Il suivit la direction de mes yeux, comprit, se leva ; et revenant à moi, la relique haute dans les mains, comme les prêtres portent l'ostensoir, il eut un mot simple, un mot de brave homme, plus poignant que toutes les rhétoriques du monde :

— Je l'aimais bien, dit-il.

Son menton tremblait; et il resta longtemps, très longtemps à rattacher le masque au mur, me tournant le dos, tandis qu'un tressaillement de peine faisait bouger le col de son veston.

Et je le compris soudain, ce sectaire avec lequel on s'est souvent chamaillé; avec lequel on se chamaillera encore, c'est sûr... mais dont la sincérité, la probité sont et demeurent au-dessus de tout soupçon.

Décembre 1892.

Il a payé de sa personne, fait sa tâche ; et voici qu'il vieillit, pauvre, les mains nettes, sans emploi, sans prébendes, sans honneurs — riche seulement de son talent et de sa fierté !

Ah ! que je voudrais donc que la commission d'enquête fît seulement ceci : voir, parmi les « suspects » parlementaires faisant du journalisme, quels sont ceux qui vivent de leur métier, au jour le jour; qui mangent souvent, la veille, le pain du lendemain... et les riches seigneurs qui, sans fortune apparente, laissent se capitaliser leur gain.

Ce serait édifiant !

Monsieur Ranc, je vous ai un petit peu blagué, parce que ça, c'est dans le sang. Je le tiens de mon papa intellectuel — et la fille de Vallès devait bien cela au Rock du *Bachelier !* Mais j'ai des fantaisies d'amitié qui choisissent leur heure... voulez-vous me permettre de me dire votre amie ?

PANAMA

L'INDULGENCE

Pour quelqu'un...

Le ciel me garde, monsieur, d'ajouter une peine à toutes celles qui vous accablent ; et c'est pourquoi je n'écris pas votre nom, si traîné sur la claie en ces derniers jours.

Vous vous reconnaîtrez ; d'autres aussi. Mais n'ayez crainte, et que, de nulle angoisse, votre douleur ne tressaille à mon approche. Je ne suis pas la mégère qui s'en vient donner le coup de grâce aux blessés; je ne suis pas la Thénardier qui dégrade les chefs vaincus... et quand je descends, lampe en main, vers l'ombre des géhennes, c'est pour verser la pitié, comme un baume, sur les plaies que d'autres ont faites.

Bien rarement, j'ai passé, inexorable; plus rarement encore, j'ai ajouté ma pierre aux communes lapidations. C'est qu'alors le forfait avait été si vil, si infâme, si attentatoire à l'humanité — enfants suppliciés, faibles meurtris, déments torturés — que nulle excuse, voilée de deuil comme une suppliante, n'étendait les bras entre le crime et le châtiment.

Ce n'est point votre cas. Vous êtes d'un parti que je hais : les Pharisiens de la démocratie ! Mais il serait contre toute justice de ne pas reconnaître que, présentement, vous subissez la peine moins de vos fautes, que des fautes voisines ; que si votre nom vous écrase, ce n'est pas du poids de vos seules erreurs.

Et vous souffrez. On verse à votre foyer des larmes amères ; et point n'est besoin d'écouter aux portes pour entendre les cris de désespoir. Même la paix du tombeau y est ignorée... et certain matin de l'autre semaine, j'ai songé à celles qui vous sont chères, et qui ont dû vraiment agoniser, ce matin-là !

Attendez : ce n'est point fini ! Vous tenez, par le sang, par l'alliance, aux corrupteurs — presque le bon côté ! Jamais les corrompus, ni ceux à qui l'occasion a manqué pour l'être, ne vous pardonneront sincèrement la catastrophe familiale qui les a perdus ou a risqué de les perdre. Complice, peut-être les sauviez-vous ! Victime, vous devenez l'ennemi !

Quant aux « vertueux », ils s'apitoient... et se réjouissent ! Vous étiez la concurrence : si jeune, tôt parvenu, opulent ; ayant déjà voix autorisée dans les conseils de l'Etat ; ministre de demain — et de toujours !

Personnellement, je ne vois pas en quoi votre situation, vos capacités, se trouvent amoindries par les récents événements. Tel vous étiez, tel vous êtes ; un peu moins riche, ce qui n'en vaut que mieux !

Mais je suis de l'école de « chacun selon ses œuvres » ; du fils irresponsable de la gloire ou de la honte des aïeux... et je ne crois pas au péché originel ! Vos amis la prônent aussi, cette doctrine, fille des immortels principes — seulement ils ne la pratiquent pas!

Et vous-même...

*
* *

Tenez, monsieur, je ne fais pas ici d'hypocrisie; je ne viens pas, sous prétexte de vous plaindre, aviver vos douleurs. Je m'en serais simplement tenue à l'écart; si elles ne comportaient une leçon si haute, un enseignement si magnifique, que je ne les puis passer sous silence.

Vous souvient-il, monsieur, de ce pauvre homme qui repose doucement, loin des agitations stériles, à Ixelles, en Brabant, près de sa bonne amie? Il fut un agitateur de mince envergure: soldat de fortune grisé à la première rasade que lui versa la fortune; cerveau secondaire, âme indécise, cœur vaillant...

Il avait rêvé de rouler les politiciens; de prendre l'argent des royalistes sans leur rien donner en échange; de reprendre Metz et Strasbourg aux Allemands — avec Berlin en plus, si le vent y était!

Les politiciens le roulèrent; les orléanistes, qui ne badinent pas quant au doit et avoir, se remboursèrent sur son honneur, en patronnant les *Coulisses*... et quelques maisons, vers la Sprée, illuminèrent, quand on apprit la mort du général « Revanche ».

Sa revanche, hélas, la voici; posthume et plus cruelle qu'on ne l'eût pu imaginer. Et parce qu'il n'est plus là pour y assister, parce que toute menace de sa part est envolée, j'en puis parler à l'aise.

On le combattit, c'est naturel — il avait la nation derrière lui! Puis, il faut bien le dire, ses allures étaient de telle sorte; ses alliances d'aspect si fâcheux; son entourage si lamentable; que certains purent s'y méprendre et croire la République en péril.

Mais à quels moyens eut-on recours? Quelles armes basses alla-t-on chercher jusqu'au fond des égouts? Quels trognons puants, ignobles à toucher ramassa-t-on au coin de toutes les bornes?

On l'attaqua par son père; on l'attaqua par ses enfants! L'un avait été avoué en Bretagne : on le déclara tripoteur d'affaires véreuses, de marchés louches — et le fils fut rendu responsable d'agissements paternels rien moins que prouvés. La petite Marcelle, presque une fillette, se maria : et, le matin des épousailles, un journal opportuniste (je l'ai gardé) proclama que cette union était « nécessaire », vu l'état de la fiancée... mensonge infâme!

Pour trente mille francs — employés au service secret de la défense nationale; et dont il était impossible, on le savait, de rendre compte, sans désorganiser le contre-espionnage — Boulanger fut baptisé le « Brav' concussionnaire ».

Trente mille francs! Ce chiffre fait rêver, en regard du milliard de Panama... on dirait dix sous!

Et le cri familier, la scie habituelle, remplaçant le : « Ohé! Lambert! » de l'Empire, ou le : « A bas le dictateur! » envers Gambetta, fut :

— D'où vient l'argent!

*
* *

De tout cela, Boulanger mourut (autant que de la mort de son amoureuse); des déceptions; des dégoûts; de toutes les flèches qui le clouèrent à l'autre cercueil : centurion en cible aux flèches, saint Sébastien de la calomnie!

Ce n'était ni un saint, ni un héros... seulement un bon

garçon inférieur à ses destinées ; qui pensa les dominer, et fut porté par elles comme bouchon sur l'Océan. Il ne fut l'homme que, dès le début, il eût dû être, que vers le déclin ; je ne dirai pas tout espoir perdu, mais toute illusion envolée. La douleur, soudain, avait mûri ce fruit obstinément vert ; il voyait très net, dans l'avenir, les revanches prochaines que le sort lui réservait — ce qui se passe aujourd'hui, entre autres.

Mais, à son deuil s'ajoutait si immense lassitude, soit de ses amis soit de ses ennemis, qu'il préféra se réfugier contre le seul cœur qui lui eût été divinement sincère ; et s'endormir, comme un petit enfant, dans le giron d'une femme.

On l'en loua, on l'en blâma... je ne retins, de son suicide, qu'une chose : c'est qu'il fallait qu'un chef de parti eût rudement souffert pour (ayant au lendemain une foi invulnérable !) abdiquer ainsi, parmi les roses mortuaires très doucement découronnées.

Oui, il avait souffert ! J'ai vu saigner ses yeux ; car, sur le larmier meurtri, les larmes paraissaient rouges, avant que de glisser, éteintes, dans la barbe cendrée par le souci.

Rien ne désarma l'adversaire : ni l'exil, ni l'abandon, ni la mort ! On lui fut implacable, on lui fut féroce — bien après que les dernières pelletées de terre étaient tombées sur le corps, les injures, suivant leurs cours habituel, visaient encore la mémoire ! Qui eut pitié ? Personne. Nul ne fut généreux ; n'eut la victoire clémente, le triomphe indulgent.

Hélas, monsieur, vous en souvient-il ? Vous étiez Brutus, et vous étiez Caton ; un peu Cicéron, par les *Petites Catilinaires*, et un peu Sylla, par la fureur de proscription. Toute l'antiquité stoïque logeait en votre sein, sans faiblesse, sans défaillance... sans miséricorde !

Et voilà que les mêmes clameurs s'élèvent, avec une variante terrible : « Où est l'argent? » Voilà que vous vous trouvez englobé dans un bien plus affreux scandale : car il ne relève pas que de la politique, mais de la probité — et vous êtes innocent... comme l'autre l'était, de presque tout ce dont l'accusa le réquisitoire, le fameux réquisitoire de la Haute-Cour!

Je vous plains, et de grand cœur! Car peut-être en vous, comme en l'autre, aux heures de la défaite, un être nouveau s'éveille-t-il; et la source d'où jaillissent les pleurs a-t-elle fait éclore la fleur d'indulgence, sans laquelle il n'est pas d'âme complète, ni de vraie philosophie.

Voyez, ô politiciens! Même ceux qui paraissent le plus sûrs d'eux, son atteints en leurs proches, voient s'écrouler leurs orgueils. On répond de soi-même — et encore! Qui peut répondre d'un être à côté : de l'allié, du parent, de l'ami? Celui-ci tombe par son gendre, celui-là par son frère, un autre par son cousin, son oncle, son beau-père...

C'est injuste, certes oui! Mais elles sont vôtres, ces mœurs-là! Tant qu'elles régneront, nul (s'il n'est seul!) n'est sûr d'être invincible; que son tour ne viendra pas demain.

Regardez — et que celui qui est sans péché, ose, désormais, jeter la première pierre!

CEUX DE LA FOULE

LETTRE D'UN PETIT PANAMISTE

A M. Z..., Juge.

Monsieur,

Avant de savoir quel est votre nom, avant de savoir quel sera votre rôle — si, membre du Sénat, vous siégerez en Haute-Cour, à fins de punir ceux des parlementaires qui se laissèrent acheter pour consommer ma ruine; ou si, membre de la Judicature, vous siégerez en Correctionnelle, à fins de châtier les simples filous qui en profitèrent — je viens vous faire part des quelques réflexions que m'ont suggérées de récents aveux.

A si pires défaillances que nous ait habitués l'équité humaine, il est des crises tellement graves, des scandales tellement éhontés, que l'homme le plus partial, investi de la fonction d'arbitre, s'efforce à dépouiller ses propres sentiments; à s'isoler de ses passions ordinaires; à devenir, enfin, digne de la haute mission que lui confère le choix de ses concitoyens.

Je vous suppose cet homme-là, Monsieur : cette conscience vivante, parlante, agissante, que doit être le Juge, selon la Loi... et selon la Morale!

Car, présentement, celle-ci prime celle-là ! Avant que l'autre ait rendu son verdict, l'une a rendu son arrêt. Et si, désarmé par quelque tour de chicane, par quelque ficelle de procédure, par le manque de preuves, seulement — en cette bizarre affaire où les pouvoirs publics semblent préoccupés par-dessus tout d'éviter les preuves ; voire de laisser aux intéressés le temps de les détruire — si, dis-je, vous vous trouviez dans l'obligation de faire des acquittés, vous n'en auriez pas, pour cela, fait des innocents.

C'est qu'une juridiction subsiste, hors la vôtre. Non pas celle des potins, des calomnies, des commérages, inhérents à toute lessive tapageuse. De ces vétilles, la curiosité s'amuse, la badauderie fait : « Kss ! Kss ! »... et c'est tout ! Mais, cette fois, lésée dans ses intérêts; blessée dans ses sentiments ; outragée dans sa dignité ; l'opinion a pris la peine de convoquer le ban et l'arrière-ban de ses forces.

En grand appareil, elle trône, décide, domine ; si impérieuse, si courroucée, le verbe si bref, le geste si prompt, que tout a dû courber sous sa volonté ; même la loi ! Cette fois, elle ne frondait plus, ne chantait plus, l'œillet au corsage, « le cœur à l'ai-ai-ai-se ! », bonne fille entichée d'un beau soldat ! Il ne s'agissait plus de sa turlutaine ou de son espoir — il s'agissait de ses économies... et de l'honneur national !

Alors, le Laffemas moderne, Quesnay-la-Proscription, qui avait, sans faiblir, affronté tant d'orages, s'est vu, plié comme roseau, contraint de céder la place ; alors, les plus obstinés, les plus hautains, les plus rebelles, ont dû filer doux !

Et, dans la docilité navrée de la plupart, dans cette

obéissance haineuse, dans cette abdication arrachée, un tel effroi des vérités souterraines se manifestait, que c'est à qui a creusé des cratères, pour faciliter l'éruption. Si bien que, maintenant, on ne danse plus sur un volcan — c'est le volcan qui danse sous nous !

*
* *

Je ne m'en plains pas. Au point où nous en sommes, moi et mes collègues de misère, peu nous importe ce qui arrivera ! La chandelle qui devait éclairer nos vieux jours, est morte... administrateurs, parlementaires, l'ont mangée par les deux bouts. Quant au feu, il n'y en a plus guère, dans nos logis dont le terme est impayé ; où la femme gémit sur le bas de laine vide ; où les enfants, cette année comme l'autre, ont ignoré Noël.

On s'habitue à tout : même au chagrin, même à l'obligation de recommencer l'effort ; et le désespoir n'est permis qu'aux faibles, aux vieillards, aux impotents. J'ai de bons bras, je ne suis pas trop âgé, je me sens solide — donc, il faut s'attendrir sur d'autres que sur moi, qui réclame justice plutôt que pitié !

Mais, jusqu'ici, j'ignorais la colère. J'avais passé par les transes que nous avons tous subies ; de plus en plus désolé, à mesure que s'affirmait le désastre : pendant longtemps, n'y voulant point croire ; reprenant courage, sans perdre patience, à chaque phase nouvelle... puis, à la fin, le cœur crevé de savoir mon pauvre magot perdu, et pardonnant pourtant au Grand Français, en considération de la douleur qu'il devait ressentir de son propre échec.

Mon père avait réussi avec lui, à Suez ; moi, j'échouais avec lui, à Panama — c'était presque les hasards de la guerre ! Le chef était le même, les troupes valaient autant : on n'avait pas la chance, voilà tout !

Seulement, depuis, pas mal de choses sont venues m'ouvrir les yeux; faire, du bon garçon que j'étais, un mécontent enragé. D'abord, lorsque j'ai su que mon argent, au lieu d'être employé là-bas en travaux (mal compris, peut-être, mal dirigés, mais enfin en travaux effectués), avait été drainé au passage ; avait servi à augmenter la richesse d'autres, du fruit de mes privations et de mon labeur — vous étonnerais-je, Monsieur, en avouant que je n'ai pas trouvé cela drôle?

Après, nouvelle découverte; plus vexante encore, car elle atteignait le citoyen, en même temps que le particulier. Des députés, des personnages que, comme électeur, j'avais soutenus de mon vote; qu'ensuite, comme contribuable, j'avais payés de mes deniers, s'étaient vendus comme bestiaux en foire; nous avaient vendus par-dessus le marché !

Je n'étais qu'indigné. Mais M. Rouvier parle, mais M. Floquet parle... et la fureur m'empoigne. Car jamais, je crois, depuis que le monde est monde, la petite épargne ne fut non seulement si volée, mais si atrocement bafouée !

Réfléchissez, plutôt.

*
* *

Au début, Monsieur, j'ai rendu hommage à l'impartialité de vos intentions, garante de celle qui présidera à vos actes. Le juge, disais-je — et je pense que nous serons tous d'accord sur ce point — le juge doit être sans tendances, sans parti pris, sans prédilections ! C'est presque lui demander de ne plus être un homme; seulement, où irait-on, je vous le demande, si l'on admettait la justice faillible, non pas seulement dans ses méprises, mais dans ses volontés? Tout droit à l'anarchie

— ce qui n'est pas encore mon cas... quoique doucement j'y arrive !

Mais si le magistrat d'occasion ou de carrière doit être impassible, impavide, le plaignant, lui, le victimé, a droit à la passion; à la partialité; à une opinion; pourvu qu'il exprime le tout, devant le tribunal, en termes mesurés.

Or, moi, Monsieur, en même temps que panamiste, j'étais boulangiste. Cet aveu me nuira, je le sais, dans l'esprit de beaucoup de gens — aujourd'hui ! Peut-être même compromettra-t-il ma cause, et aidera-t-il corrupteurs et corrompus à s'en tirer presque indemnes ; tant l'aversion dont on nous poursuit égale le trac que l'on éprouva ! Mais enfin, cela a été, je n'y puis rien ; c'est vrai... et je ne m'en dédirais pas pour un dividende !

Mes quatre sous, le peu que les parents avaient laissé (ça eût bien tenu dans les deux mains !), arrondi par mon travail continuel et l'économie de la ménagère, tant qu'on n'eut pas d'enfants ; mes quatre sous, je les avais mis dans une entreprise qui m'enthousiasmait. Evidemment, on songeait au revenu promis ; n'étant pas assez riche pour s'en désintéresser ! Mais bien d'autres valeurs étrangères donnaient autant — et de suite — sinon plus.

Seulement, avec mes idées, quand ma femme en faisait l'observation, je répliquais : « L'argent gagné en France doit profiter à la France. » Il me semblait qu'à moi tout seul, je faisais bisquer le Foreing-Office ; et j'avais acheté une carte de Colombie sur laquelle, comme en temps de guerre, je piquais des petits drapeaux... tous tricolores, et tous allant de l'avant !

Conséquemment, ici, j'étais de la Ligue des Patriotes ; j'aimais mon Général ; j'espérais la revanche ; je criais : « A bas les voleurs ! » sous le poing des sergots, sous le nez des députés — et dire qu'on criait ça d'instinct, alors ! — enfin, je faisais tout ce qui concernait mon opinion. C'était notre droit, de ne pas trouver que tout marchait au mieux, autant que c'était le droit des autres de n'être point de notre avis.

Soudain, ça tourna. Boulanger fit des bêtises, se laissa rouler par les réacs. En même temps, des types survenus écartaient de lui les dévoués de la première heure; le compromettaient; l'engluaient. Bientôt, ils le vendirent, lui aussi ! Évidemment, tout le monde ne fit pas les *Coulisses*... mais que de défections, que de trahisons !

On nous hurlait aux oreilles : « D'où vient l'argent? » et l'on en dépensait quatre fois plus, pour la riposte, que nous, pour l'agression. Car la foule, car la multitude était avec le Général; il était idolâtré, suivi (il faut être bien naïf ou bien fourbe pour prétendre que les cent mille manifestants de la gare de Lyon étaient soudoyés !), tandis que la poignée de messieurs qu'on connaît aujourd'hui se débattait dans le vide, l'isolement, et l'impuissance !

Comment ont-ils triomphé alors? Comment sont-ils parvenus à détourner ce grand courant populaire; à jeter le doute dans les esprits; à fomenter certains témoignages; à provoquer certains reniements; à acculer l'adversaire dans la fuite, l'exil, la défaite, et la mort?

Oh ! c'est simple — Avec notre argent !

Nous, le petit monde, nous étions à la fois, pour la plupart, actionnaires de Panama et partisans de Boulanger; or, les sous que nous donnions, pour assurer la retraite de nos vieux ans, on les employait à perpétrer l'avortement de nos jeunes espoirs ! On nous volait, ce qui est déjà dur; mais, ce qui l'est plus encore, c'est que le produit du vol servait à tuer notre parti, et notre chef !

Au moins, les cambrioleurs, c'est pour eux !...

* * *

Si vous croyez que ma mémoire exagère, Monsieur, reportez-vous-en au texte même des aveux faits.

A la tribune, M. Rouvier dit :

« Quand j'ai eu l'honneur d'être président du conseil, en 1887, je n'ai pas trouvé dans l... fonds secrets, pour les appeler par leur nom, une somme suffisante pour défendre la République comme il fallait la défendre... A côté des hommes politiques, il y a des financiers qui, quelquefois, donnent leur concours, quand cela est nécessaire... De cette réunion des concours personnels donnés à mon gouvernement, il a pu résulter un règlement ultérieur entre financiers. »

Et il conclut, ingénument cynique :

« Mais qu'avais-je à faire là-dedans ? »

Devant la commission d'enquête, M. Floquet précise encore davantage :

« J'aurais poussé la candeur un peu loin si j'avais pu me figurer que, dans la répartition du fonds spécial destiné à la publicité des journaux, et régulièrement touché par eux, les influences politiques ne s'exerçaient pas ; et si, m'enfermant dans une indifférence qui eût été une véritable abdication, je n'avais pas, au moyen des informations que j'ai recherchées et des communications qui m'ont été spontanément faites, observé et suivi d'aussi près que possible cette répartition ; non pas au point de vue commercial, qui ne me regardait pas, mais au point de vue politique, qui intéressait l'Etat. »

La probité privée est sauve, soit — mais la probité

publique ? N'est-il pas immoral au premier chef d'employer les sommes extorquées à des sincères, justement à l'encontre de leur foi... bonne ou mauvaise ? Nous voici doublement dévalisés : matériellement, moralement.

Monsieur, par le temps qui court, je sais bien qu'un ex-boulangiste est considéré un petit peu moins qu'un chien. Mais vous qui, juge, n'avez pas, ne pouvez avoir ni sympathie ni antipathie politiques, ne serez-vous point frappé de l'anormal dommage dont nous souffrons — et que ceci est circonstance aggravante, tout comme si le meurtrier empruntait d'abord à la victime de quoi acheter le couteau dont il l'égorgera !

Recevez, Monsieur, mes civilités, et l'expression de mon espoir (le dernier !) en votre justice.

***

Pour copie conforme :
SÉVERINE.

UNE CANTINIÈRE

Celle-là, droite encor, fière et sentant la règle
Humait avidement ce chant vif et guerrier ;
Son œil parfois s'ouvrait comme l'œil d'un vieil aigle ;
Son front de marbre avait l'air fait pour le laurier.

... Elle ne ressemblait guère à cette héroïque image de Baudelaire, la petite vieille que j'ai trouvée, l'autre jour, en rentrant, assise en un coin de mon salon ; perdue dans les fumées du crépuscule comme, tant de fois, elle le fut dans la buée des champs de bataille.

Menue, modeste, ratatinée, sous sa robe noire élimée et rigide ainsi qu'un uniforme d'ancien, elle ne semblait guère plus grosse qu'un paquetage de cavalier, manteau compris. Cependant, je la distinguais mal, à travers l'ombre. Je fis craquer une allumette, le gaz flamba — et, me retournant, je demeurai éblouie !

Comme la Carabosse des contes qui, rejetant son manteau de sorcière, apparaît constellée d'escarboucles, la petite vieille luisait autant qu'un soleil. Sa jupe demeurait défraîchie et terne, et aussi le pauvre chapeau, le casque de dentelles fanées qui coiffait en bataille ses cheveux trop noirs. Mais la chétive poitrine, la gorge réglementaire (on ne bombe pas dans le rang!) étincelait, irradiait; pareille à quelque rabat de féerie; à quelque plastron de gnôme; au gilet de Monte-Christo!

Ce n'était pourtant que du métal... et du ruban. Seulement, du menton à la taille, pas un centimètre du corsage n'apparaissait. L'étoffe aurait pu être égratignée, arrachée, crevée, par les ongles méchants de la misère, que l'on n'en eût rien vu — à chaque accroc, la gloire ayant mis des pièces!

Elle y avait aussi accroché ses sequins, de module et de frappe divers; et quand la petite vieille vint s'asseoir à l'angle de la cheminée, ils se heurtèrent en un cliquetis discret.

Alors elle commença de parler, racontant son histoire presque bas, d'une voix douce, comme enfantine, où vibraient cependant des fiertés. Et quand, l'interrompant, je lui demandai, avant toute chose, de me dénommer ses multiples décorations, le torse affaissé se redressa, le ton s'affermit, elle releva la tête, et faillit, Dieu me pardonne, porter la main au front.

— Qu'est ceci : la première, le ruban bleu liséré de jaune, et portrait de la reine Victoria?

— 1855. Médaille de Crimée!

— La seconde: le ruban ponceau rayé de blanc, et portrait de Napoléon III?

— 1859. Médaille d'Italie!

— La troisième: le ruban jaune bordé de vert, à même effigie!

— 1860. Médaille militaire!

— La quatrième : le ruban blanc estampé de l'aigle noir, et encore le profil impérial?

— 1867. Médaille du Mexique !

— La cinquième : le ruban blanc aussi, mais crucifié de rouge ?

— 1870. La croix de Genève.

— La sixième ?

— 1878. Encouragement au bien. Deux gamines que j'ai recueillies...

— Et élevées ?

— Et élevées. On ne pouvait peut-être pas les laisser à la rue !

Je désigne du doigt les cinq ou six autres médailles :

— Et la suite ?

Elle sourit, baisse le nez, s'emberlificote :

— C'est encore du civil. Des Sociétés qui m'ont donné ça... pour des petites choses que j'ai faites.

Et ses yeux : des yeux de bon chien, des yeux d'homme brave, des yeux de femme tendre, des yeux de dévouement, brillent, comme des étoiles, au-dessus de tout cela, dans sa face ravagée !

*
* *

Elle s'appelle Henriette Calvet; enfant de la balle, s'il en fut — de la vraie — car elle naquit sous les auspices du 30e de ligne, alors en garnison à Toulouse; fille de la cantinière, pupille du régiment ! Elle fut bercée avec des chansons de route; elle apprit à marcher en mesure; et dès qu'elle put se tenir sur ses guiboles, elle emboîta le pas au drapeau... à côté de Sac-à-Puces, en flanc de la colonne, non loin de la voiture maternelle !

En 1855, c'était une gentille fille, alerte et crâne, vivandière à son tour ; ne boudant pas au feu ; et s'en allant relever sous les balles, le soir, ses clients du matin. Avec le 1er Tirailleurs algériens, elle fit la dure, la terrible campagne de Crimée — ses noirauds mourant autant de la neige que des boulets! En 1856, elle passa au légendaire 1er Zouaves; ensemble, on entama la campagne de Kabylie. Puis, en 1859, on traversa la Grande bleue et l'on s'en fut en Italie :

Cueillir des lauriers et des roses!

En 1861, on partit pour la Syrie... comme le beau Dunois! En 1862, on fut expédié au Mexique. Partout où flottaient les chausses bouffantes du 1er zouaves, la petite cantinière, chéchia sur l'oreille et bidon garni, apparaissait en tête de sa charrette ; menant son mulet par la bride lorsque le chemin était trop difficile, qu'elle avait recueilli trop de malades, ou récolté trop de blessés. Entre temps, elle faisait le coup de feu contre les guerilleros.

Cinq ans, cette existence dura ; jusqu'à l'évacuation de 1867.

Pendant l'Année terrible, elle fit le service des Ambulances, sous les ordres du docteur Chenu et du docteur Nélaton ; la première levée, la dernière couchée, admirable de zèle et d'abnégation.

Ensuite, elle s'en fut en Nouvelle-Calédonie; parce qu'au nombre des déportés étaient des amis que tous abandonnaient — sauf elle! Ils moururent là-bas. Elle ramassa les deux orphelines comme jadis ses éclopés après le combat, et puisque rien ne la retenait plus là-bas, revint en France.

Elle y passa quelques années. Mais elle n'avait ni famille, ni patrimoine; elles étaient trois, il fallait vivre... en 1881, elle partit pour Panama.

*
* *

Henriette Calvet y passa huit ans, huit années de dangers, de luttes, de cruelles alternatives ! Elle tenait le *Restaurant du Canal*, où mangeait presque tout le personnel français employé aux travaux ; et où s'approvisionnaient également beaucoup d'étrangers et d'indigènes. Pendant la quinzaine d'émeute qui suivit l'incendie de Colomb, l'ingénieur de la Compagnie lui ordonna de refuser des vivres à tous autres qu'à ses compatriotes ; car on craignait une sorte de blocus, l'affamement. Elle obéit militairement, malgré les injonctions, les menaces, les voies de fait — le risque de la vie !

J'ai là, entre les mains, deux certificats qui en témoignent. L'un, du 8 avril 1885, est signé d'un agent de la Compagnie : Lenoël ; l'autre, du 4 août 1887, émane d'un commissaire aux approvisionnements : Espaignet. Il est impossible de rendre plus chaleureux hommage à la vaillance, à la probité.

Quand la pacification fut complète (et comme, en plus, d'après réquisition des docteurs Sherry et Mérignac, le *Restaurant du Canal* avait dû alimenter les malades de Gatun), Henriette Calvet présenta sa note : 69 piastres 75 pour l'hôpital ; 869 piastres 25 pour la nourriture fournie gratuitement aux employés, sur ordre supérieur, pendant la période d'insurrection.

La Compagnie *refusa de payer*.

Cependant, on offrit à madame Calvet une compensation : la location, pas cher, d'un beau terrain, où elle pourrait avec ses dernières ressources édifier un marché. Elle accepte ; paie mensuellement 15 piastres pendant treize mois ; fait élever la bâtisse... Le jour de l'ouverture, le gouvernement colombien intervient, s'oppose à l'exploitation, rappelant que son accord avec la Société ne permet d'aucune façon, sur les terrains qu'il lui a concédés, le fonctionnement d'un marché.

La pauvre femme ainsi trompée, ainsi grugée, ainsi ruinée, supplie au moins la Compagnie — qui garde les bâtiments, remarquez, et s'est fait payer treize mois de location! — de lui rendre les 195 piastres qu'elle a déboursées, et 41 piastres de bois soldé en plus de ce qu'il lui avait été facturé. Avec ses précédentes, et aussi légitimes réclamations, cela fait un total de 1,175 piastres... une bagatelle pour la richissime entreprise; le salut pour cette infortunée, à bout d'argent, de santé, d'efforts!

La Compagnie REFUSE DE PAYER!

* * *

Alors, la malechanceuse revient ici. Elle tient un petit bar, en même temps bureau de tabac, à l'Exposition de 1889; y gagne quelques sous, les confie à deux notables commerçants : l'un, à Paris, qui prend la fuite; l'autre à Montreuil, qui nie le dépôt.

— Et le reçu?

— Dans l'armée, on a confiance!... répond la mère Calvet avec un geste d'ingénu désespoir.

Et comme le dernier était propriétaire de l'immeuble où nichait l'établissement de l'ex-cantinière, il l'a, par surcroît, expulsée; il a fait vendre le matériel, fait jeter les matelas dans la cour, si bien qu'ils ont été volés dans la nuit.

— Et maintenant?

Maintenant, Henriette Calvet, âgée, malade, avec « sa » fille (l'autre est en Amérique, mariée), sont à la rue ou peu s'en faut. Elles n'ont plus de meubles, plus de vêtements, plus de pain... demain elles n'auront plus de gîte !

Timidement, la mère Calvet, dont les larmes ruissellent, me tend un papier.

« Le général soussigné, qui a commandé le 1er zouaves, de 1859 à 1863, régiment dans lequel madame Calvet était le modèle des cantinières par son courage, son dévouement aux blessés et son désintéressement les jours de bataille, a été très heureux de lui faire rendre justice en la faisant décorer de la médaille militaire.

» Il a appris indirectement qu'après la Commune, elle est allée, par dévouement, dans la Nouvelle-Calédonie, où elle a adopté deux petites filles. Cette belle action ne l'a pas étonné, de la part d'une femme qui a toujours fait preuve d'un excellent cœur.

» GÉNÉRAL BRINCOURT,
» *Grand-croix de la Légion d'honneur.*
» 130, rue de Rennes.

» Paris, le 4 décembre 1891. »

Sur la poitrine, secouée de sanglots, les médailles, les innombrables médailles, tintent un léger glas. Les mains tremblent, qui cachent la rougeur survenue... N'est-il pas honteux que ces mains d'héroïne, qui ont combattu pour la France; qui ont pansé les blessés; qui ont ramassé l'arme échappée aux agonies défaillantes, qui ont maintenu haut et ferme, dans les mêlées lointaines, le drapeau du pays, en soient là — de se tendre vers la pitié?

Oh ! Patrie !...

En suite de cette biographie le public envoya 1,717 fr. 25 pour la mère Calvet; dont 1,190 fr. 50: « Du 1er zouaves à son ancienne cantinière. »

CEUX DE LA FOULE

PIERRE DENIS

La première fois que je rencontrai Denis, ce fut chez la Duchesse.

Entendons-nous. C'est bien celle que vous pensez... mais pas ainsi que vous le pensez !

A l'angle de la rue d'Uzès et de la rue Montmartre, était, est encore, un grand établissement genre Duval, placé sous l'invocation de la Ville de Paris, en mémoire des magasins de nouveautés qu'il remplaça. Peut-être, les boutiquiers du voisinage le désignent-ils de son nom patronymique ; mais, au Croissant, quartier des journalistes, en raison de l'emplacement qu'il occupe, on l'a baptisé singulièrement.

Et le petit nouveau (l'adolescent qui débarque de sa province ou de sa banlieue, encore hanté des légendes abracadabrantes dont notre vie de labeur est entourée) demeure saisi de respect, quand, à cette question : « Où dînes-tu ? » un ancien, un vieux de vingt-cinq ans, répond, sans attacher d'importance :

— Chez la Duchesse !

Il croit que c'est arrivé ; écrit vite à sa famille que madame d'Uzès tient table ouverte, chaque soir, pour tous les écrivains de la capitale. Et les parents, au fond de leur trou, sont émerveillés, et épouvantés... si cette grande dame allait détourner Yves, Fritz, ou Marius! Ils ont vu *la Tour de Nesles !*

Dans les quarante-huit heures, le débutant, un peu déniaisé, sait à quoi s'en tenir; mais, malin, il ne détrompe pas ses père et mère, trouvant préférable qu'au pays on lui suppose de belles relations.

Donc, c'est « chez la Duchesse », dans la salle du premier étage, où les publicistes se retrouvent plus volontiers, que je rencontrai, ou mieux, que je vis Denis. J'étais en compagnie de Vallès ; lui, était avec Joanny Cusset, le fils du grand imprimeur ex-conseiller municipal.

Le *Cri du Peuple*, sombré dans la défaite de la Commune, venait de reparaître, après douze ans d'éclipse; et c'est justement dans l'ancien hôtel Colbert qu'il s'élaborait, moralement, matériellement, sortant vivant, en lourdes liasses, sur la tête des porteurs.

Cusset était donc un ami ; et, même en dehors des relations commerciales, Vallès l'estimait tout particulièrement. Cependant, il ne lui fit pas signe ; prit son air le plus revêche, sa mine la plus hargneuse — tandis que, par un contraste dont il ne fut jamais le maître, quand son impression était contraire à l'attitude qu'il s'imposait, ses yeux continuaient de rire, lumineux et bons.

C'est que, derrière Cusset, une silhouette bien étrange se profilait. Etait-ce un Lapon, était-ce un Scythe, sous cette toque de fourrure hérissée, hirsute, faisant corps avec la barbe, les cheveux? La cape, fièrement rejetée sur l'épaule, était d'Espagne, mais les bottes étaient de Finlande ; et quand le manteau s'écarta, plus de brandebourgs qu'il n'en fut jamais sur la poitrine de Kossuth apparurent, zébrant le torse, comme des cordes de cithare !

Ah ! sapristi !... De ce cosmopolitisme somptuaire, quoiqu'une négligence générale l'adoucît, je demeurai bouche bée. Mais vite, la curiosité remplaça l'étonnement, devant ces yeux en vrille, petits ou grands, je n'en sais rien, mais d'une mobilité, d'un éclat, d'une vivacité presque insoutenable dans tout le poil environnant.

Ailleurs qu'à l'interlocuteur, ils ne perdaient ni un geste, ni un mot, allais-je dire, de tout ce qui se passait aux tables environnantes : fugaces, sagaces, fureteurs, sautillants, parmi la végétation faciale, comme feux follets dans les roseaux.

Alors, n'y tenant plus, devinant bien que celui-là était « quelqu'un », je me penchai vers Vallès, et, tout bas :

— Patron, qui est-ce?

— C'est Pierre Denis.

— Le Pierre Denis du premier *Cri du Peuple ?*

— Oui.

— Le Pierre Denis de la *Lettre au prince Jérôme ?*

— Oui !

Et son âme d'admirable artiste, faisant craquer soudain l'écorce étroite du politicien :

— Comme doctrinaire, je la blâme, sa lettre ; mais comme écrivain... ah ! nom de D..., c'était rudement beau !

*
* *

Pourtant, ils ne se parlèrent pas ce soir-là ; ni les autres !

Vallès, comme tous les hommes de sa génération qui avaient souffert de l'Empire, plus emprisonnés dans le silence que les proscrits dans l'exil, gardait, envers la famille déchue, outre la rancune théorique, une sorte de rancune personnelle, bien légitime. Aussi, cette conception d'évoquer un Bonaparte (fût-ce Jérôme) contre l'imminente monarchie, le jetait en un désarroi furieux.

Et il lui en voulait d'autant qu'il l'appréciait davantage, ce camarade des mauvais jours, des heures de bataille ; polémiste, dialecticien, esprit absolument supérieur ; qui avait, dans le *Cri du Peuple*, émis l'idée, dressé le plan de Paris ville libre — qui avait aussi, au long du dernier feuillet, qui fut troué par les balles sur le cœur des vaincus, tracé le lapidaire article qui a pour titre : *Consommatum est !*

« Il faut que Denis s'explique, il le faut ! » écrivait-il, de Bruxelles, à Emile Gautier, quand celui-ci, en 1879, sous l'inspiration de Vallès, faisait, pour la troisième fois, reparaître la *Rue*.

Cette idée le hantait, que Denis était une des forces de la Révolution ; qu'il fallait dissiper le malentendu entre elle et lui, publiquement... afin que la cause pût de nouveau mettre à son acquit cette valeur ; ressaisir cette arme ; bénéficier de cette plume et de ce cerveau !

Etonnerais-je quelqu'un en affirmant que Vallès était seul, ou presque seul, à s'acharner dans cette voie ? Les chefs socialistes, d'intellect inférieur, pour la plupart, à Pierre Denis, le trouvaient bien en son ombre ; n'éprouvaient aucunement le besoin de l'en faire sortir. Son initiative avait fourni le prétexte ; il avait permis de pousser sur lui la pierre du sépulcre — ceux qu'il eût pu aider dans l'œuvre commune, au mieux de l'intérêt social, ajoutaient chacun leur caillou sur la dalle, comme à la barricade chacun dépose son pavé.

Et c'étaient des discussions véhémentes, à ce propos, entre eux et Vallès; où celui-ci, poussé à bout par des calomnies dont il pressentait bien l'intime cause, oubliait l' « interdit » politique dont lui, tout le premier, frappait Denis, pour proclamer bien haut l'intégrité, le courage, la sincérité (fût-ce dans l'erreur!) de l'ami d'autrefois.

Vallès ne se trompait point. Car c'est justement par sincérité que Denis ne lui facilitait pas la tâche ; faisait la moue ; dédaigneux de se justifier. Toute explication eût été menteuse, si amende honorable ; n'eût fait qu'aggraver son cas, si confession véridique... Cet homme-là avait le césarisme dans le sang, comme Bonaparte y eut la gale !

Diogène, disait-on parfois, raillant sa rusticité. Oui; par la lanterne ! Et aussi un peu Warwick.

***

Vallès mourut. L'avant-veille, feuilletant le *Cri* de 1871, il m'avait parlé pour la dernière fois de Denis; mais avec une telle ampleur de vues, une telle envolée de tolérance que je sentis bien, de son amitié ou de sa rancune, laquelle il me léguait.

C'est par moi, lien adouci entre un souvenir et une mémoire, que le vivant s'expliqua avec le mort. Je n'étais la captive de personne, n'ayant rien été, ne devant rien être, bien résolue à vivre en marge de tous les partis — même du mien !

J'avais donc le droit de recevoir Denis; et j'en usai! Si mon instinct révolutionnaire se hérissait contre sa doctrine, cela ne m'empêchait d'en comprendre ni la portée, ni la grandeur. Je croyais au triomphe de tous par eux-mêmes; lui croyait au triomphe de tous par un seul... voilà tout!

Jugeant l'âme humaine imbue d'idolâtrie par des siècles de pratique religieuse, il trouvait nécessaire d'incarner l'idée; de la loger en un tabernacle de chair visible, accessible aux regards mortels. La chanson lui semblait le cantique par lequel les lèvres ignorantes s'habituent aux formules abstraites, aux idées rimées. L'image lui paraissait l'icône, qui met la hantise du rêve au cerveau du plus inepte moujik.

Il souhaitait accoutumer la foule à exercer sa puissance, en l'amusant d'un mandataire, comme tout le secret de la maternité s'ébauche en la poupée que berce une enfant.

Moi, les jouets qui coupent me font peur — le sabre ne me dit rien qui vaille! Je ne fus donc pas boulangiste, quoique le boulangisme s'élaborât dans mon voisinage. Mais il embêtait un gouvernement que je méprise; et par quoi qu'il le remplaçât, si ce n'était meilleur, ce ne pouvait être pire!

Puis, à voir de près les seconds de Catilina, je fus si vite rassurée! Dans la lutte d'influence qui s'engagea à la *Cocarde*, par exemple, entre Mermeix et Denis, Mermeix triompha. C'est tout dire...

Et le seul qui eût une valeur, le seul qui, issu de la plèbe, ayant vécu dans ses rangs, partagé son pain noir, ses joies, ses colères, fût capable d'en bien traduire les frissons, d'en bien déterminer les espoirs, était écarté des « conseils », où l'on ne faisait que des gaffes; relégué des comités, où l'on ne faisait que des sottises ; exclu de tous ces conciliabules, où l'on se donnait le baiser Lamourette — en attendant le baiser de Judas !

*
* *

Il a eu sa revanche. Il fut le suprême confident. Son manteau troué, pelure de philosophe usée par les orages, a servi de linceul à sa déception. Peut-être s'en est-il acheté un neuf... je ne suis pas dans le secret des dieux !

Voici près de deux ans que je n'ai vu Denis. La dernière fois que j'entendis prononcer son nom, ce fut à Bruxelles, par le général. Il dit seulement :

— Celui-là aidera à me venger !

Et, quand fut annoncé le *Mémorial de Sainte-Brelade*, il y eut, pendant une semaine, plus de voitures devant l'humble porte du polémiste ; plus de solliciteurs gravissant ses raides étages ; plus d'allées et venues en son pauvre quartier, que, jadis, rue de Sèze ou rue Dumont-d'Urville !

Tarare ! On lui a abattu sa chimère ; il doit s'occuper à lui recoller des ailes !

Après, on le verra repasser, falot au poing... cherchant son homme !

... OU Z'A LA TRINITÉ !

Le Hérissé, « gros frère », ça n'est pas sérieux !

Je vous savais d'un tempérament plutôt jovial; mais à ce point !... On est vraiment gai, dans la cavalerie ! Aucun des grands pince-sans-rire, des mystificateurs fameux dont la Gaule se pare, de Rabelais à Allais, de Roquelaure à Romieu, de Vivier à Sapeck, de Voltaire à Grosclaude (sans oublier l'immortel Henry Monnier), ne firent trouvaille égale. Ils vous vont à l'éperon, ces pékins !

Et, dans le coin de Midi où j'essaie de me refaire une santé, je vous dois une belle secouée de rire, d'autant plus savoureuse qu'inattendue.

Songez, je prends le journal, sans méfiance, je déchire la bande, je panamise vaguement le long des colonnes, je tourne la page... et je vois ça !

Vous proposez à vos copains de la Chambre de renoncer à y rentrer ! Vous leur offrez la ciguë, de cinq à six, à ceux qui n'ont de Socrate que le crâne, quelquefois ; et qui n'admettent de se saigner aux quatre veines que pour assurer leur réélection ! Vous souhaitez une nuit du 4 août — et nous sommes en janvier, petit précoce !

Les braves gens (et vous avez eu raison de penser à eux qu'on néglige toujours) diront de vous : « Voilà un honnête homme ! » ce en quoi ils n'auront point tort. Ne vous rengorgez pas... vos moyens vous le permettent !

Les superficiels diront de vous : « Quel daim ! », vous croyant sincère. C'est des malhonnêtes ; il n'y a qu'à ne pas y faire attention.

Moi, qui vous connais un brin, j'incline plutôt, bien entendu, vers les uns que vers les autres — mais j'ai aussi ma petite opinion. Et elle s'extasie devant votre roublardise, votre ample malice, la belle envergure de votre ironie.

Je blague?... Nenni ! Gros propriétaire terrien ; joyeux vivant ; grand buveur, grand mangeur, grand chasseur devant l'Eternel ; heureux comme tout dans ces landes de Bretagne, où les gars vous tirent leur chapeau en vous appelant : « Not' Monsieur », vous vous moquez d'être député, aujourd'hui, comme de votre première culotte.

La grande aventure est passée (qui vous coûta bon !) — et nulle autre, sauf la guerre, ne vous emballerait autant ! Alors ?

Alors, un peu de fatigue s'y mêlant, ça vous devient égal, d'être salué par les huissiers du Palais-Bourbon ; injurié par les adversaires ; et « tapé » par les invalides du parti. Y tiendriez-vous encore, votre abnégation n'en aurait que plus de mérite — vos regrets personnels ne pesant pas une once auprès de l'embêtement monumental que vous alliez causer à vos collègues !

C'est ce dilettantisme qui me ravit ; cet amour de

l'art qui vous honore... vous êtes, ô Le Hérissé, le Décius de la gaîté française !

*
* *

Seulement, je crois peu au succès,

Comme dans la complainte de Marlborough, il faudra attendre Pâques, sinon la Trinité; s'en référer aux calendes grecques ; compter sur la semaine des quatre jeudis ! Déjà, à distance, l'impression me paraît avoir été plutôt fraîche, lorsque vous avez déposé votre projet — ce que je regrette de ne m'être pas trouvée là !

Maintenant, mon bon ami, permettez-moi de vous le dire, dans les considérants, vous dépassez la mesure. Il est permis de railler les gens, mais sans outrance ; et, à accentuer ainsi, vous risquiez que vos intentions fussent prises au sérieux.

Car les motifs de votre proposition, moins imprévus, moins nets, que l'idée-mère, sont d'une intensité supérieure... pour qui sait lire entre les lignes. Oh ! vous avez bien fait les choses ! Robespierre, Prugnon, l'Assemblée nationale, « nos pères, ces géants », tout y est ! Vous avez compilé les textes, pioché les discours, multiplié les citations.

Si bien que quelqu'un pas au courant, je le répète, pourrait croire à de la candeur ; admettre que vous avez espéré provoquer — chez les cinq cent soixante-dix-neuf parlementaires que l'on sait ! — un élan d'enthousiasme, une immolation volontaire sur l'autel de la Patrie.

Ceci vous ferait du tort ; la naïveté ayant ses bornes. Et il vaut bien mieux qu'on se rende compte quel Roger Bontemps vous êtes ; avec une propension évidente à la farce cruelle. Car je m'imagine aisément la tête de vos collègues, tandis que, moustache à l'évent, l'aspect réjoui, la mine rubiconde, vous débitiez votre : « Frères, il faut mourir ! »

Il y a eu, n'est-ce pas, des blêmeurs et des verdeurs; des grincements de dents au fond des pupitres; une impression de malaise indéfinissable?... On n'a rien dit, parce qu'il y avait du monde dans les tribunes; mais ce que vous avez été jugé, à l'unanimité, incorrect, brutal, sans aucune délicatesse, et de tendances peu pratiques!

Comme politicien, vous vous êtes suicidé; comme particulier, vous vous êtes régalé d'une distraction quasi royale. Faire chasser un Parlement par deux douzaines de grenadiers n'équivaut pas, comme ivresse, à solliciter son abdication, au nom du salut public — et à la voir refuser !

Bien joué !

***

Renoncer à leur mandat! Plutôt la mort... la leur, celle de la République, et celle du petit commerce parisien !

D'aucuns sont là depuis le 4 septembre, protestations vivantes contre la « tyrannie »; et ce serait inhumain, si tard, de changer leurs habitudes ! D'autant que le pli est pris, le ressort remonté. Ils viendraient quand même s'asseoir au bas du perron, les jours de séance, incitant les visiteurs à des offrandes émues; bons vieillards au masque de Bélisaire, tendant à la sensibilité nationale leur képi de gardes nationaux.

— Un petit vote, citoyens électeurs, pour l'amour de l'Être suprême!

D'autres s'y trouvent, simplement parce que leur père en fut; ce régime qui se targue de supprimer l'hérédité, la maintenant, l'exagérant, au contraire, en ce qui favorise ses calculs ou ses intérêts.

Les quelques types pittoresques qui flânent sous la coupole législative, y entrèrent par hasard, par miracle; un jour de pluie, comme au bureau d'omnibus; ou parce qu'une erreur d'adresse les revêtit d'inviolabilité, les sacra représentants du peuple souverain.

Ceux-là peuvent partir sans regret; ils ont bu au hanap de la popularité à larges goulées, jeté le désordre dans la solennelle enceinte... ils s'en sont payé pour l'argent dépensé contre eux!

Quoi que l'avenir leur réserve, ils emporteront, de « ce qu'on est convenu d'appeler les travaux parlementaires » (le mot est de M. Andrieux), un allègre souvenir.

Moi, je vous revois toujours à l'angle de la rue Royale, un soir de tumulte, à l'issue d'une interpellation particulièrement orageuse. On vous avait empoignés trois ou quatre, « marchant » sur la Madeleine; et l'on vous ramenait, insigne à la boutonnière, écharpe au nombril, beaux comme les premiers martyrs chrétiens, en appelant au peuple.

Certains même, je dois l'avouer, étaient un peu ridicules, pontifiant du fond de leur barbe, outrant le tragique de la situation. On ne voyait plus l'obélisque — Déroulède était devant. Tout l'effort des assaillants s'était concentré à le séparer du groupe; et, de loin, ses gestes révoltés semblaient les signaux de quelque sémaphore en détresse.

Vous, il me faut vous rendre cette justice, vous portiez votre auréole sur l'oreille, en même temps que l'accordéon de feutre qui avait été votre chapeau. Et vous rigoliez ferme, passez-moi le mot!

Quand le cortège défila devant moi, plusieurs m'interpellèrent, avec des regards navrés; me montrant leurs poignets qui auraient pu être chargés de chaînes ; déjà un peu Latude, avant même que d'avoir connu la Bastille! On appréciait enfin ma spécialité d'évasions!

Plus simple, vous ne clamâtes pas : « On assassine nos frères! » mais vous me dites, *mezzo-voce* : « Séverine, c'est l'heure du dîner! » Je compris et me précipitai chez un charcutier... j'ai l'habitude des émeutes. Par une délicate allusion à l'un de vos arguments de polémique les plus habituels, je fis, dans un saucisson ceinturé d'argent, piquer un œillet rouge, et me lançai à votre poursuite.

Dois-je l'avouer, cependant, j'étais plutôt goguenarde; les agents vous traitant trop en messieurs qui seriez peut-être les maîtres, le lendemain. Ils tapent plus dru et serrent plus fort, dans les manifestations de pauvres bougres!

Au poste du Palais de l'Industrie, on ne vous avait même point vus.

— Nous n'avons ici que des gens tranquilles, me répondit le sergot de garde, des vagabonds!

Alors, je filai au commissariat, rue d'Astorg. Des députés sous clef, de quelque clan que ce fût, bonne affaire! C'était toujours un exemple, une mise en train, un petit commencement; ça éduquait le populo! Mais, d'autre part, je ne pouvais oublier votre invocation; cet appel d'un estomac captif... et dénué!

Quand j'arrivai, on vous avait déjà relâchés. Peut-être cette même phrase, dite avec le même accent, avait-elle suffi à convaincre le magistrat, de façon bien plus prompte, bien plus péremptoire, que toutes les arguties de vos codétenus.

Je donnai mon saucisson à un revisionniste sans fortune, qui s'obstinait à vous attendre en bas ; presque convaincu, le pauvre, qu'on vous avait tous fait disparaître dans quelque trou de basse-fosse.

— On ne les a pas emmenés place Beauvau, au moins! répétait-il, presque avec des larmes dans le gosier.

Cher bonhomme!

*
* *

Ce bonhomme-là, c'est l'électeur, crédule et tendre, même s'il a de grosses pattes, même s'il a une grosse voix!

Et ce n'est pas pour ses beaux yeux que les élus vont lâcher fromage, sinécure, profits petits et grands. Ils sont prêts aux pires épreuves; sauf à celle-là! Rendre l'argent! Rendre la fonction! Ils se feraient plutôt souder à leur siège, visser à leur banc!

Et voilà pourquoi, en connaissance de cause, vous avez émis, député de Bretagne, un des paradoxes les plus folâtres qu'aient jamais enregistrés les annales parlementaires.

Se soumettre? Tout le temps! Se démettre? Jamais!

Soit. Les temps sont proches...

PANAMA

EN FUITE...

L'attrapera ! L'attrapera pas ! — cet Arton vers qui la police, toujours prévenante, a délégué « deux de ses plus fins limiers ».

Par amour de l'art, je souhaiterais la négative, et qu'il leur détalât d'entre les pattes, plutôt que d'y tomber.

A quoi servira son arrestation? Que prouvera-t-elle? On sait comment les gouvernements procèdent, d'ordinaire, vis-à-vis de qui les menace, si manque d'égards, de fâcheuses indiscrétions.

On dépêche au fugitif, non pas des agents de la Sûreté, mais quelque belle fripouille du service politique, chargée de gagner sa confiance, de s'introduire dans son intimité... et de lui chiper son talisman défensif, c'est-à-dire ses papiers ! Une fois le coup fait, la justice a le champ libre; peut exercer, en toute sécurité, en toute sérénité, sa moralisatrice action.

Elle abat sa poigne vengeresse sur le coupable; lui fait honte de sa conduite; l'offre en holocauste aux dieux irrités. C'est de lui: ce pelé, ce tondu, que venait tout le mal ; brebis galeuse fourvoyée par mégarde dans la santé florissante du troupeau !

Et les magistrats se penchent, sévères, interpellent le prévenu :

— Car non seulement vous avez commis tels méfaits ; mais encore vous vous êtes permis de calomnier d'honnêtes gens ! Où sont les preuves de vos dires ? Sur quoi appuyez-vous vos accusations ?

L'autre ne pipe mot, ahuri de ce toupet chez des personnes généralement très chauves. Il réplique rarement : « Mais on m'a tout pris ! », pensant se concilier, par cette réserve, l'indulgence de la Cour... Et la vertu triomphe sur toute la ligne !

Tel est le scénario qu'on voudrait rééditer pour Arton ; soit qu'on l'ait désarmé, soit qu'on le croie désarmé. J'avoue n'être pas dupe de ces ingénieuses combinaisons ; et que les comédies de répression destinées à masquer l'impunité scandaleuse des plus coupables me semblent dignes de susciter, au plus, une douce pitié.

Compères à compagnons, les brasseurs d'affaires publiques ou privées s'entendent comme larrons en foire, avant ; s'entendent comme le sac et la corde, après ; même s'ils se chamaillent pour la frime, manquent à la foi jurée — leur foi jurée ! — et se jouent les pires tours !

C'est bisbilles de la Cour des Miracles, querelles tendres entre Bertrand et Macaire, auxquelles, seuls, les godiches sont pris !

*
* *

Voilà pour la portée du fait... avouez qu'elle est mince, et que la vindicte nationale ne gagnera pas gros à ce qu'Arton s'en aille fabriquer des yeux de poupée, ou des peignes de celluloïd, en quelque hospitalière maison.

Quant à la corruption, j'ai, là-dessus, une théorie arrêtée : c'est que celui qui se vend est une bien autre canaille que celui qui acquiert.

Ce dernier, après tout, exerce son métier d'agioteur, de maquignon. Il ne la fait pas à l'austérité ; il ne pose pas une main sur son épigastre et ne roule pas des prunelles mourantes, en invoquant les Droits de l'homme et les principes primordiaux de notre grrrande Révolution.

L'intermédiaire, le racoleur, est encore autrement net. Il compte les fronts illustres comme têtes de bétail; et manigance une rafle d'élus comme un achat de porcs. Son gain, c'est l'anse du panier : la différence entre le prix coûtant et le prix marqué.

Que voulez-vous, je trouve ça exquis! Cette façon d'acheter sur pied la viande parlementaire m'emplit d'aise — et je garde mes indignations pour qui a trafiqué de la confiance populaire ; vendu ce qui ne se vend pas ; brocanté sa foi, ses promesses, ses serments!

Ceux-là, oui, sont d'infects personnages, méritant tous les opprobres, tous les affronts. Ceux-là, oui, sont des traîtres que l'on doit flétrir haut et fort ! Car ils ont pris l'apparence de la vertu ; trompé leur monde ; livré, pour un peu ou beaucoup d'or, l'espoir des pauvres gens!

Ils sont d'autant responsables qu'ils justifient l'acquéreur. Si le bazar aux consciences n'était pas virtuellement ouvert, s'y aventurerait-on ? Si nul n'était à corrompre, seraient-ils conclus, ces pactes vils, ces répugnants marchés ?

La tentation?... Oh! oh! Qu'est-ce donc que ces législateurs-là, investis du pouvoir suprême par l'estime de leurs concitoyens, et plus faibles devant un chèque que gamin devant une tartine ou fillette devant un bijou ?

La tentation ? Vous nous la baillez bonne ! Voyez-vous ces marmousets de trente à quatre-vingts ans qui ont besoin d'être protégés ; qu'on réconforte leur probité chancelante ; qu'on étaie leur intégrité menacée ; qu'on les gare de la convoitise !

C'est simplement piteux !

*
* *

Tandis que, jusqu'ici, le beau rôle reste à Arton : 1° parce que son « exécution », fort peu d'utilité publique, serait pure simagrée, éhontée parodie ; 2° parce que, au contraire de ceux qui lui furent clients, il acheta, ne vendit point ; 3° parce qu'il fut gai !

Si Cornélius Herz (avec son nom en « atchi ! » de cymbale ; ses allures d'empirique ; sa fortune mystérieuse ; les aventures tragiques et inquiétantes qui ont sillonné sa vie) rappelle furieusement Cagliostro — une fin de siècle en vaut une autre ! — Arton, lui, apparaît comme une sorte de Rocambole farceur, noceur ; se complaisant à ce rôle de puissant dissolvant ; y trouvant joie en même temps que profit !

Le singulier homme ! Tout a été dit sur son compte, depuis un mois, et je n'ai pas envie de ressasser de vieilles histoires. Mais je ne puis m'empêcher de songer à l'impression complexe que, de prime abord, il me produisit.

C'était dans une des maisons les plus correctes de Paris : une de celles où l'on fait d'excellente musique. Arton, qui somnolait dans un fauteuil, les yeux grands ouverts, suivant quelque opération compliquée, ou tout bonnement ne pensant à rien, se leva d'un bond.

— Mes filles, regardez mes filles !

Il avait de quoi être fier, car ces jolies enfants, très modestes de ton et d'aspect, de tenue distinguée, de simplicité parfaite, eussent fait honneur à la plus correcte lignée.

Et, tandis que la cadette, élève du Conservatoire ainsi que sa sœur, pour la classe de violon, exécutait un adagio d'une subtile mélancolie, je regardais Arton. Sur sa face de *struggler*, distendue, estompée, une extase flottait, une buée légère voilait l'acier de ses prunelles...

Après la dernière note, quelqu'un lui frappa sur l'épaule. Il se retourna vivement, ayant repris son masque de bataille, impénétrable et sardonique.

Son interlocuteur était un député ; c'est peut-être alors qu'il l'acheta !

Fastueux comme un fermier général, en ce temps d'universelle ladrerie ; apte aux métamorphoses ; adorant l'intrigue ; épris, comme un parvenu, de tout ce qui brille, scintille, reluit ; serviable, paraît-il, charitable, dit-on, il fut, il est, l'un des derniers aventuriers qui jetèrent un peu de pittoresque dans l'incommensurable ennui du vieux monde.

Que Mercure, dieu des financiers, soit propice à sa fuite ! Beaucoup en ont fait autant, qui sont aujourd'hui des patriarches vénérés ; mais nul n'apporta telle maëstria à sa besogne — sa bonne besogne de destruction !

Avec son cynisme, sa façon de dire : « Combien ? » devant tout obstacle; de traiter les hommes par l'argent, et l'argent par le mépris ; il fut l'une des entéléchies les plus agissantes du cadavre social. Où il passa, la pourriture naquit ! Mais il ne fut qu'un véhicule ; le germe était chez les autres !

Ce germe-là continue à prospérer. Seulement le guichet du Panama est fermé ; et le vice se mue en vertu. Arton a bien fait de liquider... ça serait plus cher !

JULES FERRY

Le voici mort, celui qui diffama, fusilla les Parisiens; celui qui violenta les consciences chrétiennes; celui qui envoya nos petits soldats, nos fils, la chair de notre chair, trépasser au pays jaune, des fièvres ou des supplices!

Il fut le contempteur de toute idée grande; il arracha, de ses mains brutales, les lis mystiques et les rouges immortelles; il piétina toute foi — aussi ne se lamentent, autour de son cercueil, que ses partisans, ses clients; ceux qui espéraient en sa protection ou escomptaient son crédit.

Certes, il eut d'autres adeptes : les amoureux de la force; les respectueux de la poigne; tous les mâles épris de servage qui, comme la femme de Sganarelle, aiment à être battus. Tous se désolent, l'échine libre...

Mais les faubourgs sont demeurés froids, mais les boulevards sont restés indifférents; houleux pas plus que d'habitude, sillonnés de curiosité et non d'émotion.

C'est que le populaire est croyant. En quoi? Je ne le

sais trop, et serais bien embarrassée de le préciser. Seulement, la formule : « Il ne l'emportera pas en paradis! » que décochent les vieilles hochant le menton, vaut cette justice immanente qu'évoquait Gambetta, et qui vient à son heure, toujours.

Plus tôt, plus tard, qu'importe! Elle s'avance, sachez-le bien, dans le tumulte ou le silence; et, comme aux temps antiques, c'est souvent en ciel serein que la foudre gronde, éclate — et frappe!

Voyez celui-ci. Jamais homme ne fut, plus justement, haï des multitudes. Cependant, par la lâcheté des uns; les fautes des autres; l'incapacité de tous; son tour d'ombre accompli, il réapparaît à la lumière. Il est le second de la nation; préside au conseil des sages. Et si Brennus revenait, c'est cette barbe auguste qu'il lui faudrait tirer, avant que de jeter, dans la balance, le glaive vainqueur.

Il parle d'ostracisme; évoque l'ombre d'Aristide; philosophe; et triomphe. On le caricature, on l'encense, on le discute, on l'applaudit...

Rien ne manque à sa gloire; il manquait à la nôtre!

— Pardon! fait Celle qu'on n'attend pas.

Et elle l'emporte dans son suaire, roulé comme un fœtus!

*
* *

Des hommages? Certes... à sa valeur et tant qu'on en voudra! Saluer ainsi que délivrances certaines disparitions, ce n'est pas faire acte de cruauté ou d'irrévérence — c'est reconnaître, au contraire, et très hautement, et très loyalement, le poids de l'adversaire, la taille de l'ennemi. C'est grandir sa cause, comprenez-le, que montrer quels assaillants elle suscita.

Jules Ferry eut du talent, de l'audace, fut l'une des dernières et suprêmes incarnations de ce fossile survivant : l'homme d'Etat. Jadis, sous une monarchie, il eût peut-être été le ministre dont le nom emplit un règne ; voire un siècle. Présentement, il n'arriva qu'à émerger du marais politicien ; très détesté ; très combattu — allant presque isolé, dans l'aversion générale.

Le pourquoi de cette hostilité? Je dédaigne, si vous le voulez bien, les trop faciles plaisanteries sur son aspect physique. Il fut laid; mais Danton aussi était laid ; et aussi Mirabeau, adorés des foules! Non; mais il fut l'incarnation d'un régime aboli dans la faveur populaire ; exécré des simples ; maudit des croyants ! Son visage suait son âme... et il marcha dans la solitude douloureuse dont parle l'Ecriture !

Je n'ai point, on le sait, l'habitude d'insulter aux deuils ; et ma plume serait autrement cruelle si quelques douleurs sincères, intimes, ne dressaient leur frêle égide devant ce cadavre. Mais, je vous le jure, il était bon que ces choses fussent dites, et d'établir que la mort — involontaire — ne dispense point du jugement ultime qui se montra impitoyable aux faibles et aux fervents.

« Un intègre! » proclament ses suivants. Je le crois volontiers; et qu'il se contenta de permettre la fortune de ses proches sans s'attarder, lui, à semblables misères. C'était un dominateur ; un assoiffé de pouvoir ; un possédé d'autoritarisme. Commander, gouverner, triturer, entre ses puissantes mains, les destinées de sa race : telle fut la hantise qui l'obséda jusqu'à la tombe. Envers ceci, rien ne compta, pour lui ; il pataugea dans le sang, dans le mensonge, dans l'intrigue, perdu en son rêve, lapidé, acclamé... insensible et sourd !

*
* *

Mais, si ses ambitions ne furent point vulgaires, elles furent, dès l'origine, frappées de stérilité ; car toujours elles allèrent à l'encontre de l'instinct public.

Il avait, ce robuste, épais, lourd, le mépris des sentimentalités où s'attarde l'âme française. Et ces petites fleurs bleues firent tessons sous ses épaisses semelles ; les trouèrent; les déchiquetèrent — lui firent un chemin de croix tel que peu de politiciens en suivirent un pareil !

Or nulle Véronique ne lui tendit son voile ; nul Siméon ne l'assista de son effort ! C'est que ses paroles étaient des blasphèmes; c'est que ses gestes étaient des outrages ; c'est qu'il promenait, sous la croix et les épines, une face de Barrabas !

Tenez, tandis que j'écris, là, en presse-papier, sur ma table, est un morceau de pain du siège. Et je me rappelle (encore sous la neige, les obus, par 26 degrés de froid, aux queues des boulangeries) la rumeur qui montait contre le maire de Paris : « Ferry-Famine ! »

Après le 22 janvier, on dit couramment « Ferry-Massacre »...

On le trouve contre Gambetta, on le trouve contre Boulanger; contre tous ceux qui ranimaient l'espérance vacillante au cœur des foules ; contre tous ceux qu'on aimait ; contre tous ceux qui tendaient le poing vers l'Est, en un fier geste de menace.

Plus tard, il tente d'arracher Dieu du ciel ; et l'espoir du cœur des déshérités. Il use ses ongles contre les clous du Christ inoffensif ; il fait abattre des calvaires au fond des landes mélancoliques ; il fait traîner des prêtres à cheveux blancs, comme des malfaiteurs, hors des chapelles — où l'hostie est renfoncée à coups de poing dans les tabernacles !

Ses gendarmes marchent contre des femmes, des vieillards, des petits enfants. Si bien que, même aux profanes, aux mécréants, à ceux que la grâce, hélas, n'a point touchés, cette persécution, cette proscription paraissent grotesques et odieuses.

Attendez, il y a plus ! Voici l'entreprise d'Indo-Chine, ses défaillances, ses folies, ses crimes. « Ferry-Tonkin ! » clament, les cheveux épars, le sein déchiré, toutes les mères, les fiancées, les sœurs, les veuves, dont les bien-aimés sont demeurés là-bas, dans la brousse; foudroyés par le soleil ; fracassés de projectiles ; écrasés à coups de crosses... ou lentement, lentement, suppliciés par les Asiates !

Oh ! cette séance, à la suite du désastre de Lang-Son ; cette séance où l'homme mentit, puis s'enfuit, sous les huées, et ne dut son salut qu'à l'échelle accédant aux jardins du ministère des Affaires étrangères ! Place de la Concorde, rue de Bourgogne, vingt mille hommes hurlaient : « A mort Ferry ! »

***

Il a fait allusion à ces choses, l'autre fois ; savourant sa brève revanche ; tourné vers l'Elysée ; rêvant de dédommagements encore plus inouïs.

Il n'avait pas prévu les Ides de mars. Elles lui furent, pourtant, toujours défavorables. L'exécution publique dont j'ai parlé tout à l'heure eut lieu le 29 mars 1885. Trois ans plus tard, le 20 mars 1888, les passants, avenue de l'Opéra, donnaient une chasse éperdue au fiacre qui portait Ferry et sa fortune ;

eussent, sans la police, fait un vilain parti aux deux colis.

Et voici qu'il meurt le 17 mars 1893, presque pour les noces d'argent de cette Commune que tant il exécra, et dans les plaies de laquelle il enfonça son crayon de politicien. Si bien que les faubourgs ont leur cadeau d'anniversaire — ce n'est plus lui qui les fera mitrailler...

LES RESPECTUEUX

Alors, parce que, nettement, mais sans bassesses, sans vilenies, on a dit son opinion sur une politicien qui disparaît, les enfants de chœur du ferrysme crient au sacrilège?

Alors, parce que, rendant justice à la valeur étatiste du défunt, on s'est permis de discuter l'homme et son œuvre; parce que, saluant, comme il sied, au passage d'un enterrement, on s'est dispensé de génuflexions, il s'ensuivrait qu'on a manqué au divin sentiment: « de la pitié envers les vaincus »!

Des vaincus! — Où ça?

Un vaincu, ce chef de la Chambre haute, le second dans la nation; à qui le Parlement a voté les honneurs funèbres; et qui s'en va escorté par ses pairs, traînant à son char tous les corps constitués? Un vaincu, celui-là qui s'éteint riche, en pleine revanche, comblé d'hommages; laissant après soi une famille influente, ses amis en places, son parti au pouvoir?

Ma parole, c'est à se demander si l'on rêve, si les

mots n'ont pas perdu leur signification, et les faits leur évidence!

Au lendemain de la séance de Lang-Son (et en attachant aux revirements de la politique qui n'entraînent ni la mort, ni l'exil, ni la prison, une importance que ne comporte peut-être pas la simple perte d'un portefeuille) au lendemain de cet effondrement ministériel, oui, peut-être, eût-on pu prétendre que M. Jules Ferry était un vaincu. Et encore!

Nul ne songea à le dire de Gambetta; qui disparut cependant, lui, deux ans seulement après sa disgrâce et le meeting de la salle Saint-Blaise... dont le déclin fut morne, et l'agonie désolée.

Or, il y a huit ans que M. Ferry connut la défaite; et il succombe en plein retour de fortune. Laissons donc là cette allégation risible autant qu'illogique; car nulle mauvaise foi, si robuste fût-elle, ne parviendrait à établir que M. Ferry n'avait pas fait, dans la politique, une rentrée triomphale; qu'il n'est pas décédé président du Sénat; et que ses obsèques n'ont pas été tout ce qu'il y a de plus nationalement officiel!

*
* *

Voilà pour ce qui est du « vaincu ». Reste donc la question de pitié; la question de respect.

Deux ou trois Joas de Fourcharupt, imbibés de vénération, m'y rappellent; piaillent de ce que, bénisseuse d'ordinaire, et sentimentale à faire éternuer la lune, je refuse à leur deuil mes faciles larmes. Et ils prêchent, d'une voix mouillée, la déférence envers tous les défunts — tous, tous, tous, sans distinction!

Ouais, que voilà un beau sentiment, mes maîtres, et que grandement il vous honore! Seulement, pourquoi vous prend-il si tard ; et combien de belles occasions avez-vous perdu d'en faire montre !

Le respect des trépassés? Rien de mieux! Mais il est un échange ; et de quel droit le réclamez-vous pour les vôtres, ô bourgeois qui avez craché sur tous les cercueils d'adversaires?

Les respectait-on, je ne dirais même pas les cadavres de communards, de militants, mais d'habitants du quartier, hommes et femmes, arrêtés par mégarde, fusillés par erreur... et sur lesquels les soldats se soulageaient publiquement, sous l'œil bienveillant des chefs, boulevard de Vaugirard, en face de l'usine Thomasset, dite alors, et depuis, « l'Abattoir »?

Les respectait-on, dans vos journaux, les proscrits qui, après avoir tenu entre leurs mains la fortune du pays, la Banque et les banques, expiraient indigents, dénués de tout, dans les brouillards de Londres ou les buées de Bruxelles? On les injuriait ; on les traitait de charognes ; on émettait le regret de ne les pouvoir jeter à l'égout !

Les respectait-on ceux qui moururent de l'exil, en retrouvant le sol de la patrie?

Respecta-t-on Vallès, au convoi duquel les étudiants opportunistes d'alors tentèrent d'arracher la couronne des socialistes allemands — protestataires contre la guerre et l'annexion, pourtant ! — tandis que les étudiants opportunistes d'aujourd'hui s'en vont faire cortège au récipiendaire d'Alphonse XII, colonel de uhlans?

Respecta-t-on le pauvre corbillard d'Arnaud, ex-délégué aux Finances, qui, pour vivre, en arrivant là-bas, dut, de ses doigts qui avaient manié des millions, éplucher, couper, et faire frire des pommes de terre sur le pont de Waterloo? Oui ; la police chargea, taillada, à coups de sabre, le drap mortuaire et les humbles bouquets! Et nous allâmes jusqu'au cimetière d'Ivry, par la neige, dans le crépuscule, encadrés de force armée comme des malfaiteurs!

Les respectait-on, les petites mortes de Fourmies, « l'ouvrage » du jeune Isaac et du commandant Chapus; ces enfants de quinze, seize, dix-huit ans...dont le *Temps* écrivit en toutes lettres que, somme toute, ce n'était pas une grande perte, plusieurs étant de mœurs légères?

Les respectait-on (dans un tout autre ordre d'idées) cet homme et cette femme réfugiés aux bras l'un de l'autre, à Jersey d'abord, à Ixelles ensuite? C'était une craintive et non une combative, celle-là; rien qu'une faible amoureuse que poignardait l'insulte. On l'en cribla; et quand elle en mourut, on en lapida sa couche funèbre! N'en fut-il pas de même pour lui? Désarma-t-on? Faut-il que je ramasse à poignées, dans mes tiroirs, les articles ignobles, les charges infâmes qui s'abattirent sur sa mémoire?

Et vous venez aujourd'hui invoquer le respect des morts? Allons donc!

*
* *

Ce respect-là, il est de deux sortes. On le doit aux vaincus — aux vrais — qu'elles qu'aient été leurs fautes, quels qu'aient été leurs crimes; car je ne sais pas acte plus lâche que s'attaquer à un désarmé, à un isolé, à un être dont on ne redoute rien, puisqu'il est disparu, et que personne ne le défendra.

Ceux-là, vous les piétinez, vous les crossez sans réserve, ô singuliers respectueux! Sur les écrasés des luttes politiques, sur les victimes des luttes sociales, vous vous acharnez sans trêve ni merci; au delà, bien au delà du tombeau! Le gouvernement vous sourit; la force armée vous appuie ; et la loi des majorités vous donne raison. Que sont ces gens-là, après tout ? Des insurgés; des ouvrières; un soldat qui fit peur; une patricienne qui aima... On peut taper, gifler à tour de bras les faces pâles, les joues exsangues, où la trace des doigts marque bien l'outrage. Si ce sont des femmes, ça n'en est que plus rigolo!

Mais s'il s'agit d'un homme au pouvoir, d'un gros bonnet, d'un victorieux, peste, c'est bien une autre affaire! Le respect vous gonfle, et vos glandes lacrymales sont soumises à une rude ponction! Au cercueil, chamarré, galonné, et recouvert de tous les oripeaux qu'imagine la vanité humaine; au cercueil, gardé par la police, la troupe, la gendarmerie, les municipaux, vous faites — ô vaillants jeunes gens! — un rempart de vos poitrines.

« On n'y arrivera pas. Non, on n'y arrivera pas ! » Qui songe à y aller ? Qui songe à ramasser vos ordures sur les autres tombes pour les jeter au visage glacé de ce mort, qu'on regarde sans sympathie, mais sans haine ; et qui vous juge!

Avec vos poings crispés, vos thorax haletants, vos narines hennissantes, vous n'êtes pas héroïques, mes petits, vous êtes simplement ridicules, matamores que personne ne pense à attaquer!

Sans compter qu'au point de vue métier, permettez-moi de vous le dire, vous gaffez! Il faut de la variété : la polémique n'est pas un concours de potaches. Rééditer le même article, presque, avec des signatures différentes, ce n'est pas de jeu!

La vérité, voyez-vous, c'est que nous n'avons pas la même âme... et j'ai l'orgueil de m'en féliciter! Avec les humbles je suis toujours. Et même, parfois, les autres (Boulanger, tenez, que je n'avais pas revu depuis sa révocation) me retrouvent à l'heure où le deuil, après la défaite, entre dans leur maison. Je n'avais été d'aucune des agapes, d'aucune des marches triomphales ; j'étais des quinze venus de Paris, derrière cette morte inconnue !

Vous voyez bien que nous ne pouvons pas nous entendre !

Et j'espère, pour l'honneur de Jourde qu'on a enterré hier; de Jourde, qui, ministre des Finances sous la Commune, n'en envoyait pas moins sa femme au lavoir, et ses gamines à l'école des sœurs, parce que gratuite ; de Jourde, honnête homme, qui s'en va pauvre après toute une vie de pauvreté ; j'espère bien que vous allez lui décocher quelques-unes des bonnes injures conciliables avec votre respect de la mort — quand il s'agit de hères sans fortune, sans influence, sans parents, et sans parti !

Vous devez bien ça à vos patrons !

ON DEMANDE la tête du général Dodds.

Ni plus, ni moins — pour commencer! Après, on verra! Mais qu'ainsi soit réprimée, de façon préventive, jusqu'à l'éventualité, la possibilité de pensées dictatoriales, en l'esprit des soldats heureux! Cela leur apprendra, aux généraux, à remporter des victoires! Cette République-ci n'a plus de sourires que pour ses guerriers vaincus ; de ceux-là seulement, elle n'a ni méfiance... ni peur!

Ainsi se font les nations fortes.

Quelle pitié, tout de même! Et que je voudrais donc savoir quelles réflexions s'agitent, en ce cerveau de loyal homme, tombant des luttes héroïques, loin de la métropole, dans ces petites toiles d'araignée.

Il est joyeux de revenir, naturellement ; de revoir la France, sa femme, ses amis ; de savourer peut-être (est-ce un crime?) la récompense de ses succès. Sur le bateau qui le ramène, il rêve, s'émeut; chaque foulée en avant répond à un battement de son cœur.

Lui qui avait tant de courage, là-bas, parmi les pires dangers, sous le soleil de plomb, les balles, les flèches, la férocité des indigènes, les trahisons du climat; lui qui émerveillait, par son stoïcisme et son impassible vaillance, jusqu'aux féticheurs prisonniers, jusqu'aux femelles belliqueuses qui défient la douleur — voilà qu'il se sent faible; que quelque chose de très doux, de très bon, lui dilate la poitrine, monte jusqu'à ses yeux qui s'embrument dans la paix profonde du soir.

Si on le voyait!... Vite, il a redressé son torse, repris sa martiale allure. C'est l'éclaboussement des vagues, la vapeur d'échappement, qui lui a picoté les paupières, mouillé les joues. Sûrement! Et il redescend, raide, muet, taciturne, impénétrable. Cependant, son âme est en fête!

A Marseille, première surprise. Il a fait largement son devoir; donc il lui semble naturel qu'on le reçoive en serviteur ayant bien mérité de la patrie. Il ne tient pas aux cérémonies, aux ovations — rien qu'à la cordialité fraternelle due à ses services. Depuis nos désastres, ils sont rares, ceux qui reviennent en vainqueurs!

Et la politique entre en scène. On chipote sur les honneurs à rendre, la monnaie à dépenser; on discute même, en principe, la réception.

A ce point que (l'édilité étant en bisbille avec la préfecture) il est question de siffler, de huer cet homme qui n'en peut mais; qui ne comprend rien à cette tempête dans une bouillabaisse; qui s'attriste d'un accueil si contesté, si marchandé, si indigne, non de lui-même, mais du pays qu'il voyait autre, en ce fin fond de l'Afrique, d'où il lui rapporte quelques lauriers.

Tout se concilie, tout s'arrange. Et cette jolie ville de Marseille, qui a le bonnet près de la tête, mais la tête pas loin du cœur, la voici qui fait de ses hostilités des enthousiasmes ; de ses grognements des acclamations. Comme sous la baguette d'un magicien propice, il naît, des trognons de choux, des roses... et le nombril des pommes s'épanouit en splendeur de pivoines. Hourrah ! Vivat ! Saisie d'une frénésie de revirement, Marseille n'a plus ni assez de palmes, ni assez de couronnes, pour fêter son hôte d'un jour.

Lui, cependant, demeure pensif. La griserie du triomphe n'efface pas, en sa nature réfléchie, l'étonnement douloureux où le plongea l'antérieure déception. Pour la première fois, il se tâte, s'interroge, fait son examen de conscience, se demande :

— Que leur ai-je donc fait?

*
* *

Rien, soldat heureux ; que de vaincre ! C'est là grief impardonnable, inexcusable forfait ! Car, en vertu d'un raisonnement que j'ignore, quiconque dompta Behanzin doit saper M. Carnot. Sans doute l'habitude de travailler dans le noir...

Et le calvaire commence pour ce trop glorieux. Oh ! un calvaire doux, sans crucifiement, ni sévices ! On ne le couronne pas d'épines ; on se contente de les lui piquer sournoisement dans la peau, une à une, au hasard de l'inspiration — ou de la frousse !

Plus le train qui l'amène se rapproche de Paris, plus la malveillance se manifeste ; revêt une forme agressive. Pas un blâme ne peut lui être adressé : il a été la correction même ; s'est effacé devant les pouvoirs civils ; a voyagé seulement avec sa femme ; n'a traîné à sa suite ni thuriféraires, ni clients.

N'importe! Il est suspect... puisqu'il est victorieux! Courbet le fut, Négrier aussi; moins, parce qu'on n'avait pas encore reçu le premier avertissement. Mais est-on donc si déshabitué de la victoire, en France; en a-t-on si complètement perdu le goût et l'usage, qu'on ne l'apprécie plus pour elle-même; qu'on la suppose simple paravent, cache-intrigues et cache-menaces?

Vrai, cela n'est ni honorable, ni joli!

Et ce qui suit l'est encore bien moins. Parce que, contrairement à ses mauvais pasteurs, la bonne foule, affamée d'héroïsme, assoiffée de tendresse, le cœur vide et le sang chaud, s'est précipitée au-devant du vainqueur, celui-ci a été reçu (sauf respect) à peu près comme un chien dans un jeu de quilles.

Que s'avisait-il aussi, venant de Marseille, d'arriver par la gare de Lyon? C'était d'un goût déplorable; et bien propre à rappeler des désordres dont la seule évocation fait frémir. N'était-ce pas de ce même hall, sur cette même ligne, traîné peut-être par la même locomotive, que... Chut! n'évoquons pas les spectres!

Cependant, eux, sans prononcer le nom, ils ressuscitent la mémoire — pour en accabler ce discipliné à qui nulle faute, même légère, ne saurait être imputée; ce régulier qui, dans son attitude, dans ses brèves paroles, dans le cri même par lequel il répond aux bravos, semble l'incarnation de la légalité.

De quelque injustice qu'il ait à souffrir, on ne lui tire pas un reproche, pas un mot de révolte, pas une exclamation de dépit! Et je jurerais que, jusqu'ici, aucune autre pensée que celle du devoir n'a traversé son rêve.

Or, on l'avertit (de très haut) qu'on n'est pas sa dupe; qu'on a l'œil sur lui; qu'il serait mal venu à reprendre la légende interrompue... que Mazas a encore des cellules et Vincennes des fossés.

Et, ainsi abreuvé d'outrages, atteint jusqu'en ses fibres les plus secrètes par ce débordement de haines, d'injures, de soupçons, Dodds, meurtri, navré, se consulte à nouveau, cherche son crime :

— Que leur ai-je donc fait ?

***

Rien, toujours rien... que la même chose ! Vous êtes, pauvre soldat naïf, l'ennemi; bien plus que le féroce macaque dont vous avez eu raison ! Vous pourriez être, pensent-ils, celui qu'on sent venir ; dont on entend, à la cantonade, cliqueter le sabre et bruire les éperons ; celui que Vallès annonçait, dans le *Cri du Peuple*, en 1883; celui dont je ne souhaite pas la venue — ah ! Dieu non ! — mais qui viendra quand même ; amené par eux !

Car ces maladroits ne se contentent pas de créer, escouade par escouade, l'armée des mécontents ; de lui procurer des recrues ; d'augmenter, par chaque gaffe, chaque sottise, son formidable contingent. Des troupes sans chef? Fi donc ! Le suicide ne serait pas complet.

Et ils le préparent aussi, le chef; ils l'élèvent à la brochette, ils l'entraînent... par le dégoût, l'indignation, le mépris ! D'un pur et probe officier, hors toute ambition répréhensible, ils arriveraient à faire un factieux. L'idée qu'il n'avait pas, ils la lui donnent ; l'y accoutument, par l'obsession dont ils sont possédés ; l'y enhardissent, par l'aveu de leur effroi, donc, de leur faiblesse.

Et, première étape, devant leur affolement, l'insoucieux d'hier peut en arriver à se dire :

— Mais c'est donc si facile ?

Du doute à l'acte, le pas est vite franchi. Peut-être

serait-il plus intelligent de ne point susciter de factieux; afin de n'avoir pas à les combattre! Car tout cec i est jeu dangereux. On sauve la République une fois , deux fois : la troisième fois, elle est dans le sac !

Qui l'y aura mise?Eux, pousseront des cris de putois en détresse et diront que c'est Lui ! Lui les poussera à coups de botte dans les voitures cellulaires, sans prendre la peine de rétorquer l'argument.

Car ils finiront par l'avoir, leur César... ils s'y acharnent trop! Et leur manière de traiter les généraux vainqueurs à l'étranger provoquera quelque victoire à l'intérieur dont on se passerait bien. C'est trop risible, ces bonshommes qui veulent jouer à la Convention, sans être des conventionnels, et demanderaient volontiers que la guillotine fût ajoutée aux fourgons des chefs d'armées.

A ce jeu-là, on gagne Dumouriez, d'abord — ensuite Bonaparte !

Oh! ce 18 brumaire à l'horizon !...

CEUX DE LA FOULE

ÉDOUARD SOUDEY

Je le vois encore, Soudey le manifestant, Soudey l'anti-placeur, Soudey le boulangiste, avec sa toute petite taille, son visage rond, imberbe, coloré, piqueté de rousseur comme un abricot l'est de soleil. Mais il avait plutôt vécu à l'ombre, lui, le pauvre être, dans les sous-sols des cuisines ; dans le demi-jour des taudis ; dans le clair-obscur des postes ou du Dépôt.

Et ses cheveux ternes, son anatomie défectueuse, ses prunelles déteintes, comme lavées, tout son triste individu, enfin, portait les marques de la dégénérescence imposée trop souvent aux parias de sa race par la détresse héréditaire, le manque de soins, les privations.

A l'âge d'homme, il rappelait ces malingreux petiots que peint si douloureusement le maître Pelez : suant le rachitisme, l'anémie ; semblables, dans leur blêmeur chaque jour accrue, aux insectes de la mine — tout blancs, parce qu'ils n'ont jamais vu la lumière.

Et une affreuse plaie de scrofule lui balafrait le cou, l'étranglait d'un collier de tumeurs !

Ah ! oui, pauvre être, qui s'est tué sans avoir connu jamais ni la santé ; ni la joie ; ni même la certitude, pour quelques jours, du pain quotidien ! Je ne le plains pas (il se repose !) mais j'ai l'âme poignée de songer à ce destin, auquel tant sont pareils !

Las, à bout de ressources et de courage, Edouard Soudey s'en est allé à la Seine : asile gratuit et toujours accueillant aux désespérés. Pour la première fois de sa vie, peut-être, il a trouvé bon lit, bon gîte, et le sommeil sans rêves ; pour la première fois, depuis sa petite enfance, il s'est senti bercé, dorloté, cajolé par le flot... emporté doucement vers le bon pays de toute miséricorde et de toute rédemption.

Et les journaux enregistrent, avec quelques commentaires défavorables, la mort de l' « agitateur » Soudey, l'anarchiste, l'émeutier. D'aucuns ne disent pas, mais cela se devine : « Bon débarras ! »

***

Pour lui, oui ! Car je sais peu de calvaires aussi rudes, dans l'existence ouvrière, que celui que gravit ce malheureux ; si débile, si hanté de rêves d'affranchissement !

Comment eût-il pu demeurer neutre, alors qu'il fut élevé sous les coups ; grandit dans la crainte ; vécut dans l'éternelle malechance ? Et ce n'était ni un paresseux, ni un lâche — il ne boudait pas plus à la besogne, qu'à la révolte ! Comme on lui refusait l'une (il avait dirigé le mouvement contre les bureaux de placement, ces sangsues du travailleur !), il s'adonnait à l'autre. Mais je fus témoin de ses efforts pour arriver à la conquête d'un emploi ; et de ses désespoirs à n'y point réussir !

Enfant trouvé, placé par l'Assistance publique, ou orphelin si tôt qu'il n'avait gardé aucun souvenir des siens, il connut, pour toute parenté, le patronat; gémit sous la trique ; fut nourri de croûtes, abreuvé d'eau claire... bourré de taloches! Telle fut sa première éducation.

Plus tard, chétif, faiblot, il rencontra une gamine sans famille comme lui ; aussi maltraitée, aussi affamée, aussi bleuie de torgnoles, sous la tutelle bienveillante du maître. Et ces deux pâtiras unirent leur détresse, tombèrent, un soir de pleurs, aux bras l'un de l'autre.

Alors commença la vraie misère, le vrai supplice! Ils tournèrent de ville en ville, frappant à toutes les portes, demandant de l'ouvrage. Partout, on les repoussait. Il faut des bras solides, à qui paie — et ils n'inspiraient pas confiance, l'air de mioches en rupture d'école, le teint en papier mâché.

Paris, aussi bien que la province, leur fut impitoyable. En ce temps, Soudey s'échinait à gagner quelques sous en trimardant, le soir, pour fournir aux exigences des placeurs... lesquels lui promettaient une bonne place ! Il leur passa des tas de quarante sous, gagnés, c'est bien le cas de le dire, à la sueur de son front ; en ouvrant des portières ; en passant des briques ; en déchargeant des légumes aux Halles. Et jamais, au grand jamais, la « bonne place » ne vint. On l'exploita, on le berna ; à la longue, il devint enragé !

***

C'était au moment où les ouvriers de l'Alimentation (vraiment plus à plaindre qu'on ne le suppose) s'insurgeaient contre les Shylocks de la traite des blancs. Et, ici, se place un épisode si drôle que, même en présence de la conclusion sinistre, je ne saurais l'évoquer sans sourire.

Les grévistes, ou pour mieux dire les chômeurs, opéraient vers la rue Saint-Honoré ; démolissant les enseignes ; décrochant les écussons ; envoyant faire lanlaire la comptabilité de MM. les intermédiaires. J'habitais, à ce moment-là, rue Montmartre, dans l'immeuble de la *France*.

Tout à coup, un brouhaha, des clameurs, l'écho d'une poursuite effrénée... Je me précipite au balcon, et dans le lointain, vers Saint-Eustache, j'aperçois, dévalant par ici, un être bizarre : une espèce de tortue galopant aussi vite qu'un lièvre, et suivie de toute une meute d'agents.

Ça gagne du terrain, ça se rapproche, ça rompt la piste par un brusque crochet dans un ruban de voitures — et je reconnais quoi? Soudey, s'engouffrant dans la maison avec des cris d'Apache, et, sur le dos, une sorte de bouclier de croisé partant pour la Terre-Sainte.

Je comprends qu'il vient, je me précipite à la porte, j'ouvre... et Soudey s'abat littéralement sur une chaise, les yeux hors de la tête, essoufflé, haletant, ruisselant!

Je le laisse, je vais à la fenêtre pour inspecter les alentours ; j'écoute dans l'escalier. Rien, personne, la trace est perdue! Alors je reviens vers mon bonhomme un peu épongé, un peu calmé. Mais avant que je lui aie adressé la parole :

— Citoyenne, c'est à l'effet de vous faire un petit cadeau, en souvenir de nous!

Et il me tend sa carapace : le tableau d'un bureau de placement très connu! Il apportait cela comme un *ex-voto*, à celle qu'on avait baptisée Notre-Dame de Germinal.

Il ne fit pas long feu, l'*ex-voto!* Mais il fit bon feu. Des pieds, des mains, moi et mon personnel nous nous associâmes; et même on faillit, Dieu me pardonne, en incendier la Grande Imprimerie! C'était d'un lent à brûler, ce bois peint!

Soudey était désolé. Il répétait :

— Quel dommage! Moi qui croyais tant vous faire plaisir!

Je crois bien! Et la police qui pouvait monter, trouver ce témoignage irrécusable de la présence de Soudey ; alors qu'en échange de sa « politesse », j'avais résolu, illico, de le soustraire aux poursuites, à l'arrestation!

*
* *

Et ce fut fait. Je venais de louer l'appartement contigu, encore sans portes, sans papier, sans peintures, à l'état fruste; mais où l'on n'avait pas encore mis les ouvriers.

Soudey s'y installa; dans une pièce reculée, afin qu'on ne vît, ni de la rue, ni de la cour, la lumière révélant la présence d'un habitant. On lui dressa un lit de sangle ; avec des précautions de conspirateur, on passa une table, deux chaises, un chandelier, une cruche, une cuvette, de quoi écrire, et les douze volumes de *Monte-Cristo!*

Trois fois par jour, la cuisinière habillée de gris, couleur de muraille, et rasant ladite du palier, se glissait avec des vivres... On suspecta ses mœurs; je reçus une lettre anonyme m'avertissant qu'elle avait des rendez-vous avec un typo et qu'elle le nourrissait à mes dépens!

Pendant ce temps, la police fouillait tous les garnis

de Paris; et la presse discutait gravement le lieu de refuge de l' « agitateur ». Les uns tenaient pour Bruxelles, d'autres pour Londres ; quelques-uns allaient jusqu'à Barcelone.

Lui, à l'abri, lisant cela, se faisait une pinte de belle humeur; car il était gai et vivant autant que brave, cet avorton endolori ! Les plaies de son cou s'étaient rouvertes, sous le poing des agents; et je me le rappelle m'embrassant les mains avec fanatisme, après que je l'avais pansé — parce qu'une belle flamme de simplicité reconnaissante brûlait en ce paria, objet, pour beaucoup, de crainte ou de répulsion !

Après deux semaines (les seuls quinze jours heureux de sa vie, répéta-t-il souvent), tout étant calmé, il s'en alla. Et chaque année, depuis (voilà six ans passés), Soudey déposait à ma porte, pour l'anniversaire, deux sous de violettes ou de giroflées... le prix de son repas du soir !

Que la terre lui soit légère ! Où qu'il repose, cet enfant martyr, cet ouvrier sans ouvrage, cet incurable, ce déshérité, j'irai lui rendre ses fleurs !

MONSIEUR DEMAIN...

J'emprunte ce titre à la légende d'un des plus suggestifs croquis d'Heidbrinck, dans le *Courrier français.*

...Une foule, une multitude plutôt, composée d'atomes étrangement disparates, d'éléments si divers que l'œil s'en étonne, regarde avidement vers l'horizon. Tous, toutes; les malheureux hâves de faim, les satisfaits à mine fleurie; les bohèmes et les bourgeois; les rentières grasses comme des oies de Noël, les vagabondes maigres comme des harengs de Carême; les porte-tunique et les porte-blouse; les filles en jupe crottée, les magistrats symbolisés d'hermine ; les prêtres et les philosophes ; les vierges et les aïeules — et jusqu'aux petits enfants — tendent leur vision, comme un arc, vers un but qui demeure confus, embué de mystère, quasi invisible dans ses voiles brumeux.

Entre les paupières des riches, des puissants, des dominateurs, il y a de la haine, une crainte furieuse, la méditation des embûches prochaines ; tandis qu'un rictus de piège masque (et trahit!) les sourdes colères.

Dans les prunelles des pauvres, se lève une aube de joie, d'espérance encore mal éveillée, de fraternité éperdue... ce qui doit irradier de la face du condamné auquel on apporte sa grâce, alors qu'il se prépare à l'échafaud!

Ce peuple vibre, invoque, appelle, en proie à une géante curiosité, à une immense angoisse, l'âme aimantée vers un pôle inconnu...

Qui donc s'annonce à l'horizon? Qui donc la destinée amène-t-elle par la main — comme une reine, en pays non salique, présente son époux à ses sujets? Depuis qu'à Jérusalem, un humble, sur un âne, fit son entrée, parmi l'épanouissement des roses; l'envolée des myrtes; la palpitation des palmes; jamais humains ne languirent d'une attente si passionnée, ne frissonnèrent d'un si fougueux désir!

Mais voyez! A force de le contempler, cet horizon hypnotisant, cet interrogatif céleste que la terre ponctue, voici que les brumes s'assemblent; les hachures d'ombre se rejoignent; prennent une forme; prennent un sens...

Qui est cet être-là; sans visage, sans mains, sans pieds; diaphane; à peine estompé dans le brouillard? Il est sans regard, étant sans yeux; sans voix, étant sans lèvres; sans geste, étant sans bras — et une fascination, un commandement, une infinie puissance émane de son néant!

Autour de lui, flotte un costume aussi vague que lui-même, d'époque indistincte, de caractère imprécis. Ce chapeau, où la fumée des plumes ondule en souples anneaux, est-ce celui du Béarnais; du Roi-Soleil; d'un Conventionnel aux armées; de Bonaparte, le jour du sacre... ou, plus modernement, celui qui, nimbé de popularité, revint de la revue en triomphe, voici cinq ans? On ne saurait le dire!

Même doute, quant au reste. Est-ce l'habit du Tiers-État; la redingote des brigands de la Loire; la houppelande du vieux Blanqui ; la guérite à Déroulède?

Tous l'ignorent — pas plus qu'on ne devine s'il s'arrête net en manteau de bal, ou s'il continue en manteau de cour, le pan d'étoffe attaché aux épaules : peplum, peut-être; peut-être cape de diacre ou de condottiere...

Enfin, qui est-il? Est-ce un soldat, un lévite, un histrion? Est-ce un tribun, est-ce un roi? Est-ce le représentant symbolique d'une idée sans chef?

Personne ne peut répondre. Au-dessous, cette inscription énigmatique : *Monsieur Demain!...*

* * *

Comment ne point songer à ce dessin, à sa légende, en entendant les Pharisiens triomphants de la dernière alerte établir leur actuel bilan?

Écoutez-les plutôt, ces édiles, ces consuls, ces scribes, tous les vainqueurs de Catilina! A quoi s'occupent-ils, par ces temps de troubles? Quel soin emplit le forum? Si les vieux argutient sur le cas de Verrès — blâmant, en leur hypocrisie, qu'on ait dévoilé ses turpitudes — les jeunes remontent-ils vers la source du mal; se disposent-ils à plonger le fer rouge dans la plaie; s'inquiètent-ils de donner satisfaction à la plèbe, dont les hurlements de louve montent vers les dieux?

Jamais! Ce serait mal les connaître, que les croire prêts aux *mea culpâ* justiciers, aux renoncements vengeurs, aux élans des conversions soudaines... et, plus encore, aux tendres repentirs envers les trop longtemps spoliés!

Non. Hébétés, effarés des scandales, des vols, des concussions dont, chaque jour, la liste s'allonge, ils pensent seulement à maudire qui les révéla; non qui les commit! Puis, sentant que tout craque; que la nue se fend sur leur front et le sol sous leurs pas; que leur pouvoir chancelle, que leur règne vacille; que « les temps sont venus » — enfin! — ils se posent mutuellement cette devinette : « Mais qui nous remplacera? »

Ils comptent sur leurs doigts, supputent, estiment la chance de celui-ci, la valeur de celui-là; et comme ils ne trouvent personne, se rasseoient bien contents, dans leurs chaises curules (percées, hélas!), parmi les convulsions de la terre et l'écroulement des cieux!

Ils sont joyeux, tout pleins joyeux, nos Caton de boutique... Catilina est mort ; nul des prétendants avoués ne suffirait à la tâche; les mécontents demeurent sans boussole, sans guide, sans drapeau.

Quel que soit l'apparent bouleversement, on peut dormir tranquille. On est exécré, mais personne n'est aimé; on est hué, mais personne n'est applaudi; on est menacé, mais personne ne surgit pour l'héritage — personne, personne!

*
* *

Oui-dà, bonnes âmes? Et *Monsieur Demain?*

Quoi! parce qu'un pauvre homme à l'âme faible gît en terre belge; parce que Philippe, Victor, Jaime, ne semblent pas de taille à tenter l'aventure, vous croyez tout fini, et votre présomption se proclame inviolable? C'est au moment précis où le danger se dessine (plus farouche qu'il ne fut jamais) que vous déclarez avoir cause entendue, partie gag ée?

Il vous faudrait ramasser vos forces, comme Jacob, pour lutter contre l'ange, l'inconnu, l'invisible formidable qui s'élabore, molécule par molécule, dans l'alambic populaire ; et vous vous affirmez quiets, béats, tranquilles... oh! combien!

Ce serait risible, si les passionnés de liberté ne vous voulaient male-mort d'ainsi préparer la dictature, avant que surgisse le dictateur; de ne pas comprendre qu'il en est de l'histoire comme de la nature, se livrant à des essais avant que de créer le modèle : que l'une fait l'huître, la bête, avant l'homme, que l'autre ébauche Robespierre, Augereau, des engouements éphémères, des popularités factices, avant l'avènement de Bonaparte — et que le jour où Boulanger se tua commença le boulangisme!

Monsieur Demain! Pensez-y! J'ai l'effroi de César et l'horreur de Tibère : c'est l'un ou l'autre que recèle l'horizon. A moins que les Barbares n'arrivent... les Barbares, créateurs de civilisations nouvelles, exterminateurs d'un monde pourri!

FIN

TABLE DES MATIÈRES

ÉMILE COLIN — IMPRIMERIE DE LAGNY

www.ingramcontent.com/pod-product-compliance
Lightning Source LLC
LaVergne TN
LVHW041228150826
845673LV00005B/1320